互联网金融系列丛书

互联网金融运营与实务

何平平　胡荣才　车云月　编著

清华大学出版社
北　京

内 容 简 介

本书面向互联网金融应用，系统地介绍了互联网金融运营与管理相关的实际问题，具有新颖性、实用性和前瞻性。全书共分为 8 章，第 1 章从宏观角度阐述了互联网金融运营与管理的基础问题，是后面章节的基础。第 2~8 章详细介绍了互联网金融商业模式及组织架构、产品设计、营销、品牌建设、客户服务、团队建设与管理、风险管理，是本书的主要内容，也是当前互联网金融关心的热点问题。本书力图从互联网金融运营与管理方面呈现给读者一些与时俱进的思路和前瞻性的观点。

本书既可以作为高等学校互联网金融院系课程教材，也可供互联网金融研究者、从业者、管理人员参考使用。

图书在版编目(CIP)数据

互联网金融运营与实务/何平平，胡荣才，车云月编著. —北京：清华大学出版社，2017 (2024.2重印)
(互联网金融系列丛书)
ISBN 978-7-302-48479-0

Ⅰ. ①互⋯　Ⅱ. ①何⋯　②胡⋯　③车⋯　Ⅲ. ①互联网络—应用—金融—研究　Ⅳ. ①F830.49

中国版本图书馆 CIP 数据核字(2017)第 226238 号

责任编辑：杨作梅
封面设计：李　坤
责任校对：李玉茹
责任印制：刘海龙

出版发行：清华大学出版社
　　　　　网　　　址：https://www.tup.com.cn，https://www.wqxuetang.com
　　　　　地　　　址：北京清华大学学研大厦 A 座　　　邮　　编：100084
　　　　　社 总 机：010-83470000　　　　　　　　　邮　　购：010-62786544
　　　　　投稿与读者服务：010-62776969, c-service@tup.tsinghua.edu.cn
　　　　　质量反馈：010-62772015, zhiliang@tup.tsinghua.edu.cn
　　　　　课件下载：https://www.tup.com.cn, 010-62791865
印 装 者：北京嘉实印刷有限公司
经　　销：全国新华书店
开　　本：185mm×260mm　　　印　张：18　　　字　数：430 千字
版　　次：2017 年 9 月第 1 版　　　印　次：2024 年 2 月第 9 次印刷
定　　价：45.00 元

产品编号：076699-01

我国互联网金融经历了 2013 年和 2014 年的野蛮生长，2015 年 7 月中国人民银行等 10 部委联合发布了《关于促进互联网金融健康发展的指导意见》，标志着中国互联网金融行业终于摆脱了"监管真空"的尴尬，意味着中国互联网金融正式告别"野蛮生长"的时代，进入了规范发展阶段。各监管部门相继出台了系列针对互联网金融持续健康发展的政策文件，可以说，目前我国互联网金融持续健康发展的外部政策环境已经具备，互联网金融规范、创新发展的趋势没有改变。在这样的背景之下，如何加强运营与管理是摆在互联网金融企业面前需要认真思考的问题。

全书共分为 8 章，包括互联网金融运营与管理概述、互联网金融商业模式与组织架构、互联网金融产品设计、互联网金融营销、互联网金融品牌建设、互联网金融客户服务、互联网金融团队建设与管理、互联网金融风险管理。

由于互联网金融刚刚兴起，可供参考的资料不多，本书也仅仅是在运营与管理方面的一个探索，故全书整体框架以编者自己的思路进行呈现。本书为适应高等学校互联网金融专业人才培养的需要，从实际问题出发，以管理学为导向，以运营和管理相关的各方面问题为主线依次展开。全书内容新颖全面，论述问题极具现实意义。

本书主要有以下两个特点。

1. 内容新颖

全书以互联网金融为出发点，结合国内外的运营与管理现状及新模式，系统地介绍了互联网金融的商业模式及组织架构、产品的设计、营销、品牌建设、客户服务、团队建设与管理，并强调了在应用过程中互联网金融的风险管理问题。本书内容极其新颖，为互联网金融研究者、从业者、管理人员提供了互联网金融运营与管理的有效方式。

2. 体例新颖

本书秉承注重实际运用的宗旨，编写体例上彰显了可读性和互动性。各章前有"本章目标"和"本章简介"，各章末有"本章总结"和"本章作业"。书中除了理论教学，还配有相关案例和解析，突出了理论与实践相结合，打破了传统"罗列教条"的教材编写模式，通俗易懂，开拓了学生的视野，更好地满足了培养既懂专业知识又能运用所学知识解决实际问题的复合型金融人才的需求。

本书由新迈尔(北京)科技有限公司组织研发，湖南大学互联网金融研究所组织撰写。本书由何平平、胡荣才、车云月编著。以下人员也参与了本书的编写：王杨毅彬，周春亚，张童，刘诗雨，刘晶宇，刘单，宋娜思，蒋银桥，旷仕昀，吴晗琦，刘诗轩，陈晨

前言

光，刘妃，谭惠文，谭冰冰。

　　本书在编写过程中参考了大量的文献资料，有些已在参考文献中标注，有些没有，在此一并表示感谢。囿于时间和个人能力，书中难免有不足之处，敬请读者批评指正。

编　者

目 录

目录

目录

目录

第1章

互联网金融运营与管理概述

本章目标

- 了解我国互联网金融的发展趋势。
- 了解加强运营与管理对提升互联网金融企业竞争力的重要性。
- 掌握互联网金融企业的经营目标与基本原则。
- 掌握互联网金融运营与管理所涉及的主要内容。

本章简介

在当前互联网时代，金融企业的运营模式相较于传统的金融运营模式发生了重大变化，具有鲜明的信息化的特点。具体来讲，互联网金融企业的信息化体现为运营流程的重构、产品和服务的创新，以及经营和管理上的全面信息化。伴随着互联网技术的不断创新和新金融服务需求的不断涌现，互联网金融企业需要重视运营管理，在遵循经营目标和基本原则的基础上做好具体的运营管理工作。

本章将重点讲解我国互联网金融的发展趋势、互联网金融企业加强运营与管理的重要性、互联网金融企业的经营目标和基本原则及互联网金融运营与管理涉及的主要内容。

@ 1.1 我国互联网金融的发展趋势

1.1.1 互联网金融持续健康发展的外部条件已经具备

1. 互联网金融持续健康发展的外部政策环境已经具备

我国互联网金融经历了野蛮生长到调整再到规范整顿阶段。2013 年出现的余额宝，短短不到半年时间，投资人数与交易量远远超出了人们的想象。截至 2013 年年底，余额宝的客户数已达到 4303 万人，规模为 1853 亿元。余额宝的快速发展使人们对互联网金融的发展前景充满了信心。之后，网络借贷、众筹、互联网理财等新型互联网金融业态呈现出井喷式的发展速度，尤其是网络借贷，并且出现了许多创新模式。

互联网金融快速发展的同时，问题与风险也不断出现。为了加强互联网金融监管，2015 年，李克强总理的《政府工作报告》明确指出，要"促进互联网金融健康发展"；"十三五规划"提出"要加快金融体制改革，规范发展互联网金融"。2015 年 7 月 18 日，中国人民银行等 10 部委联合下发了《关于促进互联网金融健康发展的指导意见》（以下简称《指导意见》）。《指导意见》提出了鼓励创新、支持互联网金融稳步发展的政策措施，对互联网金融的监管分工和基本业务规则做出了具体规定，对规范互联网金融市场秩序提出了明确要求等。2015 年 12 月 28 日，为规范非银行支付机构网络支付业务，防范支付风险，保障当事人合法权益，中国人民银行制定了《非银行支付机构网络支付业务管理办法》。2016 年 8 月 17 日，银监会、工业和信息化部、公安部、国家互联网信息办公室四部委联合下发了《网络借贷信息中介业务活动管理暂行办法》（以下简称《办法》），该《办法》明确了网贷业务的主要管理措施、规定了出借人和借款人的具体行为、客户资金实行银行业金融机构第三方存管制度及网贷平台信息披露制度等要求。在 2016 年 3 月份的两会上，李克强总理提出要"规范发展互联网金融，大力发展普惠经济和绿色经济"，并将"规范发展互联网金融"列入 2016 年国家重点工作部分。2016 年的《互联网金融风险专项整治工作实施方案》中也明确要鼓励和保护真正有价值的互联网金融创新。

我国互联网金融行业已经从门外的野蛮人跃升到中国搭建多元化、多层次金融市场的重要一环。互联网金融的市场定位主要在"小微"层面，具有"海量交易笔数，小微单笔金额"的特征，这种小额、快捷、便利的特征，有普惠金融的特点和促进包容性增长的功能，在小微金融领域具有突出的优势，一定程度上填补了传统金融覆盖面的空白。因此，互联网金融和传统金融相互促进、共同发展，既有竞争又有合作，两者都是我国多层次金融体系的有机组成部分。

2. 市场需求提升互联网金融的发展潜力

中小企业已经成为现代经济运行中不可缺少的重要组成部分，为国民经济的发展做出了巨大贡献。相关数据显示，全国中小微企业超过 1200 万户，中小微企业每年为国家提供 50%的税收、60%的 GDP、70%的专利、80%的城镇就业，由此可见中小微企业在国内的活跃程度。

目前，我国大量的中小微企业及创业者都有旺盛的融资需求，小微企业融资难、融资贵依旧是亟待解决的难题。小微企业融资难属于比较普遍且难以解决的问题，其他国家也深受这一问题困扰。由于国内目前特殊的经济环境，小微企业数量一直在高速增长，这也导致小微企业融资需求的总量增大。同时，国内对于小微企业融资系统建立的时间相对较晚，融资渠道较少，也加剧了小微企业的融资难度。

国内传统金融机构对中小微企业的金融服务相对较少，能快速获得融资的途径不多。究其原因，一方面，传统金融机构有大量大中型企业可以服务，且尚未饱和，因此无须专注为中小微企业服务；另一方面，中小微企业的稳定性、规范性有限，因此对传统机构而言，需花费更多的成本才能开展中小微企业融资业务。互联网金融是解决小微企业融资难的一个"利器"，能够满足企业融资、居民理财等市场需求。

3. 信息科技推动互联网金融不断创新

当前，我国互联网用户超过 6 亿人，互联网普及率为 51.7%，客户群体庞大；移动化、大数据、云计算、智能设备、生物识别等技术迅猛发展，互联网基础设施不断完善，有力地支撑了互联网金融的发展。技术进步尤其是数字技术、大数字分析，提供了发展的可能性。移动终端可以帮助获客，降低了人工成本，在互联网金融的快速发展中，科技创新起到了很大的推动作用，主要体现在以下两个方面。

1) 移动互联网的发展降低了获客成本

移动互联网的普及提高了工作效率，并逐步实现了普惠金融。此前，每一次理财和借贷行为过程相对复杂，时间成本相对较高。当前，只需要打开手机，便可轻松理财，降低了交易成本。

2) 大数据技术的应用极大地解决了信息不对称问题

大数据技术的应用对风险管理来说十分重要。此前，对于用户信用风险的识别需要人工进行。目前来讲，通过对大数据的应用，可以很方便地了解用户的信用状况等信息，帮助解决风险定价的问题。

1.1.2 互联网金融生态化和专业化趋势明显

1. 互联网金融生态化发展格局凸显

所谓互联网金融生态化，就是将支付、基金、保险、银行、证券、信托、征信等多种金融业务进行整合，形成一个生态的价值服务的产品链条。目前，一些大型互联网金融机构由单一业态向综合化、多样化业态融合发展，形成一个涵盖完整金融消费产业链的综合化和一体化的金融服务平台。近年来，蚂蚁金服积极打造全产业链生态发展路径，其生态链已涵盖支付、银行、消费金融、众筹、网销保险、网络理财、供应链金融、金融云等众多领域。传统商业银行也在积极构建"互联网+"金融生态系统，如中国建设银行通过网上银行、手机银行、微信银行三大渠道，搭建起了包括"善融商务""悦生活""惠生活"等三大平台。

未来，互联网金融企业为打造生态化金融环境，将在申请新牌照或收购现有牌照方面下功夫。

2. 互联网金融专业化发展模式显著

未来互联网金融产品和金融服务将通过个性化、定制化的方式来提高金融服务的专业性。专业化发展主要是针对中小互联网金融机构，专注于向某一个垂直细分领域(如 P2P、征信、保险等)方向发展。如"珠宝贷"致力于为珠宝商提供融资服务，属于 P2P 网贷中专业化的深度细分服务平台。实施专业化经营策略的互联网金融企业将聚焦专业市场领域，提升专业化服务，增强自身运营实力。

随着整顿深入、监管加码及行业竞争的加剧，商业模式清晰、能够专注于垂直细分领域的互联网金融企业将会凸显专业优势，在资产端挖掘、风险定价、逾期坏账控制、贷后管理方面展现良好的把控力。未来，可能会有更多的互联网金融企业考虑通过垂直化经营集中资源优势，深耕某一细分领域，提升平台实力。

1.1.3　移动互联网金融成为互联网金融的方向

移动互联网金融是传统金融行业与移动互联网相结合的新兴领域。移动互联网金融与传统金融服务业所采用的媒介不同，它采用的是以智能手机、平板电脑和无线 POS 机为代表的各类移动设备，通过上述移动互联网等工具，使得传统金融业务具备透明度更强、参与度更高、协作性更好、中间成本更低、操作更便捷等一系列特征。

随着通信技术、互联网科技的发展和移动终端数量超过银行自助终端数，移动支付将逐渐取代传统支付。移动支付作为互联网领域和金融领域的革命性创新，在促进电子商务及零售市场的发展、满足消费者多样化支付需求方面正发挥着越来越重要的作用。据阿里云咨询网分析，截至 2015 年年末，全球移动终端数量超过 50 亿，移动支付的交易总额较 2014 年的 2400 亿美元增长了近 180%。《中国支付清算行业运行报告(2015)》数据显示，近年来，我国移动支付行业迅猛发展，业务规模实现爆发式增长，仅 2014 年一年就处理各类移动支付业务超过 150 亿笔、8 万亿元，同比分别翻了近 3 倍和 6 倍。

未来金融最高效的方式是在不同的场景产生不同的金融服务要求，而只有移动互联网才能满足这一点。从这个角度来看，移动互联网金融势将成为互联网金融的方向。

1. 移动互联网金融政策环境利好

移动互联网金融得到了监管政策的大力支持，特别是放开移动支付限制对促进移动金融发展具有积极作用。2014 年央行发文鼓励商业银行拓展 NFC 手机近场支付应用，2015 年央行发文指出"移动金融是丰富金融服务渠道、创新金融产品和服务模式、发展普惠金融的有效途径和方法"。

2. 移动金融更好地满足客户行为需求

随着 4G 技术的普及、用户体验提升及移动设备普及率的提高，消费者互联网设备进一步向移动端集中。截至 2016 年 6 月末，我国手机支付用户规模增长迅速，达到 4.24 亿户，网民手机支付的使用比例由 57.7%提升至 64.7%。

3. 移动技术助推移动互联网金融发展

例如，在支付领域，随着二维码支付技术的成熟，商业银行及时推出二维码支付服务。中国工商银行推出的工银二维码支付，可覆盖线上线下和 O2O 支付全场景。另外，移动互联网金融逐步从单一的移动支付向"一站式金融生活移动平台"发展。目前，各大互联网金融机构纷纷在移动端布局，如平安一账通 App 定位为一站式个人账户资产管理工具，涵盖"存、投、保、消、贷"五大金融场景。

1.1.4 互联网金融趋向智能化方向发展

1. 智能投顾的内涵与特点

智能投顾(Robo-Advisor)又称"机器人理财""机器人投顾"，即利用大数据分析、量化模型及算法，根据投资者的个人收益和风险偏好提供相匹配的资产组合建议，并自动完成投资交易过程，再根据市场变化情况动态调整，让组合始终处于最优状态的财富管理服务。智能投顾的服务流程包括客户分析、构建投资组合、自动执行交易、动态调整组合、投资组合分析。

与依靠理财师、投资顾问实现的传统投顾服务相比，智能投顾具有多方面特点。

1) 大数据、人工智能

大数据和人工智能是智能投顾最核心的技术，也是能与传统投顾相比较的最大优势。用户行为大数据与金融交易大数据是机器学习的"养料"，它们驯化出来的人工智能是整个智能投顾的核心。

2)　门槛低、费率低

传统投顾只服务于中高净值人群，而且每年收取的咨询费率昂贵，智能投顾则大大降低了投资门槛和费率，让投顾服务触达长尾市场。

3)　透明化、便捷化

智能投顾的投资组合完全公开，服务流程标准、简洁。

2. 智能投顾对传统的基金业和证券业的影响

1)　对基金业的影响

智能投顾会对基金业造成以下三个方面的影响。

首先，基金目前的销售渠道分为基金公司直销、商业银行和券商代销三个渠道，智能投顾能够拓宽基金销售渠道。投资者在接受智能投顾提供的资产配置组合建议后，往往能够在平台上直接购买对应的资产组合，避免分开购买资产构建资产组合的麻烦。

其次，智能投顾能够提高基金销售公司的服务质量。智能投顾可以作为基金公司、商业银行和证券公司的辅助工具，在投资者购买基金时为他们提供免费的咨询建议服务，帮助投资者选择更加合适的基金，增强投资者对公司的信任度和忠诚度。

最后，智能投顾会改变基金市场的格局。投资被动指数基金，据美国基金行业的研究数据，几乎没有任何一只主动管理的基金可以跑赢市场，指数基金才应运而生，创立的目的就是分享市场的平均收益，故智能投顾的主要投资标的为被动指数基金。

2)　对证券业的影响

智能投顾会对证券业造成以下几方面的影响。

首先，智能投顾有助于提高投资顾问的整体水平。智能投顾出现后，投资者会在智能投顾和传统投顾之间进行选择，那些长期表现不如智能投顾的传统投顾会失去客户，被市场淘汰，未被市场淘汰的传统投顾也会保持学习，提高自己的投资能力，防止投资收益被智能投顾超越，从而使得投资顾问的整体水平上升。

其次，智能投顾对于不同类型的证券经纪商会有不同的影响。证券经纪商可以分为折扣经纪商和全方位经纪商。折扣经纪商是指以最低佣金标准来为投资者执行股票等证券的买卖服务的证券经纪公司，多数不提供研究咨询等其他服务，折扣经纪商最大的特点是通过减少人力成本来提供最低佣金。

智能投顾的发展对于这类经纪商来说是一把双刃剑。折扣经纪人每笔交易要收取 7～10 美元，30 只股票或 ETF 基金最高要 300 美元左右的佣金；而智能投顾公司如 Motif Investing 对于每个组合只收取 9.95 美元，费用远远低于折扣经纪商，会对折扣经纪商的利润造成较大的影响。

3. 智能投顾在美国的发展现状和趋势

2008 年金融危机过后，美国传统金融机构还在忙于应对公众巨大的信任危机和严苛的监管政策之际，以 Betterment 和 Wealthfront 为代表的智能投顾创业公司成长起来，他们通过互联网信息技术手段，降低投资门槛，为用户提供个性化、低费率、透明化、便捷化的财富管理服务，成为行业的一股清流。受益于人口结构变化、人工智能技术发展和监管法规等因素，智能投顾管理的资产规模从 2010 年以来复合增长率超过 80%，到 2017 年年末有望达到千亿美元。根据 My Private Banking 的预测(如表 1.1 所示)，在未来的 5 年中，美国智能投顾行业将保持高速增长态势，预计到 2020 年全行业资产管理规模将达到 1.6 万亿美元。

表 1.1 美国智能投顾典型案例

单位：美元

类别	公司	产品时间	门槛	资产地	收费模式	资产规模
独立创新公司	Wealthfront	2008 年	500	美股，新兴市场股票，债券等 11 大类资产	<1 万免费；>1 万 0.25%	2016 年 6 月，管理资产 35 亿美元
	Personal Capital	2009 年	2.5 万	股票，债券型 ETF 和现金等资产	从 2.5 万到 100 万分五档递减 0.49%～0.89%	2016 年 5 月，管理资产 34 亿美元
	Betterment	2010 年	无	股票，债券型 ETF 和现金等资产	<1 万 0.35%；1 万～10 万 0.25%；>10 万 0.15%	2016 年 6 月，管理资产 50 亿美元
传统金融机构	Vanguard	Personal Advisor Serivices 2013.3	5 万	包括 Vanguard 自有 ETF 和 mutual fund 在内的资产	每年 0.3%的管理费，0.14%～0.3%的赎回费	2016 年 6 月，管理资产 310 亿美元
	Charles Schwab	Schwab Intelligent Portfolios 2015.3	5000	包括股票，固定收益产品，房地产 20 个大类资产的 53 只 ETF	每年 0.08%～0.24%的赎回费，不收管理费	2016 年 5 月，管理资产 66 亿美元
	Black Rock	Future Advisor 2015.8	3000	股票，债券型 ETF 和现金等资产	每年 0.5%的管理费，加 ETF 管理费	2016 年 6 月，管理资产 8 亿美元

续表

类别	公 司	产品时间	门 槛	资 产 地	收费模式	资产规模
传统金融机构	Deutsche Bank	Anlage Finder 2016.1	2.5 万	主动管理型基金和被动的 ETF	每年 0.49%～0.89%的管理费	2016 年 3 月，管理资产 20 亿美元
	Goldman Sachs	Honest Dollar 2016.3	无	Vanguard 股票和债券 ETF	每名雇员每个月 5 美元，附加投资产品费	n.a.
	Fidelity	Fidelity Go 2016.7	5000	Fidelity 的指数基金和 ishares 的 ETF	每年 0.35%～0.4%的管理费，不收赎回费	n.a.
	Bank of Amertica & Merrill Lynch	Guided Investing 2016.10	2 万	主动管理型基金和被动的 ETF	每年 1%的管理费，不收赎回费	n.a.
	TD Ameritrade	Essential Portfolios 2016.11	5000	每种组合包含 5 个 ETF 和现金	每年 0.3%的管理费，0.06%～008%的赎回费	n.a.

资料来源：根据各公司网站整理。其中：Future Advisor 于 2015 年 8 月被 Black Rock 收购；Honest Dollar 于 2016 年 3 月被 Goldman Sachs 收购；Goldman Sachs 分别于 2013 年和 2014 年投资 Motif 和 Kensho。

从参与主体和进入时间的角度来看，美国的智能投顾公司可以分为独立创新公司和传统金融机构两类，前者以 Wealthfront、Personal Capital 和 Betterment 为代表，后者以 Vanguard 和 Charles Schwab 为代表。Betterment 和 Wealthfront 作为行业创新标杆，通过快速产品迭代，不断开发新的理财产品来保持领先地位，到 2016 年年中，他们管理的资产分别达到 50 亿美元和 35 亿美元。

Vanguard 和 Charles Schwab 是布局智能投顾较早的传统金融机构，截止到 2016 年 6 月，Personal Advisor Serivices 和 Schwab Intelligent Portfolios 管理的资产分别达到了 310 亿美元和 66 亿美元，成为市场最大的两家平台。除此之外，2016 年以来，德意志银行(Deutsche Bank)、TD Ameritrade、美银美林(Bank of America & Merrill Lynch)及高盛(Goldman Sachs)等也大举进入智能投顾领域，还有更多的传统金融机构跃跃欲试。可以看出，虽然这些传统金融机构的智能投顾平台成立较晚，但是依托其庞大的客户群体、强大的产品线、优质的品牌形象以及多元化而全面的服务，一方面吸收了公司原有平台客户以及新增客户，另一方面还为依托平台的传统投资顾问提供智能投顾产品，以便于其更好地服务客户。

从服务对象和服务方式来看，美国的智能投顾又可以分为 2C、2B 以及综合性服务三大类，第一类直接为 C 端用户提供服务，第二类为金融机构提供智能投顾解决方案以更好地服务其客户，第三类同时为用户以及顾问群体提供服务。

根据线上服务和传统服务的结合程度，智能投顾的发展主要由以下几类平台构成。

1) 纯智能化平台

这类平台通过完全自动化操作帮助客户完成用户画像、资产组合建议、组合交易、动态调整和分析报告，全过程无人工干预。其特点是智能化程度高、产品迭代快速、费率最低，其客户群体更多定位于年轻用户、科技爱好者。这类平台的典型代表是 Wealthfront 和 Betterment。

2) 人工投顾协助平台

这类平台将智能投顾与人工投顾相结合，为所有的用户免费提供财务状况分析、投资风险评估、投资组合建立与优化等服务，具有强大的工具属性，能很好地随时跟踪用户理财以及费用支出等方面的行为，可以帮助用户更好地实现理财目标，同时也向有需要的客户提供收费的私人投资顾问服务。这类平台的典型代表是 Personal Capital。

3) 机构服务平台

这类平台为传统机构以及独立第三方财务顾问提供智能投顾解决方案，并不直接面对客户。其特点是满足第三方机构研发能力不足的需求，极大地降低了自身获客成本，可以致力于研发更具创新型、智能型的投顾产品。这类平台的典型代表是 Myvest 和 Nextcapital。

4) 传统金融机构的综合服务平台

传统金融机构利用自身资源以及规模优势，同时为用户及顾问群体提供服务，不仅利用智能投顾作为特色吸收了公司原有平台客户以及新增客户，还可以为依托平台的传统财务顾问提供智能投顾产品，以便其更好地服务客户。这类平台的特点是传统金融机构平台自身拥有丰富的产品线，可以自主发行和管理不同的 ETF 产品，提供交易、清算等一系列多样服务，从而实现全产业链整合，为客户提供全方位周到的服务。这类平台的典型代表是 Vanguard 和 Charles Schwab。

随着传统金融机构的进入，行业竞争加剧，获客成本上升、价格竞争激烈，美国智能投顾行业发展呈现以下趋势。

随着大数据、人工智能技术的发展，智能投顾技术将成为财富管理行业的基础设施。

创新型 2C 平台竞争将更加激烈，除个别领先平台通过快速的产品迭代形成差异化优势并脱颖而出外，大量平台面临死亡或转型。

从单纯 2C 模式向 2B2C 模式转变——将原本用于客户营销的大量精力转移至产品创新以及研发(Betterment 专门新成立的 Betterment For Advisor 和瑞银、高盛等机构合作就是典型案例)。

传统金融机构后发制人，收购和自主研发投入会更大，将推动智能投顾行业更加快速地增长。

4．智能投顾在我国的发展现状及趋势

我国居民家庭财富稳步增长，中产阶级日益扩大，财富管理市场空间巨大，但投资渠道稀缺，经过一轮 P2P 市场的洗礼，互联网理财开始广泛被接受并且流行，同时大众的风险意识也有所提高，年轻一代对互联网财富管理更加认同。在这个背景下，2014 年年底，智能投顾概念开始引入我国，随后大量的科技创业企业开始出现，2015 年下半年以后，传统金融机构也大力布局智能投顾方向。

国内智能投顾的发展虽然跟随美国，但由于用户习惯、金融市场成熟度、税收制度以及政策监督等因素(如表 1.2 所示)，也存在一定程度的区别。从参与主体和进入时间的角度来看，国内的智能投顾公司可以分为独立创新平台、互联网强者布局和传统金融机构布局三类(如表 1.3 所示)。

表 1.2　中国和美国智能投顾发展环境比较

影响因素	美　国	中　国
用户习惯	机构为主，中长期投资	散户为主，投机性强
金融市场成熟度	产品丰富，市场有效性强	产品较少，市场波动性大
税收制度	多账户体系，多税收体系	无税收规划基础
政策监督	资管，投资一体化监督	资管，投顾分离监督

表 1.3　国内智能投顾典型案例

类别	公　司	产品时间	资　产　地	投资策略	特点优势
独立创新平台	弥财	2015.4	ETF 基金，现金	分散被动管理	优秀的创始团队和顾问团队
	蓝海智投	2015.10	QDII 基金，海外 ETF 基金，现金	分散被动管理，"耶鲁模式"	资深团队和高端客户服务经验
	财鲸	2015.8	美股，海外 ETF 和现金等资产	分散被动管理，主题策略	研发出财鲸人工智能认知计算模型
	财鱼管家	2014.11	银行存款，信用卡，股票，基金，P2P，公积金等 21 类资产	跟踪资产，推荐可投产品	首创的"余额记账法"，全资产同步跟踪，分析与诊断，跟踪资产 240 亿元
	雪球	蛋定投 2016.5	指数基金，海外 ETF 基金	分散被动管理，主题策略	雪球平台的垂直流量和个性化，多样化的产品线
	聚爱财	资产管家 2016.6	ETF 基金 P2P，股票，大宗商品	分散被动管理，主题策略	产品线灵活多样，满足不同客户需求

续表

类别	公 司	产品时间	资 产 地	投资策略	特点优势
互联网强者布局	宜信	投米 RA 2016.6	全球 300 只 ETF 选出 10 只跨类别，弱相关组合	分散被动管理	拥有大量年轻用户群体和良好的品牌形象
	同花顺	ifinD 2015	A 股，基金	通过算法构建知识图谱，筛选高胜率投机机会	客户资源，完善的舆情监控系统和强大的量化交易平台
	百度	百度股市通 2015.8	A 股，港股	股市知识图谱，事件驱动策略	大数据分析，建模能力和流量优势
	京东	京东智投 2016.1	主动管理型基金和被动的 ETF	推荐适合预期的理财产品，不提供后续吊舱服务	强大的互联社交流量
传统金融机构布局	平安集团	平安一账通 2015.4	平安旗下产品，其他 50 家机构账户，产品	综合性资产跟踪，理财平台	安全、便捷地实现跨机构账户管理
	嘉实基金	金贝塔 2015.1	A 股，港股	主动策略，社区跟投模式	依靠嘉实基金的背景聚集了大量新财富分析师和"达人"
	华泰证券	Assetmark 2016	A 股，基金	资产管理，投顾咨询平台	券商经纪业务龙头，具有投资管理、财务顾问等方面的经验优势和技术优势
	广发证券	贝塔牛 2016.6	A 股，ETF 基金，固定收益产品	主动策略	自身投研，产品设计的证券专业领域的能力和客户优势
	招商银行	摩羯智投 2016.12	股票，债券型 ETF，另类资产，现金等 11 项资产	分散被动管理	海量的客户中高端人群里，理财资产管理规模达到 2.3 万亿元

结合国内的市场情况来看，我国智能投顾行业在未来的发展将呈现以下特征。

其一，一方面，智能投顾的核心是模型和算法，它们需要长时间序列的数据进行学习和修正，也需要较长的时间周期经由市场检验，而这些条件在国内市场短时间内难以满足；另一方面，在人民币贬值的大背景下，国内投资者具有很强的海外资产配资需求。

因此，拥有海外资产管理经验的优秀团队可能在海外资产配置的细分领域获得阶段性机会。但是，在国内市场缺乏对冲标的、外汇管制趋紧的市场环境下，大部分独立创新型2C 智能投顾生存堪忧。

其二，从投资者角度来看，一方面，国内股票市场散户占比较高，他们大多以市场风向为主导，关注市场短期波动，依赖于追涨杀跌的短期策略，更倾向于个股的简单化操作，较少采取分散投资和组合投资；另一方面，智能投顾提供的预期收益率与隐含刚性兑付的 P2P 等资产相比并无明显优势，用户教育还有很长的路要走。

但是，拥有强大的用户运营能力和用户行为数据分析能力，能够帮助用户管理、分析理财账户并提供资产配置建议的智能投顾，类似望财智投等，更容易获得用户的认可。

其三，对于大多数独立创新型 2C 智能投顾，其最可行的模式是为传统机构以及独立第三方财务顾问提供智能投顾解决方案，从 2C 直接调整到以 2B 为主的模式，这样，其盈利模式不再直接面向客户，将极大地降低他们的营销成本，让他们在激烈的竞争中存活下来。另一方面，对于传统金融机构而言，通过与智能投顾平台合作实现对自身服务种类的补充，是阶段性实现双方利益最大化的有效路径。

其四，近期来看，智能投顾在高净值客户财富管理市场，更多的扮演着工具的角色。智能投顾将后台功能简化、财富管理数字化、资产建议智能化，帮助财务顾问更好、更有效地服务其客户。

中国智能投顾格局将来会与美国行业格局相仿，占据客户资源和渠道资源，具有成本、规模优势的综合性平台将占有较大的市场份额。

1.1.5 金融科技引领互联网金融创新发展

1. 金融科技与科技金融的区别

1) 金融科技的内涵

从字面上理解，金融科技(Fintech)是"金融"和"科技"的高度融合，而其外延则囊括支付清算、电子货币、网络借贷、区块链、大数据、云计算、机器人投顾、智慧合同等诸多领域。金融科技是由一群通过科技让金融服务更高效的企业构成的一个经济产业。Fintech 公司通常是那些尝试绕过现存金融体系而直接触达用户的初创企业，他们挑战那些较少依赖于软件的传统机构。蚂蚁金服总裁井贤栋认为："Fintech 并非简单地在'互联网上做金融'，而是基于移动互联网、云计算和大数据等技术、实现金融服务和产品的发展创新和效率提升。"简而言之，金融科技理解为：利用包括人工智能、征信、区块链、云计算、大数据、移动互联等前沿科技手段，服务于金融效率提升的产业。这里的科技主要是指用技术进行风险定价，减少交易成本、扩大服务范围来进行客户的精准定位，通过科技的方式来评估风险、改善现有的金融生态，通过这种方式能够极大地触达用户，给用户带来前所未有的体验。

从业务领域看，金融科技目前已经形成四大领域：第一，支付清算，包含手机和网络支付、电子货币以及区块链。第二，囊括直接融资、间接融资在内的融资模式，包含众筹、P2P 网贷、电子货币、区块链等。第三，基础设施，包含电子聚合器、智慧合同、大数据、云计算、电子身份认证。第四，投资管理，包含机器人投资顾问、电子自动交易、智慧合同。

2) 科技金融的内涵

目前对科技金融还没有最权威的表述，即科技金融落脚于金融，利用金融创新，高效、可控地服务于科技创新、创业的金融业态和金融产品。

3) 金融科技与科技金融的区别

金融科技与科技金融的区别主要体现在以下几个方面。

(1) 落脚点。

金融科技的落脚点是科技，具备为金融业务提供科技服务的基础设施属性。与其并列的概念还有军事科技、生物科技等。

科技金融的落脚点是金融，即用于服务于科技创新的金融业态、服务、产品，是金融服务于实体经济的典型代表。与其并列的概念还有消费金融、三农金融等。

(2) 目标。

发展金融科技的目标在于利用科技的手段提高金融的整体效率。

发展科技金融的目标在于以金融服务的创新来作用实体经济，推动科技创新、创业。

(3) 参与主体。

金融科技的参与主体是以科技企业、互联网企业、偏技术的互联网金融企业为代表的技术驱动型企业。

科技金融的参与主体是以传统金融机构、互联网金融为代表的金融业。

(4) 实现创新方式。

实现金融科技创新的方式是技术的突破。

实现科技金融创新的方式是金融产品的研发。

(5) 具体产品。

金融科技的具体产品包括第三方支付、大数据、金融云、区块链、征信、AI、生物钱包等。

科技金融的具体产品包括投贷联动、科技保险、科技信贷、知识产权证券化、股权众筹等。

不论是科技金融抑或是金融科技，二者必然相辅相成，一方的发展必然会给另一方带来影响。金融科技与科技金融早已融入人类的生活之中。

2. 大数据技术

互联网金融目前已经开始不断融合大数据，运用大数据可以较为准确地预测资金的流入、流出，以及用户的消费行为。目前很多经济预测模型都以"理性人假设"作为基础，但恰恰在日常的生活中，人的决策充满了感性因素。而大数据通过决策主体的海量数据进行抽象化分析，从而能够得出更加精准的行为预测结果，具体反映在互联网金融上，就是服务体验好，风险更低。譬如，各种"P2P 网贷"可以利用大数据来做风控建模，以此了解贷款方的还款能力、意愿及投资者的继续投资的倾向等，实现风险的预先性识别。

而大数据在消费金融方面更是一把"利器"，如支付宝关闭手势密码就是因为其通过大数据可以识别用户平常使用的"指压感应""接触面积""时间间隔"习惯等，从而辨别出支付宝是否被盗用。

3. 区块链技术

所谓区块链技术(Blockchain Technology，简称 BT)，也被称为分布式账本技术，是一种互联网数据库技术，其特点是去中心化、公开透明，让每个人均可参与数据库记录。区块链的基本原理包括：交易(Transaction)，一次操作，导致账本状态的一次改变，如添加一条记录；区块(Block)，记录一段时间内发生的交易和状态结果，是对当前账本状态的一次共识；链(Chain)，由一个个区块按照发生顺序串联而成，是整个状态变化的日志记录。如果把区块链作为一个状态机，则每次交易就是试图改变一次状态，而每次共识生成的区块，就是参与者对于区块中所有交易内容导致状态改变的结果进行确认。区块链技术是继蒸汽机、电力、信息和互联网科技之后，目前最有潜力触发第五轮颠覆性革命浪潮的核心技术。

区块链技术的价值也正在被国际社会所接受，自 2016 年 9 月开始，包括高盛、摩根大通、瑞士联合银行在内的 42 家银行加入 R3CEV 区块链联盟，让一直游离在主流金融行业边缘的区块链的位置正在被扶正。但是传统银行虽然如此主动却并不算积极，这正是行业发展倒逼传统金融机构的一次小心试探，因为区块链的去中心化就是消除传统金融机构的第三方信用中介功能。区块链作为虚拟货币的生产机制，其实更加适合互联网金融，其分布式记账，即去中心化以自证信用、开放性及信息较难窜改的特性使其在互联网金融应用层技术上极具发展前景。

从目前的趋势来看，它有可能会重构金融行业底层的架构，其优势可以降低信任的风险，每一个数据节点都可以验证账本内容和记录历史的真实性、完整性，提高系统的可追责性，降低系统的信任风险，而且具有灵活的架构。根据不同的应用场景和用户的需求，机构可以划分为公有链、私有链和联盟链。另外，从功能上看，区块链技术也可以降低金融机构的运作成本，实现共享金融的效果。其具体应用领域就包括点对点的交易，P2P 的跨界支付、汇算、结算，也可以应用于登记可靠的数据库数据，记录各种信息，应用在存储、反洗钱、客户身份资料和交易记录、合同交易等方面，以及确权，可以用于存储永久性记录的理想解决方案，如土地所有权、股权真实性的验证和转移，包括智能合同管理。

区块链技术深刻影响互联网金融。区块链技术在金融领域存在众多优势，一旦具备成熟应用基础，将深刻影响当前的金融格局和运行方式。目前，央行鼓励区块链技术研究，先后成立了中国区块链应用研究中心和中国区块链研究联盟。大数据和云计算等技术的利用，可进一步促进互联网金融降低成本和提升效率；同时通过大数据分析方法能改善经营决策，为管理提供可靠的数据支撑，使经营决策更加高效便捷，促进互联网金融智能化发展。

@ 1.2 加强运营与管理是提升互联网金融企业竞争力的重要保障

互联网金融虚拟性、技术性、便捷性、普惠性的特征，使其得到了快速发展，但也正是这些区别于传统金融的特征，使得新兴的互联网金融出现了不同于传统金融的发展问题。

互联网金融是传统金融业务发展的最新业态。金融行业和互联网行业两者本身都是高风险行业，而作为两者创新与融合的产物，互联网金融不仅有传统金融行业的一般风险，还有自身的特殊风险，这使得互联网金融风险的扩散速度更快，影响面积也更广。而且，互联网金融经营主体多是跨业经营的企业，大部分都不是专门从事金融行业的，对金融风险的认识和管控能力较弱。此外，互联网金融的虚拟性使得交易对象和交易过程不够明确和透明。这些互联网金融的特殊性和新型风险给管理带来了一定的难度。

对于互联网金融平台来讲，目前还存在着商业模式与组织架构设计不合理、金融产品同质化问题严重、团队人员不专业、不固定及流动性太强、优质资产稀缺、互联网应用技术的安全性和稳定性问题突出、推广成本高、征信体系不健全等问题。这些问题如果不加以重视并及时得到控制，可能会对互联网金融企业乃至整个金融秩序的稳定带来影响。

1.2.1 金融产品同质化问题严重

所谓"同质化"，是指同一大类不同品牌的商品在性能、外观甚至营销手段上相互模仿，以至逐渐趋同的现象，而同质化发展将导致"过剩"困境的出现，因此如何避免同质化现象或者同质化竞争局面的出现，是每个企业甚至行业都必须谨慎思考的问题。就目前形势来看，很多行业都已经在不同程度上出现了同质化的现象，而众多新兴产业由于受准入门槛偏低、产业标准不明确、缺乏可行性研究等因素影响，也不可避免地受到了冲击，这其中当然也包括互联网金融行业。产品同质化带来的后果就是恶性竞争，大打价格战。目前不少互联网金融服务平台为打价格战均宣称背景实力雄厚，背后有国资、银行当靠山，如此发展下去必然导致两败俱伤。随着监管政策的落地，P2P 行业的预期年化收益率

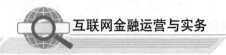

已渐渐地回归合理化，单纯以高收益吸引客户的模式已经难以维系，而且会不断地加剧行业泡沫的产生。因此，平台如何去同质化成为行业竞争的重要筹码。

1.2.2 团队人员不专业、不固定，流动性太强

我国的互联网金融服务行业发展时间较短，从业人员以技术人员为主，构成较为单一，人才积累较为欠缺，缺乏既通晓金融、互联网及编程知识又具备 IT 运营经验的复合型人才，而上述复合型人才需要较长时间的持续培养。因此，在互联网金融领域，相互挖人组建团队，临摹行业先行者，比资产收购更为盛行。

当下，互联网金融快速发展，市场需求很大，急需互联网金融人才，急需高端管理、产品研发以及兼具金融、信息技术等综合型的人才，特别是在大数据领域，要求人才拥有较强的业务理解能力、数据资产管理能力、数据处理能力以及数据挖掘能力。除此以外，信息安全问题显露得更为突出，由此带来信息安全保护、信用共享机制急待完善等问题，这些都需要人才的保证。而由于大数据时代刚刚起步，相关的专业人才还不能满足市场的需要。究其原因，一方面，高校教育存在缺乏时代前瞻性的问题，人才培养跟不上时代的要求，因此人才培养方案急需进行改革调整；另一方面，企业缺乏对人才培养的重视及完善的人才培养体系，尤其是传统的金融企业缺乏人才培养的创新精神。

1.2.3 优质资产稀缺

互联网金融说到底是一种共享经济，借款人有闲置资金，又没有好的投资渠道；需求方有资金借贷需求，也没有好的借贷平台。正是有这种社会需求，平台作为信息服务中介，撮合借款人和需求方的交易，达到共享、共生、共荣的状态。互联网金融发展到目前的状况是房产、车产、不动产等优质资产日益稀缺，而投资群体逐年增长。在"资产配置荒"的背景下，以高收益活期产品和定期产品为亮点的诸多互联网金融平台也遇到资产难求的问题，产品收益率呈现下降趋势。

正如上面所说的，互联网金融是资产端和资金端的高度匹配，资产端价值下降了，对应到资金端也就愈发没有好的投资项目。相对于前期的用户争夺而言，当下更需要着力的是寻找优质的金融资产。互联网金融行业的竞争也正在步入以优质资产开发为竞争核心的2.0 时代。互联网金融未来的竞争其实是背后资产端的竞争——谁能获得好的资产，并通过技术创新，为用户创造真正稳健、可持续的回报是核心。

1.2.4 平台网站系统千篇一律，安全性和稳定性问题突出

1. 系统性的安全风险

互联网信息技术引起的技术风险首先是系统性的安全风险。互联网金融快速发展的重要前提条件之一是计算机网络，相关软件系统与电脑程序对互联网金融的健康快速发展至关重要。因此计算机软件系统、互联网络技术等的安全性将直接影响互联网金融的有序运行。然而，影响互联网金融最重要的技术风险就是计算机软件与互联网的相关核心技术。据赛门铁克(Symantec)2013 年发布的《揭露金融木马的世界》白皮书透露，2012 年网银木马攻击了横跨亚洲、欧洲与北美洲的 600 多家金融机构，一般通过后门程序携带入侵，具有超强的精确性与高度的复杂性。以 P2P 为例，2013 年 8～10 月期间，黑客利用网络漏洞入侵了多家 P2P 网贷平台，非法骗取人民币 150 万余元。由于案情问题，很大一部分被攻击的 P2P 网贷平台损失惨重，仅深圳、浙江两地就有 20 多家平台跑路。乌云漏洞收集平台的数据显示，自 2014—2015 年年末，平台收到有关 P2P 行业漏洞总数为 402个，高危漏洞占 56.2%，其中有可能影响到资金安全的漏洞就占了漏洞总数的 39%，仅2015 年上半年中累计的 235 个漏洞中，对资金有危害的漏洞就占了全年 P2P 漏洞总数的 43%。

2. 技术选择风险

有效开展互联网金融业务的基础是其技术解决方案，互联网金融企业出于降低成本等利益考虑，选择的技术解决方案可能存在某些技术欠缺，而构成了互联网金融企业的技术选择风险。

3. 技术支持风险

计算机软件、互联网技术专业性强，需要企业投入大量的研发人员与资金开展研发工作，且研发具有极大的正外部性。截至目前，互联网金融企业规模一般较小，经济实力有限，有些互联网金融企业出于降低运营成本的考虑，基本上采用的是技术外包策略。由于自身不拥有企业运作的核心技术，一旦外部技术支持不能完全满足需求，导致其不能及时有效地向顾客提供金融服务，形成互联网金融企业的技术支持风险。而且目前我国具有自主知识产权的互联网金融设备欠缺，大量依赖从国外进口的相应的软硬件，对我国互联网金融业的快速发展极为不利。

技术安全问题将成为制约互联网金融发展的重要因素。

1.2.5 平台获客成本高

互联网金融获客成本主要包括搜索引擎对关键字的竞价排名、推广广告的投放、行业

活动等品牌曝光、品牌推广；运营成本，如促销活动、新用户红包等。目前 P2P 平台采取的方式大多是同质化的竞争方式，采取发红包、各种奖励活动来获客。

金融的本质互联网改变不了，借款人利息是所有的收入。下面是所有的成本，第一大成本是坏账率，第二大成本是投资者回报，第三大成本是营运成本。现在各平台坏账率讳莫如深，但事实上有些平台已经到了很高的水平；投资者回报率正在下降，而营销成本却在上升。以网贷行业为例，2011 年的网贷行业平均获客成本在 10 元以下，目前行业获得一个注册用户的成本在 100～300 元，而获得一个投资用户的成本约在 800～1500 元，这只是平台花在渠道方面的费用，不包括平台自身的优惠活动，如返还投资金、给予新手补贴等。如果加上这些费用，网贷行业单个客户的综合成本达到 3000 元以上。即便如此，用户也会面临其他平台更高收益或投资优惠等的诱惑，难言忠诚。

平台获客成本的具体数值视渠道不同。以流量大户"今日头条"为例，其刊例报价单显示，2013 年每个点击付费 0.8 元，2016 年则涨到 2 元。而现在某些微信公众大号推广一篇软文的价格动辄十几万元甚至几十万元。网贷之家数据显示，2015 年 9 月，P2P 投资人数为 240.41 万人，而正常运营的平台为 2417 家。2000 多家平台去争取 200 多万个投资者，由于营销方法和渠道基本相同，所以面对的客群也几乎相同。这数百万人中很多人同时在多家 P2P 平台注册，而投资者首选的是高收益的平台，另外就是有活动、有高奖励的平台。2016 年 5 月初，融 360 发布了《网贷平台 2016 年盈利能力分析报告》，该报告显示，上市系 P2P 平台盈利较为困难，获客成本过高是主因。

投资收益率(资产端)下行的速度远远没有资产下行(负债端)的速度快，这是当前 P2P 行业面临的尴尬现状。一方面优质资产来源逐渐枯竭，另一方面产品收益还能保持在 10% 以上，这就造成一种倒挂局面。正是由于资产端的稀缺，现在很多 P2P 平台开始涉足基金、保险产品等标准化的产品。而对于这类标准化的产品，每个机构获取的能力差距并不明显，因此，核心竞争力不是资产获得能力，最终考验的是如何留住用户。

互联网金融平台的用户集中度正在不断提高，对于后来者的获客的确是很大的压力。获客成本居高不下的背后，是一些中小平台的生存面临严峻考验，如何突破瓶颈是当下需要认真思考的问题。

1.2.6 互联网金融的征信系统建设不完善

征信系统可以使互联网金融的违约成本得到提高，降低风险；也可以使互联网金融企业对融资企业的历史信用等情况进行快速了解，提高效率，降低成本，这一点将很好地解决中小企业融资难的问题，加速中小企业健康发展。但是，当下我国的征信系统对互联网金融尚未规范，人民银行征信系统尚未纳入互联网金融的信息。加之我国信用信息无法进行共享，一方面各个网络平台无法了解借款人的信用，另一方面难以规避借款人的重复融资，因此会造成相应的风险，以及一连串的网络平台利益受损问题。

@ 1.3 互联网金融企业经营的目标与基本原则

1.3.1 互联网金融企业经营的目标

互联网金融企业经营的目标就是流量、影响力与收入。流量是影响力的基础，流量与影响力结合起来就成为收入的保证。互联网金融企业的影响力主要体现在品牌知名度上，品牌知名度在市场的渗透便是企业影响力的扩大。从收入结果来看，首先要保证流量指标，让较多的用户使用才有盈利机会，所以网站运营的关键就在于如何提高"流量"和"影响力"，从而获得规模收入并盈利。

可以看出，流量及影响力均与收入呈正相关，流量及影响力的提升会直接导致收入的提升，因此互联网金融企业获得高收入的前提是用户流量和影响力得到了根本的保障。

1.3.2 互联网金融企业经营的基本原则

1. 小额分散原则

"分散"从风险控制的角度来看具有较大优势，借款的客户分散在不同的地域、行业且拥有不同的年龄和学历等，如果这些分散独立的个体之间违约的概率能够相互保持独立性，那么同时违约的概率就会非常小。比如 100 个独立个人的违约概率都是 20%，那么随机挑选出其中两个人同时违约的概率为 4%(20%^2)，三个人同时违约的概率为 0.8%(20%^3)，四个人都发生违约的概率为 0.016%(20%^4)。如果这 100 个人的违约存在相关性，比如在 A 违约的时候 B 也会违约的概率是 50%，那么随机挑出来这两个人的同时违约概率就会上升到 10%(20%×50%=10%，而不是 4%)，因此保持不同借款主体之间的独立性非常重要。

"小额"在风险控制上的重要性，则是避免统计学上的"小样本偏差"。例如，平台一共做 10 亿元的借款，如果借款人平均每人借 3 万元，就是 3.3 万个借款客户，如果借款单笔是 1000 万元的话，就是 100 个客户。在统计学中有"大数定律"法则，即需要在样本个数数量足够大的情况下(超过几万个以后)才能越来越符合正态分布定律，统计学上才有意义。因此，如果借款人坏账率都是 2%，则放款给 3.3 万个客户，其坏账率为 2%的可能性要远高于仅放款给 100 个客户的可能性，并且这 100 个人坏账比较集中，可能达到 10%甚至更高，这就是统计学意义上的"小样本偏差"的风险。

对应到互联网金融企业上，那些做单笔较大规模的借款的网站风险更大，这也是为什么《网络借贷信息中间管理暂行办法》中明确提出小额分散的要求。

2. 数据化风控模型

除了坚持小额分散借款原则，用数据分析方式建立风控模型和决策引擎同样重要。小额分散最直接的体现就是借款客户数量众多，如果采用银行传统的信审模式，在还款能力、还款意愿等难以统一量度的违约风险判断中，风控成本会高至业务模式难以承受的水平，这也是很多 P2P 网贷平台铤而走险做大额借款的原因。

可以借鉴的是，国外成熟的 P2P 平台比如 LendingClub 是采用信贷工厂的模式，利用风险模型的指引建立审批的决策引擎和评分卡体系，根据客户的行为特征等各方面数据来判断借款客户的违约风险。美国专门从事信用小微贷业务的 Capital One 是最早利用大数据分析来判断个人借款还款概率的公司，在金融海啸中，Capital One 公司也凭借其数据化风控能力得以存活并趁机壮大起来，现在已经发展成为美国第七大银行。

简单点说，建立数据化风控模型并固化到决策引擎和评分卡系统，对于小额信用无抵押借款类业务的好处包括两个方面：一是决策自动化程度的提高降低了依靠人工审核造成的高成本；二是解决人工实地审核和判断所带来的审核标准不一致性的问题。在国内，目前包括人人贷、爱钱进、拍拍贷都在积极推动数据化风控模型的建设，这也是监管层所乐意看到的。

因此，除了小额分散的风控原则，互联网金融企业风控的核心方法在于通过研究分析不同个人特征数据(即大数据分析)相对应的违约率，通过非线性逻辑回归、决策树分析、神经网络建模等方法来建立数据风控模型和评分卡体系来掌握不同个人特征对应影响到违约率的程度，并将其固化到风控审批的决策引擎和业务流程中，来指导风控审批业务的开展。

最后，回到互联网金融企业的社会效益这一原点问题上，互联网金融公司是为了实现普惠金融的一个创新，他们的初衷是让每个人都有获得金融服务的权利，能真正地把理财和贷款带到普通民众的身边。互联网金融企业的出现，填补了我国目前传统金融业务功能上的空白，让那些被银行理财计划和贷款门槛拒之门外的工薪阶层、个体户、农村贫困农户、大学生等人群也有机会享受金融服务。而服务这一庞大的群体，如何设计安全、合理的商业模式和恪守风控第一的准则，确保广大投资者的权益更应成为互联网金融行业从业者放在首位思考的问题。

@ 1.4 互联网金融运营与管理涉及的主要内容

1.4.1 商业模式与组织架构设计

1. 互联网金融企业商业模式

商业模式(business Model)这一名词最早出现在 20 世纪 70 年代中期，直到 20 世纪末，它才成为一个独立的研究领域，吸引越来越多的研究者加以关注和研究。由于商业模式还属于相对较新的研究领域，关于它的定义目前还没有一个权威版本。相对较贴切的说法是Alexander Osterwalder(2005)对商业模式的定义。商业模式是一种建立在许多构成要素及其关系之上、用来说明特定企业商业逻辑的概念性工具，可用来说明企业如何通过创造顾客价值、建立内部结构，以及与伙伴形成网络关系来开拓市场、传递价值、创造关系资本、获得利润并维持现金流。通俗来讲，商业模式是指为实现客户价值最大化，把能使企业运行的内外因素整合起来，形成一个完整的高效率的具有独特核心竞争力的运行系统，并通过最优实现形式满足客户需求、实现客户价值，同时使系统达成持续盈利目标的整体解决方案。简单来讲，商业模式就是企业赚钱的方式。

在我国，商业模式比技术创新更为重要。其根本原因在于中国存在一个庞大而低端的消费市场，而且这个市场从绝对意义上说远远没有饱和，无数商品还没有被寻常消费者享受到，商业并没有得到更广泛地普及。而在短期内，国民的收入不会发生大的变化，这也导致中国对高端消费的抑制，这时发现新的需求，并且创造出新的需求模式显得尤其重要。在 2005 年的"西湖论剑"时，很多人对阿里巴巴并购雅虎中国表示羡慕，而在几年前，阿里巴巴不过是一个"婴儿"，几年后即成为 IT 界的巨子。当年大家都搞互联网的时候，只有搜狐、新浪等门户网站赚了大钱；等到大家都去搞门户的时候，互联网却遭遇寒冬，反而是做 B2B 的阿里巴巴赚钱了；等大家都去做电子商务的时候，没想到出了个陈天桥，人家搞游戏就发财了。那些发财的人，都是走与别人不一样的道路。

发现新的需求，并且对各种商业元素进行融合，将导致商业模式的普遍改变。同时，新的商业模式的出现，很大程度上在于未来的不可预知。那些具有异常商业嗅觉的人，才能够把握商机，迅速崛起，这就是为什么新的商业模式往往由新势力创造，而非相近领域的传统强大势力所创造的原因。在日益激烈的竞争中，新的商业模式也会层出不穷，而这也正是商业社会的魅力所在。也许某一天，从一个不知名的角落里，会崛起一个巨大的商业帝国。

第三方支付、P2P 网络借贷与众筹的商业模式应该是不一样的。

2. 互联网金融企业组织架构

组织架构(Organizational Structure)是指一个组织整体的结构，是在企业管理要求、管控定位、管理模式及业务特征等多种因素的影响下，在企业内部组织资源、搭建流程、开展业务、落实管理的基本要素。组织架构图并不是一个固定的格式，关键是要考虑是否符合公司发展战略的需要，组织架构的功能是为了实现战略效果而将相关工作进行划分，因此要根据企业具体情况制定具体的个性组织架构图。组织架构图是从上至下、可自动增加垂直方向层次的组织单元、图标列表形式展现的架构图，以图形形式直观地表现了组织单元之间的相互关联，并可通过组织架构图直接查看组织单元的详细信息，还可以查看与组

织架构关联的职位、人员信息。

1.4.2 产品设计

互联网金融产品设计是互联网金融运营与管理的关键环节。在金融领域，金融产品是指资金融通过程的各种载体，是金融市场的买卖对象，供求双方通过市场竞争原则形成金融产品价格，如利率或收益率，最终完成交易，达到融通资金的目的。互联网金融产品是传统意义上"金融产品"概念的延续，是满足用户网络投融资需求的工具。对于投资者而言，金融产品主要是让资金进行增值。而对于互联网金融企业来说，主要是为了让投资者更好地选择产品，减少信息不对称的程度。

根据产品属性，互联网金融产品主要分为两种：一是金融端产品；二是互联网端产品。

1. 金融端产品

金融端产品主要是指传统金融提供的各种金融产品。因为目前金融监管的限制，互联网金融还很难有真正意义上的金融端产品创新。对现有传统金融产品通过组合、移植、包装等方式，可形成互联网金融的金融端产品。

2. 互联网端产品

互联网端产品主要是指依托互联网渠道的各种产品、服务等。互联网端产品主要包括网站和 App 两种模式。

因此，互联网金融产品设计主要包括金融端产品的设计与互联网端产品的设计，涉及产品设计的基本原则、产品设计流程、产品定价及产品评价。

1.4.3 营销策划和推广

互联网金融营销是指以互联网为依托，利用电子方式和具有交互性特征的网络媒体所营造的网上经营环境，实现金融业由"产品为主"向"客户为主"的转变，进而实现营销目标的一种新型市场营销方式。

互联网金融营销的好坏，直接关系到互联网产品的成功与否。互联网金融营销创新已经突破了传统营销模式，成为互联网金融成功的关键与亮点。

互联网金融的营销创新和互联网金融产品的创新紧密相连。通过分析消费者的消费需求，利用先进的科技手段创新产品，满足消费者需求。如微信拜年红包的推出，就是满足了消费者过年互相联系、互相拜年的需求，同时巧妙地设计在消费者的社交工具微信平台上，通过微信平台的传播和推广，巧借社交之力大获成功。

互联网金融的营销创新和互联网金融营销工具的创新息息相关。互联网金融的营销工具既有通过传统媒体进行营销，如电视电台广告、报纸杂志软文等；又有通过网络营销。目前许多互联网产品营销是把传统媒体营销和网络营销结合起来，如支付宝 2016 年春节期间推出的集齐五福平分超 2 亿元现金活动，既通过网络营销，又和央视春晚合作，通过电视媒体营销。

互联网金融营销方式的创新使得互联网金融的营销异彩纷呈。金融网络营销方式有新闻营销、网络公关营销、网络活动营销、搜索营销、网络事件营销、微博营销、网络视频营销、漫画营销等。金融网络营销方式有四项推动指标：媒介的覆盖量与传播量；作品创意质量与媒介推荐、转载量；各种搜索的表现；目标受众的浏览量、参与和互动量。互联网金融营销方式的创新方案包括话题、事件、活动和不同网络营销方式的组合，其中创意水平最关键。

互联网金融营销手段的创新使得互联网金融的营销有的放矢。通过大数据分析，实现定制化、精准化投放。数据一直是信息时代的象征。金融是大数据的重要产生者，交易、报价、消费数据等，无一不是数据来源。金融业也高度依赖信息技术，是典型的数据驱动行业。通过数据采集、存取，对客户行为进行分析，找出目标客户，依托计算机智能对客户进行个性化、精准化投放。如智能投顾领军者 Wealthfront 公司，以科技人员为目标客户，通过计算机智能为每个客户量身定制投资组合计划，同时随着客户结婚、生孩子、年龄增长等变化动态地调整其投资策略。

互联网金融的营销创新和其公司的战略相辅相成。由于每个企业布局互联网的时间不同，业务跨度不一样，造成了各互联网金融企业的用户群体属性和数据来源上的迥异，因此互联网金融的营销创新必须因地制宜，要考虑企业"能够做的"(企业已有的强弱势)和"可能做的"(环境)有机结合，才能与自身原有的业务产生最大协同效用。如苏宁金融凭借苏宁易购电商平台和 1600 多家实体门店，率先在业界实践"线上引流、线下体验"的O2O 消费金融营销模式，为消费金融的发展提供多场景应用。

互联网金融营销创新的最终目的都是通过营销创新获得目标客户，通过互联网金融产品随时随地满足客户的金融需求，通过提升客户体验提高客户的信任度乃至忠诚度，最终树立自己的互联网金融品牌和市场地位。

互联网金融营销主要包括营销目的、营销主体、营销管理系统、营销渠道、营销手段等。

1.4.4 客户服务

随着互联网金融的快速发展，多种业态的互联网金融形式应运而生，产品的多样性使得互联网金融客户的选择变得多样化，各平台的竞争日趋激烈，所以怎样锁定和拓展互联

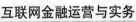

网金融客户，成为互联网金融企业要面对和重视的问题。

客户对于一个企业的忠诚度会随着竞争的加剧逐渐降低，这就不单单要求互联网金融企业在产品的设计、质量、宣传和价值上下功夫，更要在客户服务和管理环节转变思想，不断改革和创新，更好地适应社会的进步，从而锁定客户。总而言之，良好的客户服务质量不仅是客户黏性的增强剂，还是决定公司的业绩和收入及公司是否能在激烈的行业竞争中处于不败之地的重要武器。

互联网金融客户服务主要涉及客户定位、客户服务体系、客户服务管理架构和制度设计、客户细分和管理等。

1.4.5　风险管理与风险控制

互联网金融的本质仍属于金融，具有金融风险的隐蔽性、传染性、广泛性和突发性特点。当前，在经济增速下行、监管环境不完善、从业机构良莠不齐等主客观因素的影响下，某些业态脱实向虚、偏离正确创新方向的倾向愈发明显，风险累积也越来越大，互联网金融行业的声誉和市场情绪受到很大影响。互联网金融提供的是创新型金融产品，相比于传统金融，互联网金融风险更加复杂。目前，我国互联网金融企业的自我约束和自我风险控制机制构建尚未完善，更多的金融企业是在市场上去竞争业务、取得盈利，风险的控制机制相对薄弱，需要引起足够的重视。互联网金融风险主要包括以下三个方面：一是经济下行期的经营风险。在当前实体经济下行和金融风险上行时期，中小企业经营更加困难，债务违约可能性增大，导致互联网金融平台对接的主要资产质量下降，逾期率和不良率上升。同时，普通投资者情绪和市场预期波动增大，资金流不稳定性提高，使得平台经营压力持续增加。二是合规转型期的转型风险。在合规化转型过程中，一部分从业机构试图继续经营，但因前期存在期限错配、资金池、大额标的等不规范经营行为，导致积累的风险敞口较大，转型难度高，无法平稳退出，可能会引发社会问题和金融风险。三是风险处置期的次生风险。当前，互联网金融风险专项整治进入清理整顿阶段，由于互联网金融风险涉众性、交叉性和传染性较强，风险处置过程中可能会产生跨机构、跨区域、跨市场的连锁反应。

风险管理与风险控制是互联网金融平台安全的核心，也是平台核心竞争力的体现。风险管理是互联网金融行业对抗损失的第一道防线。对于现代企业，风险管理指的是通过风险的识别、预测和评价，对风险进行有效的控制，以尽可能有计划地处理风险、降低风险发生的概率或风险所导致的损失，从而以最小的成本获得企业安全生产经济保障的过程。风险控制是风险管理基本流程中的一个环节。风险控制是指针对风险事件发生的动因、环境、条件等，管理者采用各种措施和方法对风险进行有效的控制，以达到降低风险事件发生的概率或减轻风险事件发生时的损失的目的。

风险控制的方法包括风险回避、损失控制、风险转移和风险保留等。

互联网金融风险管理的基本程序包括风险识别、风险估测、风险评价、风险控制和风险管理效果评价等环节。

1.4.6　团队建设

互联网金融作为新兴产业，自 2013 年以来蓬勃发展，呈现"井喷"之势。与此同时，互联网金融行业的发展也存在一些问题。尤其是 P2P 网贷行业，平台倒闭、跑路、提现困难等现象层出不穷。而这一切问题的产生，其实是人才资源的不足，也就是互联网金融专业人才总量的储备、素质的提升没有跟上行业快速发展的步伐，专业人才缺口巨大。由于该行业对复合型人才的特殊要求，再加上高校学科体系设置的相对滞后，互联网金融人才在供给上存在巨大的缺口。据预测，未来 5～10 年内，仅 P2P 企业的人才缺口将达 142 万，再加上互联网金融其他几种业态的人才短缺，全国互联网金融的人才总缺口将达 300 万左右。人才成为制约互联网金融发展的瓶颈。

互联网金融是传统金融行业和互联网行业相结合的新兴领域，行业的核心竞争力在于风险控制和服务形态上互联网技术和互联网思维的运用，互联网金融企业要成功，归根结底需要团队成功。互联网金融需要的是复合型人才。所谓复合型人才，就是既深刻了解传统金融的本质，又具有互联网思维，懂得互联网技术，对新金融抱有开放的态度和创新思维方式的人才。那么，打造一支高效的互联网金融团队就成为企业突破瓶颈、不断创新的重中之重。这就需要从多方面入手，不是单单就某一个方面而言。

互联网金融团队建设主要包括团队文化、团队精神以及团队沟通等几个方面的建设。

1.4.7　品牌建设

品牌是企业产品和服务的质量表现，同时也是社会公众和顾客对其形象的评价。它体现了产品所拥有的价值，是与产品、服务和企业本身相关的一种持久、可信的价值承诺。品牌对于消费者来说，可以降低交易成本，防止消费者的权益受到侵害，减少购买产品的风险，并可以成为向外界传达象征身份和地位的信息。

互联网金融企业由于其门槛低、投资便利、收益率较高的特点，吸引着大量的长尾客户，在金融市场上已占有一席之地。然而值得注意的是，目前互联网金融市场已成群雄逐鹿之势：互联网金融企业的数量不断增加，同业竞争也异常激烈。作为互联网金融的经营主体，要想在市场中立足，品牌建设必不可少。品牌是互联网金融企业核心竞争力的重要体现。因为品牌是一种识别标志和价值理念，是品质优异的核心体现，意味着实力、价值及责任。互联网金融的品牌其实就是诚信，也是一种信任，更是一种信赖。如果品牌都没有建立起来，那么互联网金融也就无从谈起，更不可能长久。

1. 品牌是企业对客户的一种价值承诺

品牌不仅仅是顾客的消费产品和服务，而且还和品牌信誉有关。一家企业中同一个品牌覆盖下的产品和服务蕴含的价值必须持久、稳定。所以，互联网金融企业在进行自己品牌建设和定位的过程中不能只考虑当前行为，而是要做长久打算。

2. 品牌是一种精神理念

品牌体现一种文化，一种传统，一种氛围，一种品牌所有者、使用者的精神和理念。例如看到腾讯这个品牌，人们或许会想到它"一切以用户价值为依归"的文化理念。很多目标客户和潜在客户都是通过企业品牌来对这家企业进行了解的，也是通过企业品牌建立起对企业的产品和服务的信心。所以，一家企业要拥有自己的品牌、使用自己的品牌，目的就是要利用品牌证明自己。

3. 品牌是一种无形的资产

品牌是企业无形资产的浓缩与概括，是一家企业整体素质实力的佐证，也是企业知名度、美誉度的象征，在企业开拓市场、资本扩张、队伍凝聚等方面发挥着重要的作用。企业经过品牌设计、品牌形象塑造、品牌推广等过程形成了品牌价值。在互联网金融领域，企业最终应该追求的是用户质量的累积，高质量的用户才能给企业带来持续性的高效益，而品牌是维系高质量用户与企业关系的最好纽带。举一个例子：为什么苹果手机价格动辄五六千元但还是有很多人排着队想尽办法去买？是因为他们觉得拿着苹果手机更有面子，或者苹果手机确实做工精致，体验更好。因此，是品牌提升了产品的附加值，好品牌才能带来高质量用户，成为企业的无形资产。

4. 品牌是企业和其产品的象征

在互联网金融企业中，如果我们提到某个品牌，会直接联想到这个品牌的企业或这个品牌的产品。所以说在某种程度上品牌就代表着这家企业和这家企业的产品及服务。这就是顾客为什么选择优秀的品牌的产品和企业的原因。互联网金融行业的野蛮生长已经是过去式，行业监管政策和方向也在不断明朗化，企业唯有建立品牌来提升企业和其产品的形象，才能在竞争激烈的互联网金融领域中杀出重围，脱颖而出。

当前，互联网已然撬动了金融这块最坚实的碉堡，如何让互联网金融大放异彩，是广大企业当下和未来在品牌建设过程中必须探索的问题。没有哪个品牌强大到无法被打败，没有哪个品牌弱小到无法去竞争。做品牌，首先得从思维上重视，其次得形成体系，最后得讲究战略战术和技巧。

品牌建设主要包括品牌部门架构与品牌规划、品牌塑造及优化、品牌维护等方面。

1.4.8　系统开发与维护

互联网金融快速发展的重要前提条件之一是计算机网络，相关软件系统与电脑程序对互联网金融的健康快速发展至关重要。因此计算机软件系统、互联网络技术等的安全性将直接影响互联网金融的有序运行。然而，影响互联网金融最主要的技术风险就是计算机软件与互联网的相关核心技术。现在有的平台采用外包或购买技术平台，没有能力进行系统的研发和升级，风险极高。因为系统来自外部，代码完全失控；企业自身也没有安全评估能力，没有专职人员制定安全方案。而且因为没有开发能力，当市场发生剧烈变化时，技术平台无法快速适应市场变化；哪怕是对系统功能做简单的修改，也要联系外包团队修改系统，需要跨公司沟通、讨价还价，而且外包团队也常常无法正确理解业务需求，效率低下，反应极慢。

互联网金融系统开发主要包括系统分析与设计。互联网金融项目系统分析是对金融业务制度进行全面的调查分析，对金融业务中各种工作流程以及处理功能给出逻辑的描述，即给出系统的逻辑模型；同时，从调查研究的结果分析中提炼出新系统的功能需求，给出新系统功能需求的逻辑描述。这些需求除包括业务处理的各种功能外，还应包括新系统运行的硬件环境。项目分析阶段的基本任务就是通过调查分析，从逻辑上分析并设计出新的互联网金融系统，这一阶段是整个互联网金融平台开发的关键阶段，其工作质量的好坏，将对整个金融平台系统产生决定性的影响。互联网金融系统设计的主要内容包括确定支持系统运行的计算机硬件设备环境、原始数据的组织和输入、输出信息的方式和管理、标准化设计方案、数据库系统、应用软件系统、通信网络、系统安全保密及详细的实施计划等。

作为一家互联网金融企业，技术团队要始终把安全放在第一位，竭尽全力保障投资人的资金与信息安全。参照国家信息系统安全等级保护的要求，制定综合的安全治理措施，主要应包括四个方面：一是基础技术设施安全建设。要跟踪最新漏洞，及时系统升级。二是提高代码的安全性。制定代码和各种开发规范，确保开发人员能够写出安全的代码。三是建立监控与反馈系统。一方面及时发现潜在的问题，化被动为主动；另一方面为可能发现的问题制定应急预案；再者，监控重点敏感数据与功能，发现异常及时进行阻断和报警。四是技术团队要为整个技术平台制定长期的改善目标。比如：持续改善系统架构，更好地支持业务扩展；降低系统耦合，提升对变化的响应速度；建立更完善的公共平台、基础框架、基础类库，提高开发效率；合理地增加或减少系统间交互，提升系统性能及稳定性；完善配置、监控、预警、日志系统，提升系统运维效率及发现问题的速度。

本章总结

- 互联网金融持续健康发展的外部条件已经具备：互联网金融持续健康发展的外部政策环境已经具备、市场需求提升互联网金融的发展潜力、信息科技推动互联网金融不断创新。

- 所谓互联网金融生态化，就是将支付、基金、保险、银行、证券、信托、征信等多种金融业务进行整合，形成一个生态的价值服务的产品链条。未来互联网金融产品和金融服务将通过个性化、定制化的方式来提高金融服务的专业性。

- 随着通信技术、互联网科技的发展和移动终端数量超过银行自助终端数，移动支付将逐渐取代传统支付。移动支付作为互联网领域和金融领域的革命性创新，在促进电子商务及零售市场的发展、满足消费者多样化支付需求方面正发挥着越来越重要的作用。

- 智能投顾又称"机器人理财""机器人投顾"，即利用大数据分析、量化模型及算法，根据投资者的个人收益和风险偏好提供相匹配的资产组合建议，并自动完成投资交易过程，再根据市场变化情况动态调整，让组合始终处于最优状态的财富管理服务。智能投顾的服务流程包括客户分析、构建投资组合、自动执行交易、动态调整组合、投资组合分析。

- 金融科技与科技金融的区别主要体现在落脚点、目标、参与主体、实现创新方式和具体产品五个方面。而大数据通过决策主体的海量数据进行抽象化分析，从而能够得出更加精准的行为预测结果，具体反映在互联网金融上，就是服务体验更好，风险更低。所谓区块链技术也被称为分布式账本技术，是一种互联网数据库技术，其特点是去中心化、公开透明，让每个人均可参与数据库记录。

- 互联网金融虚拟性、技术性、便捷性、普惠性的特征，使其得到了快速发展，但也正是这些区别于传统金融的特征，使得新兴的互联网金融出现了不同于传统金融的发展问题。对于互联网金融平台来讲，目前还存在着商业模式与组织架构设计不合理、金融产品同质化问题严重、团队人员不专业、不固定及流动性太强、优质资产稀缺、互联网应用技术的安全性和稳定性问题突出、推广成本高、征信体系不健全等问题。

- 互联网金融企业经营的目标就是流量、影响力与收入。流量是影响力的基础，流量与影响力结合起来就成为收入的保证。互联网金融企业经营的基本原则是小额分散原则；除了坚持小额分散借款原则外，用数据分析方式建立风控模型和决策引擎同样重要。

● 互联网金融运营与管理涉及的主要内容包括：商业模式与组织架构设计、产品设计、营销策划和推广、客户服务、风险管理与风险控制、团队建设和品牌建设、系统开发与维护。

本章作业

1. 目前我国互联网金融的发展趋势如何？
2. 如何理解互联网金融的生态化和专业化？
3. 移动互联是什么？它对于互联网金融的发展有何作用？
4. 如何理解互联网金融的智能化？
5. 简述什么是金融科技和科技金融，两者之间有哪些区别？
6. 阐述互联网金融企业加强运营管理的必要性。
7. 如何理解互联网金融企业的经营目标和基本原则？
8. 阐述互联网金融运营与管理所涉及的具体内容。

第 2 章

互联网金融商业模式及组织架构

本章目标

- 掌握商业模式的内涵、特征及分类。
- 熟练掌握商业模式的要素画布。
- 熟练掌握第三方支付企业、P2P 网络借贷及众筹融资的商业模式。
- 掌握 P2P 网贷系统的结构。

本章简介

　　通过本章的学习，你将了解到商业模式的内涵、特征及分类；商业模式的要素画布；第三方支付企业、P2P 网络借贷及众筹融资的商业模式；互联网金融企业的组织架构。

@ 2.1 商业模式概述

2.1.1 商业模式的特征及分类

1. 商业模式的特征

商业模式必须具有以下两个特征。

(1) 商业模式是一个整体的、系统的概念，而不仅仅是一个单一的组成因素，如收入模式(广告收入、注册费、服务费)、向客户提供的价值(在价格上竞争、在质量上竞争)、组织架构(自成体系的业务单元、整合的网络能力)等，这些都是商业模式的重要组成部分，但并非全部。

(2) 商业模式的组成部分之间必须有内在联系，这个内在联系把各组成部分有机地关联起来，使它们互相支持、共同作用，形成一个良性循环。

美国超级亿万富豪、石油大王保罗盖蒂(Paul Getty)预测：21 世纪最有前途的商业模式应该具有以下几个特点。

- 一定是拥有属于自己的生意，从事这项生意的每个人都是一个独立的生意人，而不是为他人打工。
- 你的生意一定要提供具有广阔市场前景的产品和服务，而不是某种特殊产品，看起来有特色，但潜在市场很小。
- 你要为你的产品和服务提供保障，这样一来，你的顾客才可能放心购买，而且还能重复购买。
- 你所提供的产品和服务一定要强于你的竞争对手，要具有自己的核心竞争力。
- 你一定要奖励那些做出贡献的人，遵循的是多劳多得的原则。
- 你的生意的成功一定要建立在帮助他人成功的基础之上，是双赢甚至是多赢的生意机制。

2. 商业模式的分类

商业模式主要包括三种模式，即销售模式、运营模式和资本模式，而核心就是资源的有效整合。

(1) 销售模式：指的是产品或服务的销售方式，是商业模式的最基本体现，是商业模式的实现通道。

(2) 运营模式：特指企业内部人、财、物、信息等各要素的结合方式，是商业模式的核心。如果缺乏合理有效的运营模式，即使再高效的销售模式也会因缺乏持续而优质的产品服务供应而枯萎。

(3) 资本模式：主要是指企业获得资本及资本运行的方式，是商业模式的支撑体系。

用一个健康的人来比喻一家健康的企业，那么这三种模式的关系就好似这样：资本模式就像是人的心脏，是最基础的要素，资本是否足够就像人的心脏是否强大，没有强大的心脏，企业就很难获得很好的发展。运营模式就像是人的血管，一个很强大的资本模式，它之后一定要有一个很强大的运营模式，如果没有很强大的运营模式，则意味着人的血管是很硬的，血流速度加快之后会让血管崩裂，作为企业也是一样的，即使有很强大的资本背景，但是如果运营模式有问题，也可能会倒下去，不是资本不强大，是运营模式无法承载这样一个运营模式。销售模式就像是消化系统，产品、服务能不能销售出去，关键是看销售模式是否健康，如同人一样，只有肠胃通畅才能够健康。很多情况下，一个企业成长得快还是慢，或者是否健康，关键就在于是否有一个健康的销售模式。以上三种模式的有效结合使得内外资源获得有效整合，形成强大的竞争力；如果结合不到位，资源就很难获得高效整合，甚至导致企业的失败。

在设计企业组织架构时，首先要考虑企业商业模式，根据商业模式来搭建适合企业发展的架构，这是不能颠倒的，否则，企业很容易窒息。

2.1.2 商业模式要素画布

商业模式的概念揭示了商业模式是什么，商业模式要素则表述了商业模式包括什么。Alexander Osterwalder(2005)和 Pigneur(2010)建立了商业模式要素的画布模型，这是一个视觉化的商业模式架构和分析工具，它可帮助企业更直观地分析自己的商业模式并加以调整。商业模式要素画布模型包含四大支柱，即产品或服务界面、资产管理界面、客户界面和财务界面，这些支柱下还包含九个构成要素，即产品或服务界面包含价值主张，资产管理界面包含核心资源、关键业务、重要合作，客户界面包含客户细分、渠道通路和客户关系，财务界面包含成本结构、收入来源，如图 2.1 所示。对各要素的描述如表 2.1 所示。

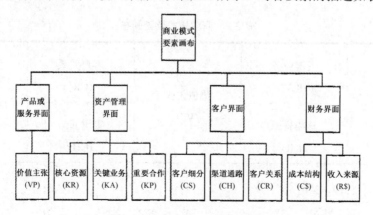

图 2.1 商业模式要素画布结构图

表 2.1　商业模式要素描述

维　　度	组成要素	描　　述
产品或服务界面	价值主张	描述公司通过其产品或服务所能向消费者提供的价值
资产管理界面	核心资源	描述让商业模式有效运转所必需的重要因素,如实体资产、知识资产、金融资产、人力资源等
	关键业务	描述为了确保其商业模式可行,企业必须做的最重要的事情,如基础设施、制造产品、问题解决、平台/网络构建等
	重要合作	描述商业模式有效动作所需要的供应商与合作伙伴网络,重要合作的建立目的通常有商业模式的优化和规模经济的运用、风险和不确定性的降低、特定资源和业务的获取
客户界面	客户细分	公司所瞄准的消费者的群体,如大众市场、利基市场、多元化市场等。这些群体具有某些共性,从而使公司能够(针对这些共性)创造价值
	渠道通路	描述公司是如何沟通、接触其客户,细分而传递其价值主张,如自建渠道、分类销售渠道等
	客户关系	描述公司同其消费者群体之间所建立的联系,即通常我们所说的客户关系管理
财务界面	成本结构	描述运营一个商业模式所引发的所有成本,成本结构的特点有固定成本、可变成本、规模经济、范围经济
	收入来源	描述公司从每个客户群体获取的现金收入,如资产销售、使用收费、授权费、经济收费、广告收费等

以上九个要素是商业模式要素画布模型的基础,这九个要素共同组成一幅用来描述商业模式的画布(如表 2.2 所示),该模型通过将企业庞杂的商业模式清晰、直观地呈现出来,可以解析企业当前的商业模式,发现存在的优势和劣势,从而为设计新的商业模式、掌握企业目前的商业模式、调整未来的商业模式提供思路。

表 2.2　商业模式要素画布

重要合作 (KP)	关键业务 (KA)	价值主张 (VP)	客户关系 (CR)	客户细分 (CS)
	核心资源 (KR)		渠道通路 (CH)	
成本结构 (C$)			收入来源 (R$)	

2.1.3　商业模式的核心原则

一个成功的商业模式不一定是在技术上的突破，而是对某一个环节的改造，或是对原有模式的重组创新，甚至是对整个游戏规则的颠覆。商业模式的核心原则是指商业模式的内涵、特性，是对商业模式的延伸和丰富，是成功商业模式必须具备的属性。企业能否持续盈利是我们判断其商业模式是否成功的唯一的外在标准。持续盈利是对一家企业是否具有可持续发展能力的最有效的考量标准，盈利模式越隐蔽，越有出人意料的好效果。商业模式的核心原则包括客户价值最大化原则、持续盈利原则、资源整合原则、创新原则、融资有效性原则、组织管理高效率原则、风险控制原则和合理避税原则八大原则。

1. 客户价值最大化原则

一个商业模式能否持续盈利，是与该模式能否使客户价值最大化有必然关系的。一个不能满足客户价值的商业模式，即使盈利也一定是暂时的、偶然的，是不具有持续性的。反之，一个能使客户价值最大化的商业模式，即使暂时不盈利，但终究也会走向盈利。所以我们应该把对客户价值的实现再实现、满足再满足当作企业始终追求的主观目标。

2. 持续盈利原则

企业能否持续盈利是我们判断其商业模式是否成功的唯一的外在标准。因此，在设计商业模式时，盈利和如何盈利也就自然成为重要的原则。当然，这里指的是在阳光下的持续盈利。持续盈利是指既要"盈利"，又要能有发展后劲，具有可持续性，而不是一时的偶然盈利。

3. 资源整合原则

整合就是要优化资源配置，就是要有进有退、有取有舍，就是要获得整体的最优。

在战略思维的层面上，资源整合是系统论的思维方式，是通过组织协调，把企业内部彼此相关但却彼此分离的职能，把企业外部既参与共同的使命又拥有独立经济利益的合作伙伴整合成一个为客户服务的统一，取得 1+1>2 的效果。

在战术选择的层面上，资源整合是优化配置的决策，是根据企业的发展战略和市场需求对有关的资源进行重新配置，以凸显企业的核心竞争力，并寻求资源配置与客户需求的最佳结合点，目的是要通过组织制度安排和管理运作协调来增强企业的竞争优势，提高客户的服务水平。

4. 创新原则

三星董事长李建熙说："除了老婆和孩子外，其余什么都要改变！"时代华纳前首席执行官迈克尔·恩说："在经营企业的过程中，商业模式比高技术更重要，因为前者是企业能够立足的先决条件。"一个成功的商业模式不一定是在技术上的突破，而是对某一个环节的改造，或是对原有模式的重组、创新，甚至是对整个游戏规则的颠覆。商业模式的创新形式贯穿于企业经营的整个过程中，它包括企业资源开发研发模式、制造方式、营销体系、市场流通等各个环节，也就是说，在企业经营的每一个环节上的创新都可能变成一个成功的商业模式。

5. 融资有效性原则

融资模式的打造对企业有着特殊意义，尤其是对中国广大中小企业来说更是如此。我们知道，企业生存需要资金，企业发展也需要资金，企业快速成长更是需要资金。资金已经成为所有企业发展中绕不过的障碍和很难突破的瓶颈。谁能解决资金问题，谁就赢得了企业发展的先机，也就掌握了市场的主动权。

从一些已成功的企业发展过程来看，无论其表面对外阐述的成功理由是什么，都不能回避和掩盖资金对其的重要性，许多企业就是因为没有建立有效的融资模式而失败了。如巨人集团，仅仅为近千万元的资金缺口而轰然倒下；曾经与国美不相上下的国通电器，拥有过 30 多亿元的销售额，也仅因为几百万元的资金缺口而销声匿迹。所以说，商业模式的设计很重要的一环就是要考虑融资模式。甚至可以说，能够融到资金并能用对地方的商业模式就已经是成功了一半的商业模式。

6. 组织管理高效率原则

高效率，是每个企业管理者都梦寐以求的境界，也是企业管理模式追求的最高目标。用经济学的眼光衡量，决定一个国家富裕或贫穷的砝码是效率；决定企业是否有盈利能力的也是效率。

按现代管理学理论来看，一家企业要想高效率运行，首先要解决的是企业的愿景、使命和核心价值观，这是企业生存、成长的动力，也是员工干好的理由。其次要有一套科学的、实用的运营和管理系统，解决的是系统协同、计划、组织和约束问题。最后还要有科学的奖励激励方案，解决的是如何让员工分享企业的成长果实的问题，也就是向心力的问题。只有把这三个主要问题解决好了，企业的管理才能实现效率。现实生活中的万科、联想、华润、海尔等大公司在管理模式的建立上都是可圈可点的，也是值得学习的。

7. 风险控制原则

设计再好的商业模式，如果抵御风险的能力很差，就会像在沙丘上建立的大厦一样，经不起任何风浪。这个风险既指系统外的风险，如政策、法律和行业风险；也指系统内的风险，如产品的变化、人员的变更、资金的补给等。

8. 合理避税原则

合理避税，而不是逃税。合理避税是在现行的制度、法律框架内，合理地利用有关政策，设计一套充分利用政策的体系。合理避税做得好也能大大增加企业的盈利能力。

2.1.4　商业模式的设计要素

商业模式是一家企业创造价值的核心逻辑，价值的内涵不仅仅是创造利润，还包括为客户、员工、合作伙伴、股东提供的价值，在此基础上形成的企业竞争力与持续发展力。

商业模式的设计包括以下要素。

- 盈利。商业模式必须能盈利。几乎没有哪个生意第一天就盈利，问题是需要多长时间才能盈利。把预期的盈利日期写下来，如果超过很久还没能盈利，就要想法解决问题。
- 自我保护。商业模式必须能自我保护。壁垒永远是我们考虑商业模式时首先要考虑的，它往往是自然成型的。这些壁垒包括专利(其实并不像很多人以为的那么有用)、品牌、排他性的推销渠道协议、商业秘密(如可口可乐的配方)，以及先行者的优势。

从长期来看，新的创业机会一定是技术创新引起的，而商业化思想往往拼的是如何理解新技术给社会带来的变化。比如说互联网出现的时候，当时人们很难把它和上网买东西联系起来，即使有人和你说上网可以买东西，那时的你也是不信的，2000 年左右的职业商人也觉得电商是很遥远的事情。但是马云不相信这一点，他抓住了解决电商到来的最大问题——信任问题， 通过支付宝使得这件事成为现实。

- 自启动。商业模式必须能自启动。创业者最容易陷入的陷阱之一就是试图创造一种不能自启动的商业模式。
- 可调整。商业模式必须可调整。依赖大量客户或合作伙伴的商业模式远没有可以随时调整的商业模式灵活。
- 财务退出策略。商业模式要有财务退出策略(不是必需)。如果你能创立起一摊生意然后把它卖掉或上市，你就能从你建立起的公司净值中套现。

@ 2.2　互联网金融商业模式

2.2.1　第三方支付企业商业模式

1. 第三方支付价值主张

第三方支付通过其支付平台在消费者、银行和商家直接建立链接，起到信用担保和技术保障作用，实现消费者到商家以及金融机构之间的货币支付、现金流转和资金结算功能。

传统的支付方式往往是简单的即时性直接付转、一步支付。其中钞票结算和票据结算适配当面现货交易，可实现同步交换；汇转结算中的电汇及网上直转也是一步支付，适配隔面现货交易，但若无信用保障或法律支持，会导致异步交换，容易引发非等价交换风险，现实中买方先付款后不能按时、按质、按量收获标的，卖方先交货后不能按时、如数收到价款，被拖延、折扣或拒付等引发经济纠纷的事件时有发生。

在现实的有形市场，异步交换权可附加信用保障或法律支持来进行，而在虚拟的无形市场，交易双方互不相识，支付问题成为电子商务发展的瓶颈之一。卖家不愿先发货，担心货物发出后不能收回货款；买家不愿先支付，担心支付后拿不到商品或商品质量得不到保证。博弈的结果是双方都不愿意先冒险，网上购物被迫中断。

为迎合同步交换的市场需求第三方支付应运而生。第三方是买卖双方在缺乏信用保障或法律支持的情况下的资金支付"中间平台"，买方将货款付给买卖双方之外的第三方，第三方提供安全交易服务，其运作实质是在收付款人之间设立中间过渡账户，使汇转款账实现可控性停顿，只有双方意见达成一致才能决定资金去向。第三方承担当中介保管及监督的职能，并不承担什么风险，所以确切地说，这是一种支付托管行为，通过支付托管实现支付保证。

事实上，采用第三方支付既可以约束买卖双方的交易行为，保证交易过程中资金流和物流的双向流动，增加网上交易的可信度，同时还可以为商家开展 B2B、C2C、B2C 交易等提供技术支持和其他增值服务。

2. 第三方支付资产管理界面分析

传统的第三方支付主要由线下 POS 机系统业务发展而来。其模式是面向机构客户网络，以专业性、封闭式的银行卡跨行交易清算系统为技术基础，运用实体卡介质储存电子化人民币，服务于传统交易支付的电子化。其代表模式有银行收单和预付卡业务。随着电子商务的发展，只具有资金传递功能、不对交易进行担保监督的第三方支付形式已不能满足网络虚拟交易的需求，以互联网支付和手机支付为代表的新一代第三方支付应运而生。

第三方支付的主要参与者为买方、卖方、银行和收款方。以互联网支付为例，如图 2.2 所示。买方在银行绑定银行卡，并开通相关线上转账汇款服务；绑定完成后，买方可在互联网上选购相关商品并支付给收款方(买方银行账户将资金划拨)，收款方收到预付货款后通知卖方发货；买方收到并检验商品后通知收款方确认付款，收款方接受委托并向卖方支付货款，交易完成；最后，收款方给予银行其应得的佣金和利息。在此过程中，收款方(第三方平台)主要连接网上商家和银行，起到第三方监管和技术保障作用。

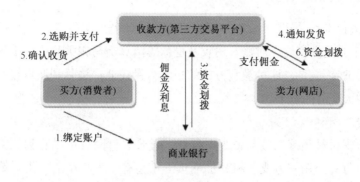

图 2.2 互联网支付流程图

3. 第三方支付企业的商业价值

第三方支付是通过与银行的商业合作，以银行的支付结算功能为基础，向政府、企业、事业单位提供中立的、公正的面向其用户的个性化支付结算与增值服务。其突出表现在以下几方面。

1) 提供成本优势

支付平台降低了政府、企业、事业单位直连银行的成本，满足了企业专注发展在线业务的收付要求。中国 2600 多万家企业中能与银行直连的企业平台与商务平台稀少，大量的企业走上电子商务后，需要选择第三方支付的服务。

2) 提供竞争优势

利益中立，避免了与被服务企业在业务上的竞争，企业在第三方支付平台上，不会出现与其他类型的支付平台的业务竞争，同时也避免了用户、推广、网上渠道直接或间接地被其他支付平台操纵的情况。

3) 提供创新优势

第三方支付平台提供个性化服务，它根据被服务企业的市场竞争与业务发展所创新的商业模式，同步定制个性化的支付结算服务。而其他类型的支付服务平台的相应产业链特征限制了企业用户在商业模式上的创新。因为其大量的企业用户的业务实质上是在一种总的商业模式下变换而竞争的，这对企业的长期发展是有风险的，因为商业模式的创新会受到局限，商业信息的保护可能不够。

4. 第三方支付企业的盈利模式

1) 手续费

手续费盈利即第三方支付向用户收取手续费与向银行支付的手续费之差。第三方支付的主要盈利途径是收取支付手续费，即第三方支付机构与银行确定一个基本的手续费率，缴给银行，第三方支付机构然后在这个费率上加上自己的毛利润，向客户收取费用。无论是线上的支付宝还是线下的拉卡拉，手续费都是其传统的盈利模式之一。其中针对个人的主要有转账(至银行卡)、提现、缴费、短信安全提示及外币支付等；针对企业的主要有安放 POS 机，为企业提供查询、对账、追收及退款等清算交易相关的服务手续费。手续费一般为 0.08%～1.25%。但是，这种盈利方式的技术含量较低，边际利润也较低，第三方支付平台只能通过增大交易流量来增加收入。

2) 广告费

作为第三方支付最显著的收益便是广告费，登录支付网页可以看到，无论是支付宝还是财付通，几乎每一个第三方支付机构的网页上都会有大大小小的广告，第三方支付机构利用网页上投放的各种广告代理费用获得利润。

3) 服务费

这里的服务费是指第三方支付平台为其客户提出支付解决方案、提供支付系统以及各种增值服务。这也是第三方支付平台最核心的盈利模式。

(1) 理财相关业务的服务费。如针对余额宝，支付宝对其收取的服务费如下：以日均保有量计算，无论是哪种类型的产品，淘宝销售 1 亿元以下的基金，向基金公司收取 20 万元服务费；销售量为 1 亿～3 亿元，收 50 万元；销售量为 3 亿～5 亿元，收 90 万元；销售量为 5 亿～10 亿元，收 150 万元；销售量为 10 亿～20 亿元，收 250 万元；销售量超过 20 亿元，则收 400 万元封顶。

(2) 代缴费业务中与第三方支付机构以外的第三方合作商户收取部分的服务费用。此类第三方合作商户一般须向第三方支付机构缴纳服务费。如支付宝增值业务中的缴纳水电费、医院挂号、校园一考通等功能，实际生活中并不是支付宝为用户缴费，而是支付宝与第三方商户合作，第三方商户为用户缴费。在这里第三方商户向第三方支付机构缴纳代理服务费，完成整个缴费过程。

4) 沉淀资金的利息收入

这里的沉淀资金也就是《支付机构客户备付金管理办法》中所称的备付金——支付机构为办理客户委托的支付业务而实际收到的预收货币代付资金。其中风险准备金比例不得低于其银行账户利息所得的 10%，这也意味着第三方支付机构最多可以获得 90%的利息收入。在以活期存款形式的客户备付金满足日常支付业务的需要后，其他客户的备付金可以"以活期存款、单位定期存款、单位通知存款、协定存款或经中国人民银行批准的其他形式存放，但期限不得超过 3 个月"。这就意味着，部分客户的备付金可转成为期 3 个月的单位定期存款。如果拥有预付卡牌照的第三方支付平台将能够更好地实现资金沉淀，那么沉淀的资金可以占到当年发卡额的 70%～80%。按照 4%～5%的协议存款率和 0.78%的手续费来估算，这部分的利润还是很可观的。

2.2.2　P2P 网络借贷商业模式

1.　P2P 网络借贷的价值主张

中国式 P2P 借贷行业诞生的主要原因在于现有金融体系服务小微企业和中小投资者的效率不高，而互联网渗透率的提高改变了居民在线金融活动的习惯。在投资端，中小个人投资者的投资渠道匮乏，目前的投资渠道主要集中在房地产、股市、存款和理财产品，同时存款和理财产品的收益率较低，股票市场不成熟，中产阶级的财富依靠资本增值的梦想无法得到有效实现。而在融资端，我国小微企业的融资需求远远没能得到满足。银行等传统金融机构出于规模效应、资产安全、资金成本甚至监管等原因更倾向于给大型企业提供支持，不能很好地服务这些小微企业。通过传统方式融资和投资的渠道费用较高，而互联网渗透率的提高推动了网民使用互联网平台进行投资理财的习惯的形成。

2013 年，P2P 借贷开始飞速发展，直到目前依然保持着高速增长，因为它能够通过互联网满足资金借贷双方的需求。首先，P2P 投资标的产品的收益率高达 8%～15%，高于银行 3%～5%定期存款的收益水平，满足了中产阶级的投资需求，使其能够自由选择投资金额，购买具有心仪收益率的金融产品。而且互联网渠道替代了传统的物理网点，节约了筹集资金的成本。其次，从资金投向看，P2P 借贷主要是投向高风险、高收益的小额贷款行业，这些贷款原来在很大程度上是影子银行，是一般银行所不涉及的。P2P 借贷公司的出现，将缺乏融资渠道的中小企业和拥有闲散资金、希望财富增值的中产阶级进行了有效连接，有利于实现资源的优化配置。

2.　P2P 网络借贷的资产管理界面分析

1)　关键业务

在业务模式方面，P2P 借贷表现为平台模式(信息中介模式)。平台模式又称纯线上模式，是真正意义上的 P2P("点对点")直接融资服务。在这种模式下，借款人和投资人均从网上进行交易，新客户获取、老客户维护、借款人资料、对借款人的信用评估都通过网络进行。P2P 借贷公司不参与担保，仅帮助实现借贷双方的资金匹配，因此该模式强调投资者的风险自负意识，贷款多为小额信用贷款。运营过程为借款人通过平台发布贷款申请，提交相应的个人信息及贷款用途说明；P2P 借贷公司提供信息中介服务，负责审核这些信息，确保信息的真实性，并推荐给投资者；投资者根据自身风险承受能力和平台披露的贷款相关信息进行自主投资选择。如果借款人在期限内筹得足够的资金，则称为满标，意味着 P2P 借贷公司匹配成功。这种模式属于直接融资，具有代表性的公司是"拍拍贷"。

2) 关键资源能力

P2P 网络借贷的关键资源能力是指平台按照既定商业模式运转所需要的相对重要的资源和能力。具体而言，资源是指公司所控制的能够使公司设计和构建的战略得以实施，从而提高公司效果和效率的特性，如金融资源、人力资源、无形资源、客户关系、公司营销网络等；能力是指协同和利用其他资源的内部特性，如交易能力、组织能力和管理能力等。事实上，关键资源能力对于不同类型、不同行业、不同规模、不同商业模式甚至不同发展阶段的公司而言，是不尽相同的。

P2P 必须不断地瞄准优质项目及企业获得优质资产，并且要提高注册投资人的流量变现率，增加投资额，降低平台管理费用及运营成本。这些都要求资金成本得到降低，这也是 P2P 创造价值的着眼点及归宿点，而且一直在努力奋斗。所以，P2P 网络借贷关键资源能力主要体现在两个方面：一是获取投资端客户的能力；二是获取优质资产端客户的能力。像专注大学生消费金融的久融金融，每天通过的项目不到申请总项目的 10%。

P2P 网络借贷降低信息不对称成本，创造了信息中介增值服务价值。几十年来，老百姓在传统银行存款及理财投资既难又慢，还便宜，贷款及融资更难更慢，还贵。而 P2P 在线借贷投融资门槛低，公开、透明、公平、公正，使有钱想投资理财的人和机构有了更好更多的项目及投资选择；使缺钱想借钱融资的人及企业有了更好更多的融资渠道及资金选择，真正做到投融资既快又易，还便宜。如贷款融资仅同传统银行借钱及民间借钱的利率相比，就便宜多了，为个人、企业及社会创造了既优质而又增值的服务价值。

P2P 网络借贷降低了信用风险成本，创造了信用中介增值服务价值。按照国际惯例，P2P 只准做信息中介，不准做如刚性本息垫付的信用中介，这对 P2P 来说是天大的好事。但是理论及现实证明，在当今中国的金融、信用、人文生态环境下实际上是行不通的，但这并不意味着、不等于 P2P 就不能做信用中介的增值服务，否则，就没有投资人愿意投资了，这是对投资人及其投资的不负责任。如至今存在千年的民间借贷，实际上主要是高利贷，也就是传统银行嫌弃它单笔金额小、成本高、利润少、风险大，而不做的金融服务盲区 P2P 创新去做，在规定年利率 24% 及以下就可以上线撮合借贷，一方面将民间高利贷的利率大幅度降下来，降低了投融资风险；另一方面也创造了为出借人与借钱人的金融消费增值服务价值。需要强调的是，P2P 对在线借钱人出现还本付息逾期及坏账时，不仅在姿态上对投资人"刚性本息垫付"，而且还配合帮助出借人追债，实际上创造了信用中介的增值服务价值。对于中小微企业的投融资也是如此，于国、于民、于企、于己皆有百利而无一害。

P2P 网络借贷降低金融、类金融服务盲区成本，创造了社会增值服务价值。如 P2P 购物商城，链接淘宝、京东、各大连锁超市，线上提供出借与借钱购物的信息中介增值服务，再如 P2P 金融超市，传统银行及小贷公司、担保、典当、保险、信托等产品，都可以作为"本标"在 P2P 平台撮合投融资。由此可见，P2P 完全可以实现在线民间借贷与金融、类金融普惠服务的全覆盖而无盲区，创造增值服务价值。

P2P 网络借贷满足中小微企业融资需求，创造了产业及就业增值服务价值。众所周知，中小微企业分别贡献了中国就业及国内生产总值(GDP)的 80%及 70%以上，但是，在传统银行很难、很少融到资，与其卓越贡献严重不成比例。传统银行出于自身利益考虑，会尽量少放贷款甚至不放，滞缓了国家经济的发展。P2P 应运而生、乘机而上，突出重点择优，为其在线撮合借贷融资创造了推动优质中小微实体企业可持续发展的补缺创新价值。

总之，P2P 做了银行与民间借贷不愿做也做不了的服务，创造了这个市场空间及利率空间的剩余价值，P2P 的生命力及其经济社会价值就在这里。

3) 合作伙伴网络

P2P 网络借贷自身不能为借款标的提供担保，但可以与保险公司、担保公司合作，为借款标的提供保障。

小额贷款公司融资渠道狭窄、经营杠杆限制一直是其存在的发展瓶颈。另外，小额贷款公司经营的地域性限制也限制了业务规模。P2P 平台通常还与小额贷款公司等进行合作，由小额贷款公司为平台提供资产端产品，而平台只负责机构的准入审核与中间监督，减少了平台寻求资产的成本。

银行也是 P2P 网络借贷的合作伙伴，它为 P2P 网络借贷提供第三方资金存管。

4) 营销推广渠道

P2P 网贷的投资用户具有年轻化、少量化、理性化等特征，主要为 70 后、80 后、90 后群体；人均投资额不高，一般在 2 万元以内；具有良好的互联网使用习惯，对于微博、微信、移动 App 等接受度高；同时进行其他理财投资，具有较为理性的资产配置考虑。因此，网贷平台不谋而合地选择了线上营销渠道。反之，精明的投资者从平台选择的营销渠道就能判断出平台的营销目的，是增加新用户，还是巩固老用户，是让公众知晓，还是让公众识别，进而也能够判断出是老平台，还是新平台。不同的发展阶段渠道选择也不同。营销的前提是明确定位。P2P 网贷平台首先要找准定位，做个有故事的平台，让用户一听就能记住；其次就是找准目标用户群体(哪个地区、哪个职业、哪种教育程度、哪个年龄段、哪种消费习惯、哪种理财习惯等)。

一般而言，P2P 网贷平台会根据自身定位和目标客户的特点，结合发展阶段，选择如下营销渠道。

(1) 网络广告：包括 CPC(按点击付费，如百度竞价广告)、CPM(按展示付费，效果不是很好)、CPA(按行为付费，即按广告投放实际效果)、CPS(按销售付费，如淘宝客)、CPT(按时长付费，如包月广告)。

(2) SEO：即搜索引擎优化，是指从自然搜索结果获得网站流量的技术和过程，也就增加了被搜到的机会。首先要了解搜索引擎自然排名机制，再对网站进行调整优化，改进

网站的搜索排名。见效比较慢，技术性较强，一般外包给营销机构。

(3) 社会化媒体：包括 QQ、微博、微信等社交渠道，网贷、理财等论坛，知乎、豆瓣等社区，视频网站等。其中微信营销是主导模式。

(4) 商务合作：一般以双赢为目的，跟金融门户网站等合作，通过开发理财产品直接将门户网站的用户引入平台。

(5) 第三方平台：如网贷中心、网贷之家、网贷天眼、网贷投行等网贷资讯平台，作为较具公信力的第三方，有点类似"网贷百科全书"，各平台信息一目了然，有纵向时间跨度的，也有横向各界观点的，相当受投资者欢迎。

3. P2P 网络借贷的盈利模式

1) 收入来源

P2P 网络借贷平台作为一种服务中介，其盈利方式主要是通过标的成交的服务费及充值、提现手续费、借款管理费、投标管理费、服务费等多种方式实现盈利的。网络借贷平台大多采取低定价策略，行业呈集中兼并成长，中小规模平台难以实现盈利的持续增长。无论哪种模式的网络借贷，主要收入来源如下。

(1) 手续费、管理费。手续费是网络借贷平台的主要收入来源和盈利手段。借款用户向 P2P 网络借贷平台发送贷款申请，平台将贷款信息发送给客户，帮助其完成整个贷款流程。平台将收取贷款额的相应比例作为返佣费用。不同的平台对借款人收取的费用不同。以人人贷为例，该平台将借款人的信用分为七个评级(AA、A、B、C、D、E、HR)，发放贷款时首先会对借款人的信用进行评级。其中 AA 级为信用最高的等级，信用程度由高向低排列。根据借款人信用等级的不同，平台所收取的服务费也有差别，对应上面的等级排序，费率依次为借款本金的 0%、1%、1.5%、2%、2.5%、3%、5%。平台将获得的这部分费用转入风险准备金账户。

管理费是很多网络借贷平台的收入重点。人人贷向借款人收取借款管理费，费用为每月本金的 0.3%，这部分也是平台的主要收入之一。假设甲向人人贷申请 20 万元的贷款，该平台测评甲的信用评级为 B 级，那么甲实际收到的贷款金额为 200 000×(1-1.5%)=197 000 元。人人贷是以月付息，因此甲在此期间除了每月支付利息外，还需向平台支付 200 000×0.3% = 600 元的管理费。人人贷对借款人收取管理费但对散标投资者不收取，第三方支付机构对用户的充值和提现收取一定的费用：充值手续费为充值金额的 0.5%，上限为 100 元，超过部分由平台承担；提现时，2 万元以下的每笔 1 元，2 万～5 万元的每笔 3 元，5 万～100 万元的每笔 5 元。

(2) 客户推荐费。P2P 网络借贷平台企业可以与银行等金融机构合作。将平台客户行为数据挖掘并进行信用评估，向金融机构推荐贷款客户(其中包括个人和中小企业)，收取相应的服务推荐费。网贷平台为保障盈利来源，需要庞大的数据库整理不同的贷款客户的信息并进行分析。银行等金融机构与平台合作，数据共享可以节约挖掘客户的高额成本，同时也可以协助金融机构进行风险定价服务。融 360 联合创始人、首席执行官叶大清指出："风险定价并不是什么新概念，银行的核心就是给风险定价，但是做得不够好，很多拿不到贷款的中小企业资质其实很好，互联网金融企业通过互联网和金融垂直搜索去解决信息不对称问题，未来该部分将成为重要收入来源。"

(3) 广告费。金融机构投往互联网金融网站的广告费在盈利中占比较少，不是网贷平台的主要收入来源。

2) 主要支出项目

P2P 网络借贷平台的成本费用、坏账费用及税收是主要支出项目。

成本费用主要指的是网贷平台的硬件设备以及各类经费、门面租金费、人员成本以及广告费。大多数 P2P 除总部外，在各地还设置门面店，以方便进行放贷或吸收理财资金。人力成本主要包括工资、福利、差旅费等。营销成本主要为广告投入、各种活动经费等。

坏账费用主要是当出现逾期还款时平台为会员垫付的费用，因此产生坏账成本。

税收主要是指网站缴纳的增值税和企业所得税。

2.2.3 众筹融资商业模式

1. 众筹融资的价值主张

按照给予投资者回报的类型，可将众筹分为捐赠性众筹、债券众筹、奖励性众筹和股权众筹四种模式。捐赠性众筹为公益性质的众筹，投资者并不期望得到实际回报。债券众筹即 P2P 网络借贷，其发展已经远超其他三种形式的众筹。奖励性众筹又称商品众筹，它以具体的实物作为投资者的回报，该实物通常是筹资方用所筹集资金生产的产品。此外，一些纪念品、参与性的活动也是该类型众筹给予投资者的报酬。股权众筹则是指筹资者以公司部分股权换取投资者资金支持，投资者得到的实际上是不确定的现金回报。商品众筹的发展最为繁盛，也最能体现众筹精神；股权众筹的金融性质更浓，已进入高速发展阶段。

众筹运作包括三个方面的参与者，即筹资者、众筹平台网络、投资者。以普遍存在的商品众筹和股权众筹为例，典型的流程开始于筹资者向众筹平台提供项目相关信息以待审核。对于商品众筹来说，筹资者需要提交的信息包括项目的内容、进度安排、进展情况、对投资者的回报、风险揭示、筹资者的个人履历和技能说明书。股权众筹所需要的资料更为复杂，包括完整的商业计划书、企业经营的相关法律文件、财务报表、拟出让的股份数目及价格、退出方式等。如果审核通过，项目则进入准备阶段。筹资者在此阶段必须准备宣传文案、美工设计、宣传视频等资料以供宣传。准备完毕后，项目则可上线，发布于

众筹网络平台，投资者通过浏览平台上发布的各个众筹项目的信息，选择自己中意的项目进行投资。

筹资方需设定目标筹资额，且众筹平台会规定筹资时间，一般为 30～60 天。在规定的时间内，如果实际筹资额达到或超过目标筹资额，则众筹项目成功。众筹平台抽取所筹资金的一定比例作为服务费，其余资金归筹资者按约定用途使用。如果在规定的时间内没有筹集到目标筹资额，则有两种处理方式：一种是认为项目失败，所筹资金原数返还投资者；另一种是认为项目成立(或认为项目不成立，决定权在筹资者)，扣除平台服务费后，筹资者获得所筹资金，并按约定用途使用。前一种称为固定模式，后一种称为灵活模式。在筹资时间截止时，筹资方可以申请延长筹资时间，各众筹平台有不同的规定。

投资者根据职能的不同可以分为领投人和跟投人两种。一个项目只能有一个领投人，此人需在众筹网站上申请，由网站对其履历和相关资历进行核实并经过发起人同意，成为领投人。领投人的投资额度为项目融资额度的 5%～50%，但是可以与发起人商定而获得后者赠送的若干点股份作为激励，具体数目需要双方自行约定。领投人需要全程跟踪项目，从项目分析到尽职调查、项目估值议价、投后管理等，同时也要协调融资成功后发起人与跟投人之间的关系。跟投人投资金额按照项目融资金额的具体情况，有不同的上限和下限，通常单次跟投额度的下限为项目融资额度的 2.5%。相较于领投人需要资质审核的要求，对于跟投人的要求十分宽松，虽然在网站注册时可以非实名，但是投资项目转账时的个人资料还应真实填写。在提交投资意向后到项目完成前，跟投人都有申请退出项目的机会，并且资金仍在跟投人手中，在筹集资金达到目标后，投资人才会在众筹平台转账，在投资人将资金转入后不能撤资，若超过 5 个工作日未转账则视为投资人自动放弃资格。但是，分批拨款的项目中，投资人有投票决定项目是否继续的权利。如果大多数投资人对项目运作结果不满意，可以撤资。

资金筹集成功后，对于商品众筹来说将进入产品生产阶段，直到投资者收回承诺的商品。对于股权筹资来说，还有股权转移、合同签订和信息披露等一系列后续工作，众筹平台一般会指定合作的律师事务所来处理相关事宜。此外，股权众筹还涉及投后管理和资金退出问题。投后管理是资金价值创造中的重要一环，初创企业融得资金后还需要妥善使用资金，合理规划战略发展路线，并灵活应对市场的各种冲击。初创企业缺少的不仅是资金，还有经营经验，所以投后管理对最终实现投资价值十分重要。大多数领投人都是业内专业人士，具有较高的投资管理素养，领头人带众多小额投资者对企业进行投后的一系列支持十分必要。也可以采用成立由创业者敬重的 7～9 人组成私董会的形式进行投后管理，对公司经营提出意见。

投资退出的方式一般有四种：IPO、并购、回购和破产清算。股权众筹投资于初创企业，距离 IPO 较远，这不是可行的退出方式。并购是众筹投资主要的退出方式，并购者一般是风险投资机构和同产业内较大的企业。回购是指企业所有者按之前的投资约定，回购众筹投资者手中的股份，这种方式在保证投资者获得收益的同时，让投资人能重新收回企业的所有权。最不幸的情况是破产清算，这时投资者将面临血本无归的惨况。图 2.3 揭示了能够众筹融资的典型运作方式。

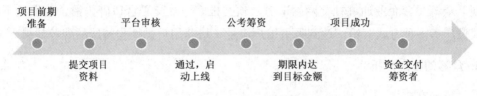

图 2.3　众筹融资的典型运作方式

2. 众筹的资产管理分析

1) 关键业务

关键业务是价值创造的核心，是商业模式能够运行并成功实现而必须从事的各项活动。

通过这些业务活动的开展，企业才能实现价值主张并创造价值。众筹平台企业基于平台的特征，并不直接提供客户所需要的产品/服务，而是通过平台打造一个中介场所，平台的关键业务即平台的搭建与维护。

2) 关键资源能力

众筹网站的核心能力表现为低成本获取优质项目。只有优质项目源源不断地上线，才能为众多网站用户提供多样化、新鲜的选择，才能保证项目筹资的成功率和项目执行的成功率，这是获取并维护网站用户的关键。核心能力具体表现在三个方面：一是获取项目申请的能力考验着众筹网站的营销推广、渠道拓展能力。二是众筹网站需要在收到项目申请后，如何从众多信息复杂的项目中甄别出信誉高、成功率高、产品设计有吸引力的优质可上线项目，则考验着众筹网站内部的项目审核、评估能力。例如截止到 2012 年 7 月，"点名时间"上线一年的时间，网站共收到 5500 个左右的项目提案，但通过审核上线的项目只有 318 个。严格的审核使项目的成功率达到 47%，高于国外 Kickstarter 的 34%。三是项目筹资成功后，众筹网站有义务监督项目的运作情况，尽可能保障发起人兑现承诺，并通过适当的资源支持提高项目成功率，尽最大可能降低项目风险。

3) 合作伙伴网络

合作伙伴网络即众筹网站通过与其他行业、企业组成的利益关系网络，通过利益相关者内部对各自产生的影响形成价值产生、配置、交流与使用的联合体，参与者通过这种作用来获取更丰厚的经济利益。基于合作伙伴的协调合作，将不同资源与能力进行整合，达到整个生态体系内企业的共同繁荣。众筹平台作为开放的中介平台，不仅需要与社交网站等线上传播网站合作，还需要与第三方软件开发商、支付服务供应商、网络运营商等各方合作，从而确保平台运营流畅，维护众筹平台价值。

4) 营销推广渠道

众筹平台企业的营销模式主要体现在前期推广策划、社交媒介选取与策略的结合，通过营销推广提高创新产品或项目的关注度来提高项目筹资的成功概率，从而达成客户价值的实现。众筹平台企业通过社交网站造势、软文推广、社交平台口碑传播、线上线下组织或会议推广等多种方式营销，达到吸引用户流量、培养用户黏性与塑造品牌等效果。

3. 众筹的客户分析

1) 目标客户

众筹网站客户一般都是具有网购习惯的消费者，大部分是年轻人，他们追求时尚、科技、创意，对新奇事物具有强烈的好奇心，容易被项目发起者的各种产品项目所吸引。年轻消费者在消费过程中正表现出强烈的参与感与主人翁意识，很容易接受这种新兴互联网融资模式，从而成为项目开发的一员。

2) 分销渠道

目前我国众筹网站的推广渠道主要如下。一是微博营销。微博的简短、迅速、广泛、交互化的传播特性，与众筹融资过程中各种新奇精彩的项目有着天然契合度，众筹网站、项目发起人、项目资助人及其他关注者均有很强的基于获取关注或兴趣的动力，对网站内容进行微博关注与推广。二是软文推广。软文推广具有性价比高、转载率较高、持久性强、更具公信力等优势。众筹网站往往将成功项目、企业动态、创始人动态等进行软文包装，从而吸引更多的用户关注。三是 SNS 网站推广，口碑传播。社交平台通常拥有庞大的用户群，且用户群基本都是由好友组成的关系网，黏性强，活跃度高，以同学、亲友为基础的社交圈形成了一个巨大的口碑营销平台，信息的传播速度快，可信度高。众筹网站借助链接、日志、照片、视频等话题信息，很容易以低成本甚至零成本形成强大的传播效应。四是 NGO 组织、会议推广。为了更精准地接触到众多中小创业者，从而获取更多优质项目，众筹网站往往会积极参与线下的创业服务组织、投资会议或互联网会议等，借助这些组织或会议进行推广。

3) 客户关系

我国众筹网站的发展还处于初始推广阶段，如何吸引更多的项目支持者、项目支持者的保留以及项目支持者与项目支持者之间的黏性都非常重要。因此，众筹网站必须要为项目支持者提供有保障的服务，从而增加其投资信心。项目支持者间的经验分享也在无形中对众筹网站和优质项目起到了宣传作用。众筹网站从事客户关系管理不仅涉及项目支持者，同时还涉及项目发起者，特别是那些有实力、信誉高、产品吸引力强的项目发起者。优质的项目发起者有利于提高网站的品质，吸引更多的用户。项目发起者与项目支持者之间的关系管理十分有利于提升客户体验，提高用户黏性。众筹网站往往会鼓励、指导项目发起者与支持者之间通过网站留言板、微博、邮件等形式就项目进展、答谢等进行互动。

4. 众筹的盈利模式

1) 众筹的成本支出

众筹网站的成本主要由网站运营成本、人力资源成本与营销成本组成，随着网站构建的模块化及网络技术的升级，网站构建与运营维护在总成本中占比越来越小。而人力资源成本正不断上升，这主要是为了支撑大量项目的审核、上线、维护。营销成本主要是推广费用和广告费用等。

2) 众筹的收入来源

众筹网站的收入源于自身所提供的服务，绝大部分众筹平台实行单向收费，只对筹资人收费，不对投资人收费。收入来源可以分为交易手续费、增值服务收费、流量导入与营销费用、会员费四个部分。

(1) 交易手续费。

目前主流众筹平台的主要收入来源在于收取交易撮合费用(即交易手续费)，一般按照筹资金额的特定比例来收取，普遍是成功融资总额的 3%～5%。

(2) 增值服务收费。

增值服务主要是指合同、文书、法律、财务等方面的指导工作，创业者可以把融资的所有事项都外包给众筹平台处理，而众筹平台会因此收取相应的费用。

(3) 流量导入与营销费用。

众筹平台的第三项收入则是流量导入，包括合作营销、广告分成之类的。这部分的收入目前还比较少。随着众筹平台向商品众筹和股权众筹专业方向的不断分化，基于商品众筹平台巨大的受众群体和传播影响，营销和生产合作所带来的商业利润预计会有很大的增长空间，甚至可能会超过目前主要的交易提成。股权类众筹平台则是会更大程度地参与到资本的运作当中，专业化的服务可能会成为其主要收入来源。

(4) 会员费。

虽然这种收费方式不常见，但我们已经看到一些众筹网站提供了"会员"或"认购"服务。比如你每月只要支付若干美元，就可以创建任意多的项目。这笔费用是固定的，即便你的项目非常成功，众筹平台也不会从项目中抽取资金。我们已经发现一家众筹网站，它专门为发布多本书籍或歌曲的作家和音乐家服务(这与一次性众筹的理念截然不同)。

对于股权众筹平台，其盈利模式为在融资成功后，平台向融资方按融资金额收取一定比例的佣金或一定比例的等值股权；平台对融资公司提供孵化服务，获取一定比例的股权；平台设立的投资基金通过投资融资项目获取投资收益。

众筹的商业模式要素画布如图 2.4 所示。

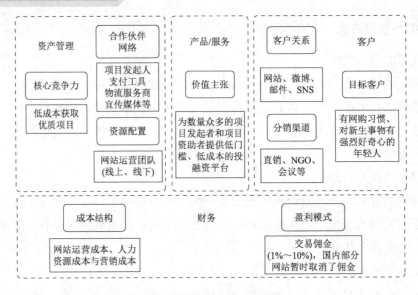

图 2.4 众筹的商业模式要素画布

5. 案例分析

【案例1】

支付宝的商业模式

支付宝创立于 2004 年，旗下有"支付宝"与"支付宝钱包"两个独立品牌，自 2014 年第二季度开始成为全球最大的移动支付厂商。支付宝与国内外 180 多家银行及 VISA、MasterCard 国际组织等机构建立战略合作关系，成为金融机构在电子支付领域最为信任的合作伙伴。

支付宝实际上只是一种虚拟的电子货币交易平台，并通过对应银行实现账户资金的转移，也就是说，支付资金的转移通过用户支付宝账户与银行账户进行，商业银行为支付宝提供基础服务，而支付宝更像是一款搭载在商业银行上的支付应用，如图 2.5 所示。

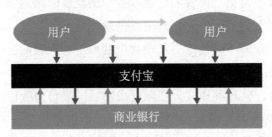

图 2.5 支付宝资金流程

支付宝需要将用户资金存放在合作商业银行当作交易保证金，工商银行对资金进行"托管"服务，检查支付宝存放在各家商业银行的客户交易保证金额总和是否与用户存放在支付宝的资金余额与待处理款、未达款余额之和平衡，并按月出具报告。这也间接解释了支付宝用户沉淀资金的去向，即以交易保证金的形式存放在合作的商业银行中。

1) 支付宝的价值主张

支付宝针对个人与商户提供了不同的服务。

针对个人的业务有以下几种。

(1) 第三方支付功能。支付宝的第三方支付包括两种形式：一是担保交易，二是即时到账。担保交易功能是支付宝首创，它有效地解决了电子商务交易中的信用问题。即时到账时，买家通过支付宝直接付款给卖家。目前国内绝大部分购物网站均支持支付宝。该功能与担保交易相比，安全性降低，但是扩大了支付宝的支付环境，使支付宝成为国内占主流地位的支付工具，而不只是淘宝的附属品。

(2) 转账功能。转账功能里的细分功能有转给我的朋友、转到支付宝账户、转到银行卡和国际汇款。

转到支付宝账户有朋友记忆功能，曾经转账过的用户信息会被记忆，下次转账时只需单击朋友列表里的用户即可，无须重复输入用户资料。转账到银行卡功能实现了用户在多家银行之间的资金流转，而无须使用网上银行的复杂手续，且目前手机客户端转账免费，便捷的操作和低廉的费用大大增加了支付宝的用户黏性。支付宝在该功能的基础上还建立了信用卡还款功能，除了还款还可以查询信用卡对账单、通过设置预约还款从而实现每月自动还款、查询附近该信用卡所在银行网点等人性化服务。转账功能目前有额度限制，每家银行日限额从一万元到几十万元不等，单笔限额、月、年限额也都不尽相同。转账到支付宝账户为实时到账，转账到银行卡为 2 小时内或次日到账。支付宝的国际汇款功能方便快捷，且目前手续费低于银行收费。

(3) 线下收单功能。支付宝线下收单的主要实现形式是扫码支付，该功能于 2015 年年初开放。顾客用支付宝钱包"付款"功能生成付款条形码，商家用扫描枪或手机客户端扫描条形码完成收款，商户无须购买新的扫描枪，原有收银系统的扫描枪即可收款。收款流程较为便捷，客户一步即可完成，体验感良好。目前，包括沃尔玛、家乐福在内的大小超市、商店，肯德基、必胜客、麦当劳等餐饮连锁品牌及出租车、专车等都支持支付宝付款，支付宝的线下收单业务刚刚进入一个扩张阶段。

(4) 理财功能。目前开放的理财功能主要有四个方面：余额宝、招财宝、存金宝、基金理财。余额宝是支付宝打造的又一吸金法宝，其本质是货币基金，用户把钱转入余额宝，实际上是购买了由天弘基金提供的货币基金。货币基金并不是什么新鲜产品，余额宝只是将购买基金简单化，并且保证资金随时可以转移，无须等待和复杂的手续。在其强大的用户量支撑下，余额宝一经推出就取得了巨大成功。2013 年 6 月 17 日，余额宝服务正式上线，2015 年 5 月，余额宝规模已达到 6678 亿元，用户超过 2.2 亿人，创造的总收益超过 200 亿元，创造了货币基金销售的又一神话。招财宝是专门为投资者开发的理财资金专用账户，可支持大额支付与提现。为确保账户资金安全，账户余额只支持提现和购买理财产品，不支持转账和其他消费。存金宝是支付宝公司与博时基金共同打造的黄金存取服务，买入存金宝即购买了由博时基金直销的博时黄金 ETF 的 I 类份额。博时黄金 ETF 基金是一款投资现货黄金的 ETF 基金，为用户提供 1 元起买、买卖均零手续费的便捷服务，还给其持有者提供"买黄金生黄金"的权益。支付宝同时支持各类基金产品的买卖，无须到证券公司开户即可直接操作。值得注意的是，支付宝目前开通了股票行情查看功能，这显然是为了开辟股票买卖功能进行的先期准备。

(5) 信贷功能。2015 年支付宝开通了"借呗"和"花呗"功能，"借呗"是蚂蚁金服旗下的消费信贷产品，按照信用分数的不同，用户可以申请最高 5 万元的贷款，申请到的额度可转到支付宝余额。"花呗"是蚂蚁金服旗下蚂蚁小贷提供给消费者这月买下月还的网购服务，实际上就是支付宝的一个网络信用卡功能。用花呗可以在淘宝、天猫上购物消费，还款日是确认收货后的下个月 10 号，在此之前都是免息的，也就是说，用户最多可以享受长达 41 天的免息期，还款后花呗的额度会自动恢复。如果恶意逾期，将被记入央行征信系统。就目前用户情况来看，花呗的额度最低 1000 元，最高 50000 元。目前，花呗并未向所有支付宝客户开放，只有受到支付宝邀请的部分客户才能开通。

(6) 生活便民功能。支付宝建立支付宝公共事业缴费平台，利用互联网进行公共事业一站式缴费服务，通过银行与缴费单位建立连接，支持多地区和多种类的缴费项目，用户可以通过电脑、手机轻松完成包括水电煤气费、固话通信费等公共事业费用的缴费，减少了通过银行或相关事业单位的营业厅完成缴费过程的烦琐和困扰。目前支付宝还支持用户享用大学校园一卡通充值、教育缴费、交通罚款代办、加油卡充值、物业缴费、有线电视缴费、医院挂号等各项生活便利性支付服务。

(7) "朋友"功能。该功能实现了将个人与个人、企业与个人联系起来。支付宝的社交关系链基于手机通讯录，也就是熟人社交关系。朋友之间通过支付宝可以聊天和群聊，可在生活圈中分享动态，可以在服务窗(类似微信的公众号)中接收企业推送的消息，直接与企业联结而无须下载新的应用软件。支付宝创建朋友功能并不是要做一个聊天工具，而是打造基于场景的关系链。支付宝提供了一些参考场景，如经费群、吃货群、活动群、娱乐群，帮助解决各种场景中人与人之间的关系问题，同时通过服务窗将商户与个人联系起来，实现线上线下的融合。"借条"功能也是一个创新，用户在向朋友借钱后，可以通过支付宝打一张电子借条，约定金额、期限与利息，到期后，系统会自动提醒还款，到期支付宝自动扣款，如果对方支付宝里无余额，则扣芝麻信用分，直接影响对方今后的信用。芝麻信用是独立的第三方信用评估和管理机构，依据各方面的信息，运用大数据及云计算技术客观呈现个人的信用状况。目前芝麻信用采取了和支付宝钱包合作的方式，分数与信用度成正比，最高分为 950 分。

针对商户的业务有以下几种。

(1) 收款服务。目前收款功能有两种：担保交易和即时到账。担保交易收款与即时到账收款流程与上文中支付宝对个人客户提供的担保交易支付与即时到账支付相对应。

(2) 付款服务。付款服务主要是批量付款到支付宝账户，可一次性给多个不同的支付宝账户打款，转账资金即时到账，快捷便利。

(3) 无线服务。无线服务包括手机网站支付和移动支付。手机网站支付主要用于无线设备打开的付款网页上，买家通过网页跳转或浏览器自带的支付宝快捷支付实现付款，资金即时到账。移动支付是一种支付应用程序，买家可通过支付宝钱包进行付款，资金即时到账。商家可在该应用上创建收银订单，管理收银记录，分派收银人员，完成支付宝支付款项的收银。支付宝商户版支持"一人管理多人收银"，店长通过账户登录，收银员通过扫码登录，最终款项汇集到主账户。

(4) 增值服务。增值服务主要包括数据罗盘、会员管理、快捷登录、海关报关中心等功能。数据罗盘是支付宝的大数据分析工具，可以为商户提供三个方面的服务：①实时交易指标监控、统计及分析；②挖掘客群特征，提供精细化运营方向；③同行数据交叉对比，把握市场趋势。会员管理功能允许商户进行会员卡发放，并可以手动核销已发会员权益，同时可以发放支付宝促销工具"集分宝"，满足商家自身活动及促销的需要。快捷登录功能可以让支付宝会员直接用支付宝账号登录商户的网站，简化购物流程，以此获得更多的客户。通过海关报关中心也可以轻松完成向海关的报关，目前仅限于跨境电商企业申请。支付宝支付报关系统与当前国家批准的可从事进口跨境电商的八大试点海关完成对接，包括郑州、广州、宁波、杭州、深圳、重庆、上海、天津。针对海淘行业的特殊性，支付宝可提供实时支付单重传服务，有效地解决了商户在如下场景中的支付单重传需求：①集成报关接口时，由于报关参数填写错误导致的三单比对失败需要重传支付单；②由于网络、海关电子口岸系统原因导致的支付单掉单问题。

(5) O2O(Online To Offline)服务。目前支付宝提供关于 14 个行业场景的 O2O 解决方案，包括商超、医院、酒店、停车场、景区、资金、教育、数据等。实现过程通过扫码和关注服务窗完成，在能够直接完成付款的场景，用户可以直接扫码付款；在不能直接完成付款的场景，用户扫码后关注服务窗，通过服务窗提供的一系列附加服务后付款。除此之外，商家还可以通过服务窗结合大数据分析，实行发放会员卡和优惠券等精准营销。

(6) 贷款服务。支付宝移动客户端"支付宝钱包"于 2014 年增加了"小微贷"入口，支持卖家订单贷款、随借随还(3 个月)、随借随还(6 个月)、等额本金(12 个月)四种借贷类型。

2) 支付宝的资产管理界面分析

(1) 支付宝的核心资源。

核心资源即资源和活动的配置。支付宝的核心资源主要有以下几个方面。

① 品牌。支付宝成立之初就采取了免收交易手续费等免费服务的战略，其竞争战略就是借此让新参加者适应网络交易、网络支付习惯，促使竞争对手的体验者转移到本公司的网站上来。2004 年 2 月 2 日，支付宝推出异地汇款免费，无论是同城还是异地交易，通过支付宝完成的交易将不收取任何费用。据胡润研究院 2014 年 6 月发布的中国品牌调查显示，支付宝以品牌价值 260 亿元位居 2014 年中国最具价值民营品牌第七位，以涨幅高达 688%位居增值品牌第一位。2015 年，支付宝以品牌价值 330 亿元位列胡润民营品牌排行榜第九位、中国品牌第 26 位。支付宝的品牌价值已经成为支付宝的重要价值组成。

② 客户基础。支付宝用户数量目前已经达到 4.5 亿，其中支付宝钱包活跃用户达到 2.7 亿，使用支付宝的理财用户超过 2 亿。这样的客户基数对于任何一家企业都有着强有力的吸引力，和支付宝签约意味着有 4 亿的潜在客户。

③ 交易平台。支付宝实现所有交易的平台有电脑版的支付宝和移动端的支付宝钱包，这是一切业务开展的基础，支付宝通过这些平台向客户提供一系列的产品和服务，从而实现其价值主张。

④ 后台技术保障——蚂蚁金融云。支付宝的支付系统在技术上已大幅领先全球，这主要依靠阿里巴巴与蚂蚁金服自主研发的金融云、Oceanbase 与分布式架构实现。蚂蚁金融云是专门面向金融行业的云计算服务，于 2015 年 10 月由蚂蚁金服推出，它是集成包括安全技术、大数据技术和风控技术等基础技术服务，为客户提供一系列标准化的组件和标准化的工具，方便金融客户快速创建个性化的业务模式。支付宝依靠强大的后台技术支持，实现了能够处理 8.59 万笔/秒的支付服务，达到世界领先水平。

⑤ 人力资源。所有企业都需要人力资源，在知识密集型产业和创意产业中，人力资源显得尤为重要。支付宝研发团队的日常工作定位在支付宝系统高层架构的设计与优化，同时也是未来发展所需的关键技术的孵化器和公司决策层的智囊团之一。

随着支付宝的发展，支付宝研发团队的规模从最初的数人发展到现在的百余人，同时，团队的壮大也促进了支付宝的蓬勃发展。

⑥ 交易数据资产。马云曾说过："数据是阿里最值钱的财富。"企业通过用户数据来判断趋势，帮助企业预测用户需求，从而获得利润。中国正从 IT 时代走向 DT(Data Technology)时代，数据将会成为改善全社会商业环境的重要资源。支付宝就拥有这样的资产，通过对大数据的整合和分析，可以轻易得出用户购物喜好、消费能力、信用状况等信息，从而帮助企业更精准、更有效地获取利益。中国目前尚缺乏系统的精确大数据，因此这项业务也有着非常大的价值潜力。支付宝的数据罗盘就是大数据交易的一次试水，只是支付宝对于数据的敏感性走在普通消费者前面，目前其真正的价值还没有得到充分的发挥。

(2) 关键业务。

关键业务是企业成功运营所必须实施的最重要的活动，支付宝作为第三方支付网络平台，其关键业务是平台的开发和维护。平台是支付宝开展所有业务的基础，支付宝通过平台为客户提供各类服务，从而实现其价值主张。从业务开发层面来看，支付宝研发团队持续开发新的业务功能，力图搭建起全场景支付体系，逐步实现由应用向生态的稳健转型；从技术维护层面来看，支付宝拥有强大的技术支撑，从而实现平台的日常安全运作和交易洪峰的考验。

(3) 重要合作。

重要合作是商业模式有效运作所需的供应商和合作伙伴的网络，支付宝的重要合作如下。

① 淘宝。淘宝对于支付宝的重要性，从很多人甚至分不清这两者的区别就可以看出。淘宝网于 2003 年 5 月 10 日成立，是亚太地区最大的 B2C、C2C 网站，由阿里巴巴集团投资创办。淘宝网 2003 年全年成交总额 3400 万元，2008 年淘宝 B2C 新平台淘宝商城(天猫前身)上线，2009 年成为中国最大的综合卖场，全年交易额达到 2083 亿元。2011 年 6 月 16 日，淘宝公司分拆为 3 个独立的公司，即淘宝网、淘宝商城(天猫前身)和购物搜索引擎一淘网。截至 2014 年年底，淘宝网拥有注册会员近 5 亿，日活跃用户超 1.2 亿，在线商品数量达到 10 亿，在 C2C 市场，淘宝网占 95.1%的市场份额。根据阿里招股书显示，天猫 2013 年成交额达 4410 亿元人民币，淘宝 2013 年成交额为 11000 亿元人民币。没有淘宝，支付宝不会产生，没有支付宝，淘宝也不会发展如此迅速。淘宝日前也支持其他支付方式，支付宝除了淘宝也为其他企业提供支付服务，但是两者仍然是最重要的合作关系。

② 阿里巴巴。阿里巴巴全称是阿里巴巴网络技术有限公司，于 2014 年 9 月 19 日在纽约证券交易所正式挂牌上市。阿里巴巴集团业务和关联公司的业务包括淘宝网、天猫、聚划算、全球速卖通、阿里巴巴国际交易市场、阿里妈妈、阿里云、1688、蚂蚁金服、菜鸟网络等。根据阿里巴巴官方公布，其 2014 年总营收 762.04 亿元人民币，净利润 243.20 亿元人民币。阿里巴巴原本是支付宝的控股公司，2011 年由于多方面原因对支付宝进行了股权变更，支付宝股权被转移至浙江阿里巴巴电子商务有限公司名下。同年起，阿里巴巴开始向支付宝支付费用，包括支付处理费用和其他服务费用。截至 3 月 31 日的 2012 财年和 2013 财年，该费用分别为人民币 13.36 亿元、16.69 亿元。同时，由于阿里巴巴向支付宝提供了技术保障和其他服务，支付宝也要向阿里巴巴支付费用。

③ 蚂蚁金服。蚂蚁金服全称是蚂蚁金融服务集团，成立于 2014 年 10 月 16 日，其前身是阿里小微金融服务集团。旗下的业务包括支付宝、支付宝钱包、余额宝、招财宝、蚂蚁小贷和网商银行等，涉足支付、微贷、基金、保险、理财、征信等多个业务领域。蚂蚁金服是支付宝的母公司，与阿里巴巴集团是独立的两家公司。根据投行机构太平洋证券于 2014 年 12 月发布的一份报告显示，蚂蚁金服估值大约为 700 亿美元，而支付宝估值大约为 600 亿美元，支付宝是蚂蚁金服最重要的资产。

3) 支付宝的客户界面分析

(1) 客户细分。

支付宝是将个人与商户联结起来的桥梁，所以其客户一方面是个人，另一方面是商户。由于支付宝账户的部分重要功能如银行转账需要开通实名认证，而实名认证是由支付宝与公安部门联合推出的一项身份识别服务，需要提供身份证或营业执照，所以一个用户注册多个账号的情况很少，目前其官方数据 4 亿用户是个较为接近真实用户数量的数字。其中，商户数量接近千万，涵盖线上及线下商户，其余均为个人用户。

(2) 渠道通路。

渠道通路是产品接触消费者的管道，支付宝的渠道通路涵盖了线上及线下，主要包括以下两个方面。

● 线上通道。线上通道又包括互联网和移动端，互联网通道主要靠为各大电商提供支付服务完成。例如只要注册了淘宝网会员的用户基本上会注册支付宝会员，并将两个账号绑定，从而实现担保交易。移动端则随着智能手机的普及成为新的重要途径，支付宝 2016 年全民账单显示，目前移动支付笔数占整体比例高达71%，2015 年这一数据仅为 65%，移动支付渗透率的攀升很大程度上是因为线下手机支付的习惯养成的。

● 线下地推。支付宝有自己的专业地推人员，线下渠道的拓展主要靠他们实现。除此之外，支付宝还于 2015 年 9 月 28 日启动"全民开店计划"，号召人人都来做"口碑客"，将每个人都视为潜在的地推人员。口碑客需要做的是说服身边的商店在支付宝商家页面"口碑网"上开店。商家在口碑网上注册后，口碑客即可获得 300 元现金奖励和其他优惠券。为了鼓励商家注册、精简流程，支付宝推出"口碑商家版"，开店流程被缩减到简单几步。

(3) 客户关系。

根据支付宝客户细分的不同，其客户关系也存在着差异。对于线上的个人用户和商家，客户关系的实现主要靠客户在网络上自助完成，即支付宝通过提供自助服务来实现客户的需求。在支付宝的服务窗中，根据大数据分析，可根据客户的偏好提供相应的消息推送和服务，实现了自动化服务。自动化服务比自助服务更加精细、更有针对性。对于线下商户而言，与其互动的是支付宝的地推人员，属于人与人之间的交流，是个人助理关系，在销售过程中或售后阶段，客户可以与客户代表交流并获取帮助。

4) 支付宝的财务界面(盈利模式)

支付宝的收入来源主要有以下几个方面。

(1) 续费。

一是商户收单手续费。目前商户(不包括个体工商户)使用支付宝担保交易、即时到账、移动支付、手机网站支付单笔费率均为 6%(不适用于游戏、彩票、3C 数码行业商户),网银支付收费如表 2.3 所示。

表 2.3　支付宝网银支付单笔阶梯费率表

服务名称	预付费	交易流量	费率	服务期限
网银支付	0 元	1 万～6 万元	1.20%	1 年
		6 万～50 万元	1.00%	
		50 万～100 万元	0.90%	
		100 万～200 万元	0.80%	
		200 万元以上	0.70%	

以 2015 年"双 11"单日淘宝天猫商城交易额 912.17 亿元计算,仅一天天猫的收单手续费就达到 5.47 亿元,作为一家第三方支付企业,收单手续费是支付宝目前的主要收入来源。

二是转账产品收费。支付宝对个人用户支付宝账户间转账服务的收费标准如表 2.4 和表 2.5 所示。

表 2.4　支付宝个人账户间转账费率表

支付终端	用户类型	账户类型	免费交易流出量	超出金额服务费率	服务费上限	服务费下限
无线端	所有用户(签约支付宝站内转账产品的商家的费率咨询商家客户)	全部类型	免服务费	免服务费	无	无
	淘宝卖家、支付宝未签约站内转账的商家	实名认证用户	单月 1 万元	0.50%	单笔 25 元	单笔 1 元
		非实名认证用户	单月 1000 元	0.50%	单笔 25 元	单笔 1 元
电脑端	普通用户(除上述类型)	全部类型	无免费流量(均需收费)	0.10%	单笔 10 元	单笔 0.5 元
	有签约支付宝站内转账产品的商家	按照签约费率收费,关联账户不享受免费流量				

资料来源:支付宝官网。

表 2.5　支付宝转账到银行卡费率表

支付终端	费　　率			
移动端	免费			
电脑端	到账时间	服务费率	服务费下限	服务费上限
	2 小时到账	0.20%	2 元/笔	25 元/笔
	次日到账	0.15%	2 元/笔	25 元/笔

资料来源：支付宝官网。

企业提现收费标准如表 2.6 所示。

表 2.6　企业提现费率表

收款账户	当日到账费率	服务费上、下限	次日到账费率	服务费上、下限	单笔限额	单日限额
本公司银行账户	0.2% (单笔转账 0~10 万)	2 元~25 元	0	不限	500 万元	500 万元
	0.05% (单笔转账 10 万~500 万)	不限	0	不限		

资料来源：支付宝官网。

支付宝对各类转账采取部分收费形式，由于支付宝钱包转账目前处于免费状态，大部分个人用户会采用无线端转账以减少支出，因此，目前转账收入主要依靠企业将账户余额转到银行卡提现实现。

三是信用卡支付收费。信用卡支付业务的收费标准为：交易成功后淘宝卖家按交易金额(含运费)的 1%作为手续费，天猫卖家按交易金额(含运费)的 8%作为手续费，阿里巴巴卖家按交易金额(含运费)的 1%作为手续费。

(2) 服务费。

一是商户增值服务费。大额收付款、批量付款到支付宝账户费率为 5%，最低 1 元每笔，最高 25 元每笔。集分宝批量自助发费率为 10%。海关报关中心数据罗盘、快捷登录目前为免费产品。

二是基金支付技术服务费。支付宝与多家基金公司合作，按照一定的费率收取技术服务费。以增利宝为例，增利宝为天弘基金旗下的金融产品，依据货币基金实际保有量向支付宝缴纳技术服务费，2015 年 1 月 1 日之前费率为 0.08%，之后为 0.01%。目前增利宝规模约为 6000 亿元，按存量收费标准，粗略估算向支付宝支付的技术服务费最低 0.6 亿元，最高 4.8 亿元。2015 年 4 月，支付宝对技术服务费进行调整，原先费用按照存量收取，调整后按照流量收取。

(3) 广告费。

每一个第三方支付机构的网页上都会有无处不在的广告，第三方支付机构利用网页上投放的各种代理广告费用获得利润。广告服务是淘宝网官方宣布的第一个盈利模式，也是支付宝的重要盈利来源。

(4) 沉淀资金利息。

2011 年 11 月 4 日央行起草了《支付机构客户备付金存管暂行办法》(征求意见稿)，明确规定，沉淀资金利息除必须计提 10%的风险准备金外，其余的九成全部可归属第三方支付机构。2013 年 6 月 7 日，中国人民银行正式发布并实施了《支付机构客户备付金存管办法》，原本征求意见稿中关于利息归属的内容被删除，该办法中并没有对计提了风险准备金后的利息余额归属做出规定。支付宝官方则表示，支付宝的沉淀资金利息支付一直挂在应付款项上，即不计入收入，也不计入支出，第三方支付、银行和客户都不能动用这笔资金，这部分资金一直在等待监管层明确其归属。

支付宝的成本主要来自平台的维护费用、销售推广费用以及银行划款手续费。平台的维护费用主要是指硬件设备的购置和升级、员工薪资等。销售推广费用则包括支付宝的广告投入和销售返点。至于银行划款费用，支付宝的交易涉及用户与支付宝银行账户之间的资金流动，支付宝需要缴纳银行划款手续费，对于千亿级交易额的支付宝，银行划款手续费用是一笔不容忽视的成本支出(支付宝提供的服务一般涉及两次划款：用户支付宝账户到银行账户，支付宝银行账户到用户银行账户)。

支付宝商业模式要素画布的绘制如表 2.7 所示。

表 2.7 支付宝商业模式要素画布

重要合作 (KP) 淘宝 阿里巴巴 蚂蚁金服	关键业务 (KA) 平台的开发和维护	价值主张 (VP) 个人： 第三方支付 转账 线下收单 理财 信贷 生活"便民" "朋友"	客户关系 (CR) 自动服务 自动化服务 个人助理	客户细分 (CS) 个人 商户
	核心资源 (KR) 品牌 客户基础 交易平台 技术保障 人力资源 交易数据资产	商户： 收款 付款 无线服务 增值服务 O2O 解决方案 贷款	渠道通路 (CH) 线上：互联网、 移动端 线下	
成本结构 (CS) 平台成本、业务成本、行政成本、促销成本		收入结构 (RS) 支付手续费、服务费、广告费、沉淀资金利息		

从表 2.7 中可以看到，画布右侧的客户细分、客户关系、渠道通路三个要素属于支付宝商业模式的客户界面，展示了支付宝的客户群体、支付宝与客户的关系以及通过何种渠道与客户产生联系。画布中间的价值主张即支付宝商业模式的产品或服务界面，具体罗列了支付宝为客户提供的产品和服务，是支付宝商业模式的现实基础，支付宝基于这些价值主张与客户发生直接联系。画布左侧的重要合作、关键业务、核心资源属于支付宝商业模式的资产管理界面，描绘了让商业模式有效运转所必需的重要因素，体现了商业模式的效率方面。画布下方即支付宝商业模式的财务界面，分别列举了支付宝收入和支出的主要方面，体现了企业的盈利。

画布从右侧开始，以客户细分为切入点，基于客户的视角指导整个商业模式。确定企业有什么样的目标客户群体，才能确定为这些客户提供怎样的产品和服务。现有的客户细分应当与现有的价值主张相对应，通过两个要素的对比，即可发现企业价值主张是否丰富、是否能够满足客户需求、是否存在不必要的产品等。从表 2.7 中可以看出，支付宝的价值主张丰富，设计合理，基本能够满足客户的需求。同时，企业要增加不同的客户细分时，也应当相应调整其价值主张。客户关系体现了企业与客户之间的紧密程度，直接决定了客户体验，良好的客户关系可以为企业带来稳定的客户。支付宝的客户关系以自助为主，客户与企业的关系不够紧密，不利于形成高黏性的客户关系。渠道通路用来描绘公司如何沟通、联系其客户细分从而传递其价值主张，它是客户接触点，在客户体验中扮演着重要角色。支付宝的渠道通路涵盖线上和线下，形成了良好的整合。核心资源构造块用来描绘让商业模式有效运转所必需的重要因素，这些资源使得企业能够创造和提供价值主张、接触市场、与客户细分建立关系并赚取收入，支付宝的核心资源丰富且不易被竞争对手模仿，在竞争中处于优势。关键业务是企业得以成功运营所必须实施的最重要的活动，关键业务的顺利开展是企业创造价值主张的基础。支付宝的关键业务目前能够顺利、高效地发展，不会制约企业的发展。重要合作构造块用来描绘让商业模式有效运作所需的供应商与合作伙伴的网络，支付宝目前的重要合作阿里集团等运营良好，为支付宝带来了稳定的客户和收益，形成了良好的合作关系。成本结构构造块用来描绘运营一个商业模式所引发的所有成本，成本结构也影响着价值主张的实施。成本驱动型企业的商业模式侧重于尽可能地降低成本，价值驱动型企业的商业模式则更多地关注创造价值。支付宝的成本结构处于两者之间，既追求创造价值、提供优质的服务，也尽可能降低成本。基于支付宝客户细分的庞大基数，支付宝的成本得益于规模经济和范围经济，享有产量扩充和较大经营范围所带来的成本优势。收入结构构造块用来描绘企业从每个客户群体中获取的收入，如果客户是商业模式的心脏，那么收入来源就是动脉。企业提供产品或服务让相应的客户细分愿意付款，从而获得收入。支付宝的收入来源得益于支付宝丰富的价值主张和庞大的客户细分群体，形成了结构丰富、稳定的收入来源。

【案例 2】

Kickstarter 商业模式

综合性商品众筹网站 Kickstarter 是目前最大的众筹平台，成立于 2009 年 4 月，总部位于美国纽约。Kickstarter 的发展极大地促进了众筹行业的蓬勃发展。Kickstarter 最初以图片、电影和音乐等项目融资，现在分为 13 类，即艺术、漫画、舞蹈、设计、时尚、电影和视频、食品、游戏、音乐、摄影、出版、科技和戏剧，但是慈善性融资是被禁止的。从筹款金额看，2011—2014 年由 1 亿美元增长到 5.29 亿美元；成功项目由 2011 年的 11836 个增长为 2014 年的 22252 个，参与人数由 2011 年的 109 万人增加为 2014 年的 330 万人。截至 2015 年年底，平台发布项目共计 27.49 万个，其中成功融资项目为 9.85 万个，项目成功率为 36.47%，融资总额为 21.47 亿美元，累计项目支持人次 1010.18 万人，其中有 313.59 万人为多次支持者。Kickstarter 官方数据表示，2016 年 2 月 7 日，网站成功融资项目数量突破 10 万个。

1) Kickstarter 的价值主张

(1) Kickstarter 的市场定位。

作为全球最大的产品众筹平台，Kickstarter 创建初衷是为了支持创意性、社会化的活动，让创意照进现实，帮助大众克服融资困难，去获取实现梦想的启动资金。其定位十分明确：一个连接项目发起人(Project Creators)与项目支持者(Backers)的互联网创意融资平台，为两方提供平台性质的服务。

(2) Kickstarter 的客户价值。

Kickstarter 平台所满足的客户价值是基于其市场定位来确定的。平台定位为网络创意融资平台，其目标客户大多为习惯使用网络的年轻消费者，这部分群体对创意、黑科技、时尚等各种新鲜事物抱有浓厚的兴趣，具体可以分为缺少资金来源的有创意和想法的用户(项目发起人)和有资金并且愿意参与到项目中、提供资金资助项目的用户(项目支持者)。Kickstarter 作为联系两方的中介平台，可以为发起人筹集项目所需资金，为出资人提供投资、支持自己感兴趣的项目的机会。

(3) Kickstarter 的价值主张。

Kickstarter 将自身定位为基于互联网的创意融资平台，为项目发起人与项目支持者提供平台性质的服务，平台为了给两方用户提供更好的体验与参与度，以客户价值为核心，持续不断地完善业务体系和开发产品。

众筹平台企业在筹资者/项目发起人与大众出资者/项目支持者之间充当中介。若没有众筹平台企业与其提供的平台，两方用户只有两种选择：回到传统市场直接互动/交易、双方不能相遇因此无法互动/交易。因而，众筹平台企业价值主张的核心在于撮合双方用户进行互动/交易或者使用户获取比直接互动/交易更大的价值。Kickstarter 价值主张层面主要表现在目标客户面向平台两方用户——有创意、想法的项目发起人与大众支持者，为他们提供平台性质的服务，更大程度上是作为信息中介平台存在。

2) Kickstarter 的资产管理界面分析

(1) Kickstarter 的关键业务。

Kickstarter 作为众筹平台，主要提供的服务就是为项目发起人营造一个展示自己的创意产品或者项目的平台，使其能够触及大众资助者筹集资金，与此同时使大众能够参与到项目中，对有创意的项目进行投资。对于在平台上发起众筹的项目进行审核、上线，在规定时间内完成设立的筹资目标金额的项目成功，Kickstarter 收取筹资总额的 5%作为交易佣金，未在约定时间内筹集足够资金的项目失败，平台将失败项目的资金返回给项目支持方。

为了更好地吸引这两方用户，增强用户参与感，Kickstarter 针对项目支持者推出讨论板块，支持者在讨论区内可以积极参与项目，给发起人出谋划策以期更好地促进项目的进展。针对项目发起人群体，网站为其实践在《项目发起人指南》里提供总体上的建议，另外，Kickstarter 还设立了 Campus 平台，平台对已经成功发起过众筹项目或者正在发起项目的用户开放，在这里项目发起人可以分享从如何确定合适的融资目标到定制衬衫的最佳商店等各种信息，通过 Campus，项目发起人可以共享成功经验，增强发起人之间的互动，从而促使项目成功率与整体质量的提升。进一步将发起人培养为更具价值的活跃用户，提高对 Kickstarter 网站的认同感，增强用户黏性。Kickstarter 还发布了 Spotlight 产品，成功融资的项目发起人可以在这里分享其项目进程，展示项目动态，提高了项目的透明度。而且 Spotlight 上线后很好地解决了以往在项目成功融资后项目支持者无法继续捐资这个问题，发起人可以在 Spotlight 给出预售购买链接，用户可以链接到包括公司网站主页、线上商店等各种地方，更好地满足发起人对项目的营销、推广以及商业转换等多方面的需求。

(2) Kickstarter 的关键资源能力。

Kickstarter 作为最知名的产品众筹平台，汇聚了大批网站用户，平台自身的技术维护、页面设计、项目评估审核、用户服务、线上推广等各方面都由平台团队进行，其核心能力体现在持续稳定的优质项目的获取、审核上线以及项目的完成。Kickstarter 网站对项目发起人有披露其 Facebook 账户信息的规定，通过账户有效信息反映发起人的社会关系网络，据此作为判断发起人可信度的依据之一。通常社交媒体互动中关注者数量、正面认可信息更多，发起人的可信度相对就较高。网站在发展过程中对项目上线的规则进行简化，推出 Launch now(即刻上线)功能，使得更短时间内更多项目得以在网站发布。Launch now 通过一系列算法，查找项目关键词、项目创建标准及发起人在 Kickstarter 的过往记录，同时和相似的审核拒绝、通过、标记和移除的项目对比，对项目进行审核，通过算法检查的项目不需人工复审就可以直接发布。未通过算法的项目可以在 Kickstarter 员工的帮助之下达到项目上线标准。

(3) Kickstarter 的合作伙伴网络。

Kickstarter 平台的良好运转依赖于外部环境的支持，首先，网站的壮大也离不开与其他各大门户、社交网站的合作，网站与 Twitter、Facebook 等大型社交平台合作，促成平台、项目信息的推广，社交网络通过与 Kickstarter 网站保持良好的合作关系，进一步提升自身知名度，是一个双赢的过程。其次，项目的融资流转需要第三方支付服务供应商提供服务。2015 年 1 月，Kickstarter 开始与以价格透明及方便易用著称的第三方支付服务商 Stripe 合作，Stripe 是 Facebook、Reddit、Twitter 等大型互联网公司的支付服务供应商，同时支持包括 Apple Pay、支付宝、比特币在内的多种支付方式，免除了项目发起人需要设置烦琐的亚马逊账户的麻烦，对于项目支持者而言支付也更为简洁，更好地优化了支付流程，为国外用户使用 Kickstarter 提供了更便利的体验，从而得以发展更广阔的受众。

3) Kickstarter 的客户界面分析

(1) Kickstarter 的价值创造与传递分析。

Kickstarter 网站有着大量的用户资源，其中相当一部分属于黏性用户，网站自身也拥有优秀的创业团队，这对项目审核的把握及产品服务的开发都有着很大优势。众筹网依托网信集团提供的资金支持与其他大量资源，在平台运营前期也积累了相当大的用量，平台团队有着明确分工，专业程度高。在关键业务方面，Kickstarter 网站对发起人的创意项目进行审核，通过审核的项目信息展示在网站上向公众进行筹资，针对项目发起人与项目支持者网站推出相应的产品与服务，使双方更高程度地参与众筹，从而更好地对接。

(2) Kickstarter 的营销推广渠道。

在营销推广渠道方面，Kickstarter 主要采用线上社交网站的宣传与优质项目的口碑传播。基于互联网的 Kickstarter 网站的营销推广离不开社交网络的传播。Kickstarter 的用户大多为习惯上网的年轻消费者与极客，这些用户大多依赖网络并活跃在社交网站上，而且拥有以亲友、同学、同行等为基础的社交圈。Kickstarter 网站通过链接、视频、图片等方式在 Facebook 等平台进行推广，得到快速、高效的传播。后期越来越多的创意、明星项目诸如 Pebble Time、Coolest Cooler 的上线和筹资成功的话题效应，反过来为 Kickstarter 营造更高关注度，吸引更多潜在用户参与进去。

4) Kickstarter 的盈利模式

(1) Kickstarter 的成本结构。

Kickstarter 网站致力于为有创意、融资困难的项目发起人与有资金、愿意支持创意的项目支持者搭建桥梁，自身并不参与到项目或产品中去。作为中介平台，成本主要由人力资源、网站运营和营销成本构成，其中占比较大的为人力资源成本。

(2) Kickstarter 的收入来源。

Kickstarter 自 2009 年上线以来，贯彻建立一种以有创意、有想法的创作者为本的可持续的商业模式，鞭策平台成为创意社区的融资渠道。其盈利模式非常清晰，采取向项目发起人单向收费，从成功融资项目中抽取筹集金额的 5%作为佣金。

@ 2.3 互联网金融企业架构

2.3.1 P2P 网贷系统结构

1. P2P 网贷系统结构图

P2P 网贷平台系统结构主要包括以下几个方面。

1) 应用层

应用层主要包括 P2P 平台上资金往来的交易对象及交易的中介，具体指的是投资人、借款人及 P2P 网贷平台。投资人可在 P2P 网贷平台上进行注册、认证、充值、投资、回款、续投及提现等一系列活动；借款人相对于投资人来说，多了信用的评估，借款人的一般活动为注册、认证、材料上传、额度申请、充值、申请贷款及还款等；P2P 网贷平台作为双方交易的中介机构，其主要的活动范围为认证审核、材料审核、额度分配及贷款指标审核。

2) 平台层

平台层主要指的是 P2P 产品销售的载体及营销的媒介，具体包括终端的个人 PC、笔记本、移动终端；软件平台的 P2P 网贷平台及安全证书；基础设施的 Web 应用集成及数据储存管理。

3) 网络层与业务层

网络层主要包括互联网及移动互联网，业务层包括平台经营方中的实地考察审核及分配额度、线下贷款需求方的提出需求及贷款。

图 2.6 显示了 P2P 网贷平台系统结构图。

2. P2P 网贷平台系统拓展图

P2P 网贷平台的系统拓展图指的是管理后台的详细补充，后台管理的主要板块如下。

(1) 资金管理。资金管理包括对会员账户、充值及提现的管理，后两部分体现了 P2P 审核功能。

(2) 新闻内容管理。该部分包含分类管理及内容管理，内容管理主要指添加新闻及推荐功能。

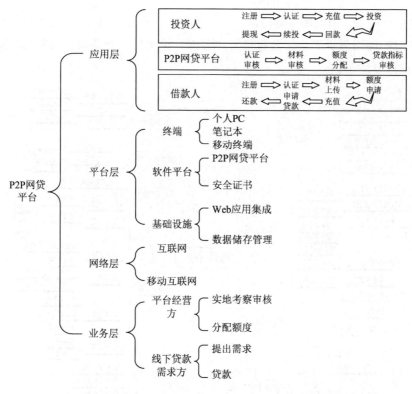

图 2.6　P2P 网贷平台系统结构图

(3) 站点及论坛管理。站点管理指的是对前台外观的配置管理,论坛管理包括板块管理及帖子管理。

(4) 借款管理。借款管理是管理后台的核心部分,它分为待审核管理、招标管理、满标审核、流标借款、还款管理、额度管理及数据统计与分析等几部分。

(5) 积分管理。积分管理包括对积分类型的配置、积分等级的配置及对会员积分的管理。

(6) 认证管理。认证管理对征信起着极大作用,包括实名认证管理、手机认证管理、视频认证管理、现场认证管理、用户基本信息管理及 VIP 审核管理。

(7) 系统及模块管理。系统管理包括联动管理、系统参数管理、友情链接管理、留言管理、短信息管理、用户管理及管理员管理;模块管理主要包括对网站模块的配置及管理。

(8) 系统设置。系统设置包括对网站参数的设置、数据库管理、站点管理、生成HTML 及系统帮助。

P2P 网贷平台系统拓展图如图 2.7 所示。

3. 互联网金融企业组织架构

组织架构是企业的流程运转、部门设置及职能规划等最基本的结构依据,常见的组织

互联网金融运营与实务

架构形式包括直线制、职能制、矩阵制、事业部制等。图 2.8 显示了 P2P 网贷平台的一般组织架构。P2P 网络借贷平台主要包括了客服部、技术部、业务部、风控部、财务部等核心部门,如图 2.9 所示。

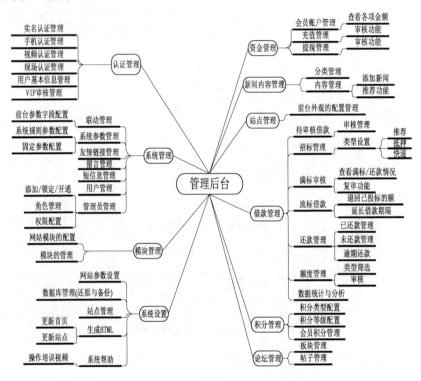

图 2.7　P2P 网贷平台系统拓展图

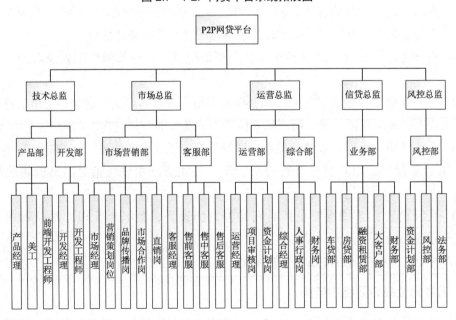

图 2.8　P2P 网络借贷平台的组织架构

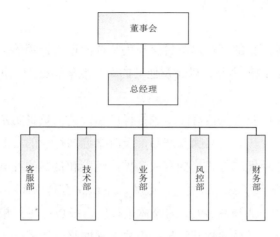

图 2.9　P2P 网络借贷平台运营部门

1)　总经理及总监岗

总经理以及总监岗均为公司的高层管理岗位，P2P 公司的经营发展战略通常由他们制定，通过战略的实施进而实现企业经营管理目标。

总经理和总监的职责大体相同，职责具体包括参与公司 P2P 网贷平台经营事项决策，协助 CEO 制定公司发展目标；全面负责网贷事业线的经营管理工作，根据公司的中长期发展规划，结合市场需求，开发设计适合 P2P 网贷平台的贷款产品、业务流程，制定营销策略和营销方案；根据公司风险控制要求，健全和完善公司风险管理体系，确保公司业务在风险可控、可预测的情况下开展；全面负责公司金融信贷板块的相关体系、制度、流程建设，为 CEO 决策提供相应专业方案，并组织实施；负责公司金融专业人才的引进与培养，提升团队职业化水平。

2)　产品开发部

P2P 公司产品开发部，顾名思义，即开发适用并且能够投入到市场中的 P2P 产品的部门，其根本职能在于研发适应市场的产品。该部门能够根据公司的中长期发展规划，综合市场需求，开发设计适合平台的贷款产品、业务流程，制定营销策略和营销方案。

产品开发部的具体职能包括参与公司平台产品事项决策，协助 CEO 制定产品发展战略，实现企业产品管理目标；根据公司的中长期发展规划，综合市场需求，开发设计适合平台的贷款产品、业务流程，制定营销策略和营销方案；全面负责公司金融信贷板块的相关体系、制度、流程建设，为 CEO 决策提供相应的专业方案，并组织实施；依据公司产品需求，负责平台软件模块的需求分析，概要设计和详细规划，制定运营策略、方案并组织执行；统计、分析平台各类数据，提出改进方案，进行平台的维护、推广及升级；对用户体验、业务流程等进行全面的分析和改进，并参与平台的品牌、产品、市场的规划，实现公司既定目标任务；规划平台的风格、架构、功能，负责建设、培训和日常工作开展等；制定平台的中长期运营目标和规划；关注行业市场及同行运营策略。

3) 营销与推广部

P2P 公司营销与推广指的是在以等价交换为特征的市场推销的交易活动中，有关部门以各种手段向顾客宣传 P2P 产品，以激发他们的购买欲望和行为，扩大产品销售量的一种经营活动。

营销与推广部的主要职责包括对网站进行推广和营销，负责制定市场策略及线上线下合作渠道的开拓；积极宣传公司品牌及产品，及时掌握同行业的发展状况；了解互联网特质，熟悉网站运作和各种推广方式，拥有成功推广经验和良好的互联网资源；常规推广、规划及执行各种常规推广方案，如微信、微博、论坛、百科/知道、友情链接等；广告投放，评估在线广告媒体，选择高 ROI 的媒体进行广告投放；进行推广效果监控和分析，以提高市场费用性价比；通过各种网络推广方式实现网络营销战略，熟悉网络媒介研究、网络推广方案的制定及执行，并对方案活动执行效果进行反馈与评估开发、维护各类媒体资源，开展公关活动；进行对外宣传、形象企划、媒体推广的制定、实施及活动成本的评估核算，对推广效果进行反馈与评估；同时营销与推广部应具有较强的网络营销创意策划和整合能力，有一定的媒体资源。

4) 法务部

法务部的设立为公司的正常运营提供了法律保障，它能对不同种类的合同风险做出准确判断，构建企业风险防范的体系；能够协助制定公司危机事件预警、处理方案；负责处理发生的市场危机事件，提出解决方案，及时高效地予以解决，尽可能减少公司损失，维护公司声誉，能够协调解决客户纠纷，负责情况调查、材料收集、责任分析，并协调解决存在的问题。

法务部的具体职责包括执行合同管理办法和管理流程，负责对公司重大项目及公司级合同文本法律审核的管理和指导，对合同管理过程中出现的问题提出改进建议；制定法律政策并为公司的法律事务提供咨询，为经营决策提供法律服务，出具法律意见；负责对公司诉讼、劳动诉讼、仲裁法律纠纷案件处理的组织和领导；负责协助有关部门建立公司合同、诉讼等管理制度，并组织落实和管理；对法人授权、合同印章使用工作的管理及检查。根据合同管理办法，对相关的商务性合同进行合同审查；负责与司法部门、仲裁部门、律师界的联络沟通；根据公司风险控制要求，健全和完善公司风险管理体系，确保公司业务在风险可控、可预测的情况下开展等。

5) 客服部

P2P 公司的客服部门直接面向客户，搭建了与顾客的沟通平台，推动了技术交流和新产品的推广，深化了企业在顾客心目中的形象，提升了顾客忠诚度。客服部门是 P2P 企业中至关重要的一环，通过它能够了解客户的需求，进而调整产品的市场供应结构。

P2P 企业的客服部职责要求较细，主要包括负责平台线上办理投融资客户的客户开户、交易等业务办理工作；负责客户资料的收集和系统录入，并分析相应数据推导、提炼客户需求；负责平台在线 QQ 和免费热线的业务咨询和回复工作，并做好记录登记工作；负责网站平台的信息发布栏目中的信息核查工作，通过短信、邮件、电话等形式向网站客户进行信息传达工作；负责网站平台相关数据信息的收集和统计工作；对线上业务咨询非注册用户进行公司产品营销，定期跟踪所服务的客户，了解客户的需求，建立深层次的客户关系；负责公司的网络推广和网络营销，更大更全面地宣传和扩大公司影响力；负责收集客户意见和建议，及时汇报公司，必要时与相关部门进行沟通；具备处理问题、安排进展、跟进进程、沟通及疑难问题服务的意识和能力，最大限度地提高客户满意度，遇到不能解决的问题按照流程提交相关人员或主管处理，并跟踪进展直至解决；负责定期对业务查询和现有客户的情况做出系统的分析和制定报表审核投资人的信息并发布到平台；负责满标后对审核结束的借款人与投资人作放款动作；给投资人分配收益，审核确认后做还款处理；负责平台业务的各项数据统计、分析；负责资金往来的记录、审核；负责借款人资料的搜集与管理；负责平台的目标市场开拓，根据客户需求提供全方位的理财服务；负责与客户进行联络和沟通，维护客户关系；带领客服团队完成销售业绩，负责销售目标的分解、落实；负责组织客户进行理财知识的系统培训；负责公共活动的组织、策划和执行；负责与客户交流，找到客户理财需求，提供咨询服务；负责调查和分析客户的问题，防范风险，配合风控人员做好贷前、贷中、贷后工作；建立并优化企业独有的服务准则，推动和监督准则的良好执行；全方位优化客户服务质量，贯彻落实并推广公司文化。

6) 信息技术部

信息技术部主要做开发和系统的升级及维护，是技术含量最高的部门，涉及各种数据和交易安全，是互联网企业开展运营活动的基础保障。

信息技术部的主要职能包括依据公司产品要求，负责平台软件模块的需求分析、概要设计和详细规划，制定运营策略、方案并组织执行；推动各项业务发展，提升营运效益，确保运营目标的实现；统计、分析平台各类数据，提出改进方案，进行平台的维护、升级；系统维护、防黑客攻击等情况的对接处理，同时进行一些小功能升级修改。

7) 风险控制与催收部

该部门为 P2P 公司的核心部门，公司能否盈利甚至能否可持续经营下去，很大程度上取决于该部门风险防控的好坏及资金周转效率的高低。

风险防控的主要职能包括建立风控系统，拟定风险管理流程和风险管理制度，设计风险管理岗位的工作指引和运作流程等；对各类贷款项目进行实质风险审查，与业务团队经理沟通，充分了解项目风险情况，并监控各类业务风险的分析及防范措施的制定，建立企业风险数据库和跟踪档案；负责公司项目的风险评估，并执行相关风险评估程序；撰写风险评价报告，对业务操作中可能出现的风险点进行风险提示，出具风控建议与风险程度，分析风险来源和影响，提供解决方案；负责组织贷审会的开展，且组织对公司贷款的贷前风险审核、贷中风险控制及贷后跟踪管理工作，出具风险预警提示和风险评估报告，把项

目风险控制在最低；项目投资后定期审阅公司内部风险控制制度和相关文件，并根据需要随时修改、完善。

催收部的主要职能包括根据上级分配的催收任务开展工作，根据每月的工作目标，达成电话催收目标；根据逾期情况，制定催收策略、目标及实施；对任务内的逾期客户进行电话催收，引导客户正确的还款意识，如发现有异常高风险客户要及时上报；按照前、中、后期的催收策略，对逾期的客户利用电话、短信手段进行催收；对逾期账户的情况进行专业管理，根据客户实际要求做相应业务处理，及时反馈问题；对逾期客户群体进行系统分析，寻求地域、贷款类别及所处行业的共性，并提出应对策略；如实记录催收结果，维护催收资料的搜集整理及贷后管理工作。

2.3.2　众筹平台的组织架构

图 2.10 所示为众筹平台的组织图。从图 2.10 中可以发现，众筹公司从董事会下设总经理，下属机构包括运营部、信贷部、风控部、营销与推广部及综合部，综合部下属包括项目审核等一系列子项目，典型的众筹平台将法务部与催收部归属于风控部门，而信贷部的下属部门则包括财务部及大客户部，产品部与开发部则归属于运营部门。

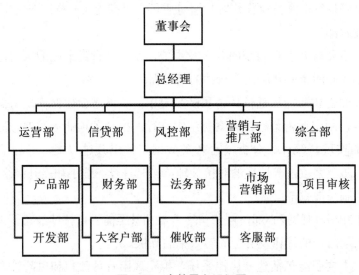

图 2.10　众筹平台组织图

2.3.3　互联网金融门户网站组织架构

1. 互联网金融门户的定义

互联网金融门户是指利用互联网进行金融产品的销售及为金融产品销售提供第三方服

务的平台。它的核心就是"搜索比价"的模式，采用金融产品垂直比价的方式，将各家金融机构的产品放在平台上，用户通过对比挑选合适的金融产品。简单来说，就是通过自己的搜索来比较类似商品的价格，从而选择购买哪种金融产品的方法。

互联网金融门户多元化创新发展，形成了提供高端理财投资服务和理财产品的第三方理财机构，提供保险产品咨询、比价、购买服务的保险门户网站等。这种模式不存在太多政策风险，因为其平台既不负责金融产品的实际销售，也不承担任何不良的风险，同时资金也完全不通过中间平台。

2. 互联网金融门户网站组织架构

互联网金融门户相较于 P2P 网贷平台而言，其组织结构从总经理办公室下划分为四个板块，分别为运营管理中心、客户服务中心、金融管理中心及运营统筹部，从细分部门来看，其包含了基础的产品研发部、营销推广部、客服部、风控与催收部、信息技术部及运营统筹部，如图 2.11 所示。

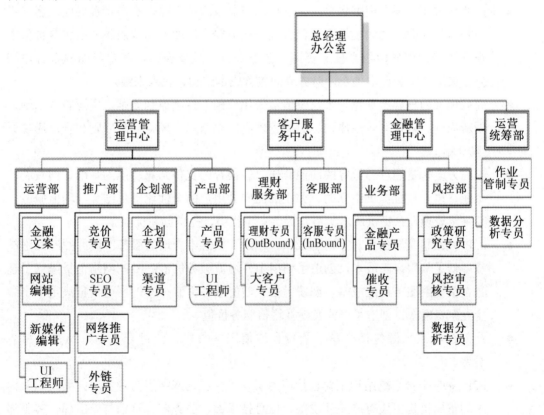

图 2.11 互联网金融门户网站组织架构图

本章总结

- 商业模式是一种建立在许多构成要素及其关系之上、用来说明特定企业商业逻辑的概念性工具，商业模式可用来说明企业如何通过创造顾客价值、建立内部结构，以及与伙伴形成网络关系来开拓市场、传递价值、创造关系资本、获得利润并维持现金流。通俗来讲，商业模式是指为实现客户价值最大化，把能使企业运营的内外各要素整合起来，形成一个完整的高效率的具有独特核心竞争力的运行系统，并通过最优实现形式满足客户需求、实现客户价值，同时使系统达到持续盈利目标的整体解决方案。简单来讲，商业模式就是企业赚钱的方式。

- 商业模式主要包括三种模式，即销售模式、运营模式和资本模式，核心就是资源的有效整合。

- 商业模式要素画布模型包含四大支柱：产品或服务界面、资产管理界面、客户界面和财务界面。这些支柱下还包含九个构成要素，即产品或服务界面包含价值主张，资产管理界面包含核心资源、关键业务、重要合作，客户界面包含客户细分、渠道通路和客户关系，财务界面包含成本结构、收入来源。

- 商业模式的核心原则包括客户价值最大化原则、持续盈利原则、资源整合原则、创新原则、融资有效性原则、组织管理高效率原则、风险控制原则和合理避税原则八大原则。

- 第三方支付是通过与银行的商业合作，以银行的支付结算功能为基础，向政府、企业、事业单位提供中立的、公正的面向其用户的个性化支付结算与增值服务。其突出表现在：提供成本优势、提供竞争优势、提供创新优势。

- P2P 网络借贷降低信息不对称成本，创造了信息中介增值服务价值；P2P 网络借贷降低了信用风险成本，创造了信用中介增值服务价值；P2P 网络借贷降低了金融、类金融服务盲区成本，创造了社会增值服务价值；P2P 网络借贷满足中小微企业融资需求，创造了产业及就业增值服务价值。

- 众筹的收入来源包括交易手续费、增值服务收费、流量导入与营销费用和会员费。

- P2P 网贷平台系统结构主要包括应用层、平台层、网络层与业务层；其组织架构中的下属机构主要有产品开发部、信息技术部、法务部、营销与推广部、客服部以及风险控制与催收部等核心部门。

- 众筹公司从董事会下设总经理，下属机构包括运营部、信贷部、风控部、营销与推广部及综合部，综合部下属包括项目审核等一系列子项目，典型的众筹平台将法务部与催收部归属于风控部门，而信贷部的下属部门则包括财务部及大客户部，产品部与开发部则归属于运营部门。

● 互联网金融门户相较于 P2P 网贷平台而言，其组织结构从总经理办公室下划分为四个板块，分别为运营管理中心、客户服务中心、金融管理中心以及运营统筹部门。从细分部门来看，它包含了基础的产品研发部、营销推广部、客服部、风控与催收部、信息技术部以及运营统筹部。

本章作业

1. 阐述商业模式及构成要素。
2. 阐述 P2P 网络借贷的商业模式。
3. 阐述众筹融资的商业模式。
4. 阐述第三方支付的商业模式。
5. P2P 网贷系统的结构包括哪些部分？

第 3 章

互联网金融产品设计

本章目标

- 掌握互联网金融产品的内涵、分类及互联网金融产品设计的意义。
- 掌握互联网金融产品设计的基本原则。
- 熟练掌握互联网金融产品的设计流程及产品定价。
- 掌握互联网金融产品的体验概念及其影响因素。
- 掌握互联网金融产品的评价。

本章简介

　　互联网金融产品设计是互联网金融运营与管理中的关键环节。通过本章的学习,将了解到什么是互联网金融产品设计、互联网金融产品设计的意义何在、互联网金融产品的基本原则、互联网金融产品的流程及产品定价、互联网金融产品的评价等。

@ 3.1 互联网金融产品设计概述

3.1.1 互联网金融产品的内涵与分类

1. 互联网金融产品的内涵

产品是指能够供给市场，被人们使用和消费并能满足人们某种需求的任何东西，包括有形的物品、无形的服务、组织、观念或它们的组合。1995 年 P. 科特勒在《市场管理：分析、计划、执行与控制》专著修订版中，将产品概念的内涵由三层次结构说扩展为五层次结构说，即核心利益(Core Benefit)、一般产品(Generic Product)、期望产品(Expected Product)、扩大产品(Augmented Product)和潜在产品(Potential Product)。核心利益是指整体产品提供给购买者的直接利益和效用；基本产品即核心产品的宏观化；期望产品是指顾客在购买产品时，一般会期望得到的一组特性或条件；扩大产品是指超过顾客期望的产品；潜在产品是指产品或开发物在未来可能产生的改进和变革。

在金融领域，金融产品是指资金融通过程的各种载体，是金融市场的买卖对象，供求双方通过市场竞争原则形成金融产品价格，如利率或收益率，最终完成交易，达到融通资金的目的。互联网金融产品是传统意义上"金融产品"概念的延续，是满足用户网络投融资需求的工具。对于投资者而言，金融产品主要是让资金进行增值；而对于互联网金融企业来说，主要是为了让投资者更好地选择产品，减少信息不对称程度。

2. 互联网金融产品的分类

1) 根据产品属性分类

互联网金融产品从产品属性来说分为两种：一种是金融端产品；另一种是互联网端产品。

(1) 金融端产品。

金融端产品主要指传统金融提供的各种金融产品。究其原因在于受目前金融监管限制，互联网金融还很难有真正意义上的金融端产品创新。对现有传统金融产品通过组合、移植、包装等方式，可形成互联网金融的金融端产品。

(2) 互联网端产品。

互联网端产品主要指依托互联网渠道的各种产品、服务等。互联网端产品主要包括网站和 App 两种模式。

2) 根据产品职能分类

就产品职能而言，产品设计可以分为产品创意、产品文档、产品报备与产品管理。

(1) 产品创意。

产品创意是指互联网金融企业从自己的角度考虑它能够向市场提供的可能产品的构想。这种构想的可能产品既迎合了市场本身的需求，也体现了企业或研发者自身的创造研发能力。一般来说，一个好的产品创意往往能够带动本行业的改革和创新，对于一个行业的发展有着重要意义。

(2) 产品文档。

产品文档通常指的是产品需求文档，一般包括产品概述及目标、产品需求概述、产品功能性需求、产品非功能性需求(内部需求、外部需求和其他需求)、产品成本收益、产品运营管理等。

(3) 产品报备。

报备是指出于防范风险或先入为主的考虑，进行备案或备份。

(4) 产品管理。

产品管理是公司为了管理一个产品或产品线的产品计划、产品市场和产品生命周期所采用的组织架构。产品管理是一个非常典型强矩阵型的管理方式。产品管理包括新产品开发、产品市场分析、产品发布、产品跟踪推广、生命周期管理等。产品管理核心包括 7 大模块：产品战略管理、产品需求管理、产品开发管理、产品规划管理、产品市场管理、产品上市管理、产品(市场)生命周期管理。

3.1.2 互联网金融产品设计的意义

从服务模式上看，银行、证券、保险传统金融机构是中心化的客户等级分类服务模式，优质资产更多地被供应给高净值用户。互联网金融产品设计对互联网金融企业、消费者(借款者与投资者)、社会都具有十分重要的意义。互联网金融企业需要产品设计来获得利润，消费者需要产品设计来享受生活，社会更需要产品设计来向前发展。而互联网金融产品可以通过减少中间环节直接降低交易成本，互联网金融产品设计的意义在于，一切产品设计都需要考虑降低交易成本。降低展业成本和零边际成本也决定了互联网金融更关注如何让普通用户享受特权金融并提供这种可能。

风控是所有金融业务的核心之一，风控能力也决定了资产质量。传统金融的风控模型依赖于抵押品、担保机构，是精确数学上的风控，有效但不高效。而互联网金融的风控手段是基于海量数据基础上的交易行为，社交关系也提供了风控的补充。海量数据的意义不在于风险控制，而是把交易成本降到更低，更好地开发基于长尾用户属性的产品。

@ 3.2 金融端产品设计

互联网金融涉及不同的金融业态，不同的金融业态其产品设计原理也是不同的。这里仅以 P2P 网络借贷为例阐述互联网金融端产品设计的原则及流程等。

3.2.1 金融端产品设计的基本原则

互联网金融的本质是金融而不是互联网。而金融的核心有三点：安全性、流动性和收益性。互联网金融产品的设计也必须遵循这三个基本原则，除此之外，还必须遵循透明性原则。

1) 安全性原则

所谓安全性原则，不仅要保证客户的资金安全，还要保证客户的信息安全。互联网金融产品设计是一种金融创新，在创新过程中要注意不要与现行的有关法律相冲突。比如，对于 P2P 而言，有两个底线不能碰：一个是非法吸收公共存款，另一个是非法集资。对于股权众筹而言，不能与国家有关证券法律法规相冲突。因此，在设计产品时，一定要先熟知相关的法律法规及金融监督条例，不能"踩线"。

2) 流动性原则

流动性又称灵活性。对于用户来说，流动性就是用户能以较低的成本拿回自己的投资金额的能力。对于互联网金融企业来说，流动性就是产品设计的下限是企业的财务能够实现自负盈亏，上限是客户有可持续的承受能力。要保证客户能够通过平台实现收入增加，生活改善及价值创造，从而确保客户的还款能力，降低企业整体借贷风险，这是互联网金融企业可持续发展的基础。

3) 收益性原则

所谓收益性原则，就是要保证企业能够平衡运营成本，实现合理盈利，并能不断地扩大规模。

众所周知，收益率、流动性和风险性三者之间是相互影响的。高收益往往意味着低流动性和高风险，高流动性往往意味着低收益率和高风险，高风险往往意味着高收益率和高流动性。

不同类型的用户对以上三点需求的侧重也有所不同。

① 低净值客户：流动性=安全性＞收益率。

② 中净值客户：收益率=安全性＞流动性。

③ 高净值客户：收益率＞安全性＞流动性。

互联网金融产品设计时，除了合法合规方面的问题，还要考虑以下两方面。

① 如何设计标准化的产品来满足低净值、高净值用户的理财需求。

② 如何设计高收益且带有增值服务(如理财咨询)的个性化产品来满足高净值用户的个性化需求。

3.2.2 互联网金融产品的特点

互联网金融具有不同的金融业态，各金融业态的金融端产品的特点也是不同的。这里只介绍 P2P 网络借贷产品的特点。

1. 额度小

额度小是 P2P 网络借贷的一大特点。众所周知，小额借贷具有风险分散的优势。另外，由于 P2P 网络借贷的利率高于银行的贷款利率，额度大，带来的风险就增大。对于小额来讲，比如借款 20 万元，期限 1 年，就借款人负担来讲，借款利率 10%与 20%是没有什么区别的。但是，如果借款金额为 200 万元，借款利率 10%与 20%的区别就很大。2016年 8 月 24 日，银监会发布《网络借贷信息中介机构业务活动管理暂行办法》规定："同一自然人在同一网络借贷信息中介机构平台的借款余额上限不超过人民币 20 万元；同一法人或其他组织在同一网络借贷信息中介机构平台的借款余额上限不超过人民币 100 万元；同一自然人在不同网络借贷信息中介机构平台借款总余额不超过人民币 100 万元；同一法人或其他组织在不同网络借贷信息中介机构平台借款总余额不超过人民币 500 万元。"

2. 以信用为主的风险管理手段

这类借款人一般没有可以用于抵押的抵押物，在进行审批的时候需要以借款人的信用来考量其还款能力和还款意愿。

3. 按月还款

最常见的是每月等额本息还款的方式。按月偿还部分本金的方式之所以被普遍采用，一个重要的原因在于能缓解借款人的还款压力。

按月还款还有一个很重要的作用就是便于风险管理。按月还款能够培养借款客户良好的还款习惯，每个月和客户发生一次还款交易，就能够及时掌握客户的还款情况，了解客户的还款能力。同时，客户在还款过程中已经偿还的部分本金也缩小了机构的风险敞口，有利于风险控制。

3.2.3 金融端产品设计的基本要素

网络借贷产品设计中需要考虑的基本要素包括借款额度、借款期限、定价、审批方式、审批流程、是否需要抵押物、提前还款条款、逾期处理条款等要素，重点是产品的定价。

在设计产品时，为了突出某个要素，往往需要对另外两个要素有所妥协。例如，有些客户的资金需求特别紧急，对时效要求特别高，所以申请过程就要尽量简化，要求客户提供的资料不能过于烦琐，因为资金能否及时到位是他们首先要考虑的因素，为此他们也愿意承担相对较高的定价水平。而从机构的角度而言，由于需要在非常短的时间内对客户进行审批决策，或许就没有足够的时间对客户的还款意愿和还款能力进行充分的检视和调查，因此这类贷款的风险相对较高。

对这类贷款可以采取设定额度上限的办法，以达到小额快速审批的目的，并且针对风险相对较高的情况，制定与之匹配的定价水平来覆盖可能出现的高风险。因此这类产品的特点往往就是时效快、额度偏低、定价偏高。再如，有的小微企业客户需要一定的资金来维持企业运营或投入某个新项目，这时候他们最关注的是能不能借到足够的资金，对时效性的要求就没有那么高，也愿意配合机构的要求准备各种申请资料。由于借款人申请的借款额度较高，要验证客户有足够的还款能力和还款意愿，就需要借款人提供详细的借款资料，或者让机构的信贷员与借款人进行充分沟通，以了解客户的财务状况和还款能力。甚至是多级的审批，需要经过 3～5 天，甚至 10 天的时间，才有可能获得资金。这类产品的特点就是额度高、时效偏慢、定价相对较低。

3.2.4 金融端产品设计的流程

互联网金融的产品设计主要包括市场调研与用户需求分析阶段、行业竞争力分析阶段、产品设计与开发阶段、产品测试阶段、大范围推广上线阶段和产品评估、反馈与持续改进阶段等，如图 3.1 所示。下面以 P2P 网络借贷产品设计为例对框架图中各阶段作进一步描述。

1. 市场调研与用户需求分析

以 P2P 网络借贷为例，P2P 网络借贷产品设计过程中市场调研与客户需求分析阶段应关注以下问题：一是服务的目标人群的需求分布；二是客户对现有 P2P 网络借贷服务的满意和不满意之处；三是 P2P 网络借贷平台之间的供应情况和竞争水平；四是 P2P 网络借贷服务和产品的变化和创新；五是相关法律与法规等。

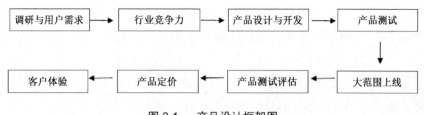

图 3.1　产品设计框架图

1)　互联网金融用户需求

首先，不管对什么金融产品，用户的根本需求在于产品所能带来的收益。收益可以是多种形式的，货币、实物、服务甚至心理上的奖励都是可行的，这取决于用户在具体场景下的需求。对于部分娱乐产品的众筹，用户对于货币奖励的需求可能会低一些，而更看重众筹能带来的服务奖励，如参加首映礼等。而慈善众筹则往往连服务都没有，其带来更多的是心理上的奖励。

但绝大部分金融产品的收益都是以货币形式体现的，这也是用户对于金融产品最为核心的需求，以钱生钱。对于货币收益的需求，进一步可衍生为对收益率、流动性和风险的需求。三者结合起来形成用户最终能得到的实际收益，而三者之间是一种相互影响的关系。如何在三者之间取得一个平衡则是金融产品设计的核心部分。

2)　互联网金融用户行为

对任何用户而言，购买金融产品都必然会经过两个环节：一是投资决策，二是购买并持有金融产品。要影响用户体验，任何一款产品都通过其中一个或两个环节来产生影响。

对于投资决策而言，可分为价值判断和信心两个部分。价值判断部分主要看基本面和政策面；而信心是指投资者信心，它是一系列因素影响后所得到的结果，并进一步反映到投资者的投资决策中。如对房地产价格的看涨会导致楼市价格上涨，预期得到实现，从而进一步增强投资者信心，使得房地产价格进一步偏离价值判断的合理区间。

对于投资者信心，简单来看，投资者信心受投资理念和信息渠道影响。投资理念会影响决策信息的过滤和吸收，并影响其对价值判断的作用效果；信息渠道则影响信息的接受程度。

按照投资决策对价值判断的依赖程度，投资理念划分为价值导向、趋势导向和舆论导向。

价值导向的投资者认为市场至少是弱有效的，通过趋势分析是无法获得超额利润的；而趋势投资者认为市场是无效的，可以利用其无效性来进行套利。趋势导向的投资者在投资决策时更看重市场趋势和政策。进一步地，舆论导向的投资者只是根据他人的推荐、分析进行投资。

信息渠道按照关系远近分为官方媒体、第三方机构、舆论及亲友四大类。关系越疏远，信息越难以被投资者接受，这取决于投资者对渠道的信任和投资理念。相比于官方媒体，一些第三方机构如券商的研报等显得更有说服力；比起机构研报上的数字和文字，圈子内的投资者们的讨论更容易被接受；比起不认识的人的发言，亲友的建议更具有说服力。以上均为一般情况下的排序。

而对于不同投资理念的投资者而言，影响程度又是不一样的。价值投资者关心信息本身的真伪而非来源，而舆论导向的投资者更关心这个信息的来源。

2. 行业竞争力分析

对于行业竞争力分析，需要考虑以下几个因素。

1) 市场规模

小市场一般吸引不了大的或新的竞争者；大市场常能引起公司的兴趣，因为他们希望在有吸引力的市场中建立稳固的竞争地位。竞争角逐的范围是：市场是当地性的，还是区域性的，或者是全国范围的。

2) 市场增长速度

快速增长的市场会鼓励其他公司进入；增长缓慢的市场使市场竞争加剧，并使弱小的竞争者出局。

3) 行业在成长周期中所处的阶段

这是指行业是处于初始发展阶段、快速成长阶段、成熟阶段、停滞阶段还是衰退阶段。

4) 竞争厂家的数量及相对规模

行业是被众多的小公司所细分还是被几家大公司所垄断，购买者的数量及相对规模。

3. 产品设计与开发阶段

产品设计与开发阶段就是针对客户未被满足的需求提供解决方案。例如，客户的需求是现有市场所不能提供的高额度产品，那么我们的目标就是弥补这一空缺。这就要求我们在进行具体的产品设计时考虑以下问题。

(1) 这个产品面向什么样的客户群体进行推广？

(2) 这个产品预计的不良率风险有多大？

(3) 客户对产品的期限需求大约有多长？

(4) 目标客户是否有足够的还款能力与合适的现金流来偿还借款？

(5) 这个产品适合采用什么样的风险管理方式？

(6) 客户是否有可以用于抵押的资产？

(7) 在审批过程中需要客户提供什么样的资料作为资信证明？

(8) 在审批过程中如何能够更好地判断客户的还款能力？

(9) 产品的全流程中有哪些可能的操作风险，应该如何防范？

(10) 这个产品应该如何定价？

(11) 产品在财务上是否有利可图？

(12) 与市场上同类产品相比，所设计的产品优、劣势分别在哪里？

找到以上问题的答案，就能够在满足客户高额度需求与风险之间找到平衡。

4. 产品测试阶段

产品设计完成后，就要开始在小范围内进行市场测试，了解市场的反馈。产品测试的目标就是确定最终的产品做成什么样子，并且实现以下目标：一是找到产品的不足之处，二是了解产品真正的目标市场在哪里。基于样品或者原型，开始全面思考后续的营销策略，进一步评估商业价值。产品测试阶段需要了解以下问题。

(1) 产品面对的目标客户群的接受度。

(2) 产品的卖点是什么，是否是客户的痛点？

(3) 产品与市场上同类产品相比，有哪些优、缺点？

(4) 产品销售绩效的衡量标准。

(5) 信用风险管理措施是否足够，风险管理的效果如何？

(6) 产品全流程中是否有之前没有考虑到的操作风险，应如何防范？

5. 大范围推广上线阶段

大范围推广上线阶段需要弄清楚以下问题。

(1) 服务流程的配合有没有超出标准作业程序(Standard Operating Procedure，SOP)？

(2) 包括前台、中台和后台部门之间的相互衔接，比如销售部门针对新产品如何进行销售，使用什么话术等。

(3) IT 支持系统准备好没有？

(4) 市场营销策略突出什么样的销售卖点？

(5) 使用什么样的推广渠道？

(6) 产品的 KPI 考核与薪酬绩效政策是否出来？

(7) 监控产品的运营指标有没有定出来？比如产品销售总额、人均销售总额、每笔借款平均额度、每笔借款平均期限、客户从咨询到申请的转化率、借款申请通过率、审批通过后的放弃率、客户办理时效、客户 M1 逾期率、客户 M2 逾期率、不良率等。

6. 产品评估、反馈与持续改进阶段

在产品上线后，需要定期评估产品的市场表现，重点关注以下问题。

(1) 市场和竞争对手的变化动态。

(2) 产品销售业绩是否达到了事先预测。

(3) 客户还款后重复借贷的情况。

(4) 产品风险表现如何？

(5) 产品营利性如何？

(6) 产品客户体验如何？

3.2.5　产品定价

1. 定价(费率)因素

定价是产品设计中最重要的一个考虑因素，它反映机构整体战略、风险管理和客户管理策略，定价过程中要平衡机构的可持续发展、客户的长期关系维系、收益覆盖风险等因素。

产品价格无外乎以下几类：利息、一次性收取的咨询费/服务费/管理费/手续费、按月收取的管理费/服务费、资金占用费/额度占用费、逾期罚息、违约金、滞纳金、提前还款违约金。除产品定价外，产品的额度、期限、还款方式也是要考虑的因素。

影响网络借贷产品定价的因素主要包括借款人的信用等级、借款期限、借款人的婚姻状况、收入状况等。其中，借款人的信用等级与借款期限是影响借款人利率的最主要因素。

1)　信用等级：借款人的信用等级越高，借款人支付的借款利率越低

信用等级是借款者的信用属性，也是投资者判断借款者违约风险的重要依据之一。信用等级通过认证分数转化而来。信用等级越高，违约的风险越小。像美国 Prosper 平台将资金需求者的信用状况从高到低分为 AA、A、B、C、D、E 和 HR 七个等级，资金需求者的评级越低表示其信用状况越差，相同借贷金额和期限的借贷利率也就越高。表 3.1 所示是针对不同信用评级、不同年限的第一次在 Prosper 借贷的资金需求者的年评级借贷利率。

表 3.1　Prosper 借贷期限对应的评级年利率

借款期限 年评级利率 评级	1 年	3 年	5 年
AA	5.65%	7.49%	10.71%
A	9.43%	12.49%	16.74%
B	12.13%	15.94%	20.36%
C	14.67%	19.37%	23.58%
D	19.52%	24.87%	28.36%
E	23.09%	29.04%	32.45%
HR	—	31.77%	—

来源：Prosper 网站。

我国人人贷平台将借款人的信用等级从高到低分为 AA、A、B、C、D、E、HR 七个

等级，对应借款风险从低到高。在每一个信用等级上都给出了相应的信用分数区间，如图 3.2 所示。

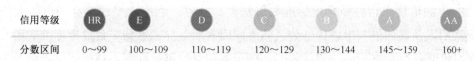

信用等级	HR	E	D	C	B	A	AA
分数区间	0~99	100~109	110~119	120~129	130~144	145~159	160+

图 3.2 人人贷平台分数区间与信用等级图

人人贷平台根据借款人提交的资料、历史借贷行为进行评估，不断地调整用户的信用等级。初次借款者为最低等级 HR，并根据累积的历史成功借款数量、还清数量、逾期还款次数来不断调整借款人的信用等级。这一结论表明出借人对借款人的筛选主要取决于借款人在网络借贷平台上的信用等级。

2) 借款期限越长，借款利率越高

这与传统金融机构中期限越长，利率越高的规律一致。借款期限越长，放款人延迟消费的时间也越长，借款人向放款人出借资金所支付的代价也是放款人延迟其消费的时间价值，即是放款人出借资金给借款人所获得资金的时间价值回报。

在信用等级基础上，再根据借款期限不同来确定最终的利率，比如说某个人评级为HR，那么 6 个月和 12 个月的利率肯定是不同的，简单来说，期限越长利率越高，但两者关系不一定是线性关系。

2. 定价模式

1) P2P 借贷平台的贷款利率决定权

(1) 借款人确定利率。

借款人首先提供自己愿意给付的(最高)贷款利率(如 Smava、Auxmoney、Isepankur)，然后贷款人决定是否以此利率出借资金。如果有竞价投标，且贷款人需求强劲，那么借款人可能会降低原确定的利率以获得性价比更合适的贷款。显然，贷款人首先会以最有吸引力的利率出借贷款，导致其他借款人无法得到资金。因此，借款人可能需要进行策略调整，用更高的利率回报来吸引市场注意力。

(2) 借贷平台确定贷款利率。

在这种模式下，借贷平台按照预定标准设定利率。利率通常会因借款人的信用分、贷款期限及更多基于借款人申请评估的可能标准而有差别。满足标准的所有贷款将在出借时获得同样的贷款利率。

(3) 市场的供需情况确定利率。

利率依据近期市场供需情况上下波动。所以，不同的 P2P 借贷平台模式也不尽相同。一些市场会随时间调整其模式。Prosper 和 Auxmoney 不再使用竞价投标模式，而现在Zopa 对保障贷款使用跟踪利率。

2) 欧美 P2P 网络借贷定价模式

(1) 基于借贷平台的贷款利率定价模式。

P2P 小额信贷平台按照预定标准与算法设定利率，利率水平通常会因借款人信用分值、贷款期限及其他借款申请评估分值的不同而有所差异。达到平台设定标准的所有贷款人将在出借时获得基本相同的贷款利率。按贷款项目的细分程度，该模式可以进一步分为两种，即单列型和市场型。

① 单列型。在以 Prosper、Lending Club 为代表的单列型贷款利率定价模式中，出借方可以看到所有的独立的贷款列表及各种相关参数(如申请借款人的信用分、收入、DTI、职业、地点等)。在平台显示的贷款清单中，出借方既可以按照自己的意愿挑选，也可以自行设置投资标准，然后利用平台的自动投标功能进行筛选。如：从 2010 年开始，Prosper 开始执行预先设定贷款利率的商业运作模式，即首先搜集借款客户的信用报告和经济信息，按照既定算法算出的信用风险值来确定贷款利率，然后由投资者选择是否愿意在平台测算出的价格水平下出借资金。类似地，Lending Club 结合不同借款人的信用评分、信用记录和债务收入比等指标，确定单笔借款的利率水平。

② 市场型。Ratesetter、Zopa 等 P2P 小额信贷平台主要是利用"市场型"模式。P2P 小额信贷平台首先根据信用分值、贷款期限等较宽泛的标准，将批量的贷款需求打包组合成某类市场的资金需求，出借人只能决定投资哪类市场，但不能具体挑选某笔贷款。在这种模式下，P2P 小额信贷平台并不提供借款者与出借者的直接联系方式，出借者无法看到自己资金的最终投向。如 RateSetter 按期限划分了 1 个月、12 个月、36 个月和 60 个月四类借贷市场，资金供应方与需求方按照彼此接受的价格进行批量匹配。Zopa 将借贷风险与期限分类，按照 P2P 小额信贷平台确定的借款利率，通过"一对多"的方式，一个出借人对应不同的贷款风险与期限来分散风险。目前，Zopa 允许单一出借人最低可以向单户资金需求者出借 10 英镑。

(2) 基于借贷双方的贷款利率定价模式。

在 P2P 小额信贷平台双方都掌握项目信息的基础上，借贷的利率水平主要是由出借方与借款方双方采取类似荷兰式拍卖的方式确定。荷兰式拍卖亦称"减价拍卖""反向拍卖"，是指拍卖标的的竞价由高到低依次递减直到第一个竞买人应价(达到或超过底价)时击槌成交的一种拍卖。贷款利率最终受借贷双方力量的影响而调整。在这种特殊的反向竞拍模式下，借款人把资金需求上传至 P2P 小额信贷平台，内容包括借款金额、用途及最高可承受的利率等，出借方展开竞标。如果竞价充分，则借款人可能以低于预期的价格获得优惠利率。按竞价充分度，可进一步分为两种：目标导向型和价格导向型，如图 3.3 所示。

① 目标导向型。在执行目标导向型的竞价活动中，资金需求者的贷款申请被 P2P 小额信贷平台审核通过后，按平台自身标准形成借款人信用报告并向投资者公布，然后借助平台的拍卖功能进行反向竞拍筹资。出借方根据自己愿意投资的金额对贷款项目进行利

率竞价，竞价活动将持续开展，直到申请贷款金额筹集成功后关闭贷款列表，完成贷款项目。如英国的 Assetz Capital 在其自身的拍卖系统中，对其审核验证的贷款申请进行利率竞价，出借方最低可投资 20 英镑，按照利率报价由高往低进行，资金筹措成功则关闭列表并由平台汇出资金至借款人。因此，在一笔贷款项目竞价结束后，很有可能是多个出借方共同投资完成的。在 2006—2009 年间，Prosper 也是实行在线竞价的融资模式。

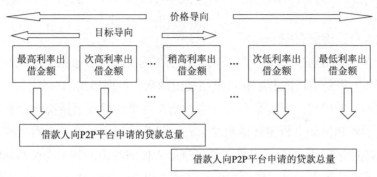

图 3.3　两种反向竞拍模式比较图

② 价格导向型。与项目完成后就关闭交易的竞价模式不同，价格导向型有指定的拍卖持续时间，贷款在规定时间内接受投标。如果投标资金总额达到借款人的资金要求，在剩下的时间内继续接受投标，之前较高的投标利率将会被淘汰，新产生的低利率指标就会中标，以此类推。如 Auxmoney 曾规定投标金额应是 50 欧元的倍数，最高不超过 5000 欧元，每笔拍卖应持续 14 天，还规定认购金额等于借款额拍卖自动结束。Auxmoney 是德国的 P2P 企业，在 2013 年 2 月，平台改革了拍卖方式，将拍卖期限延长至 20 天。在规定的拍卖时间内，出借方可以自愿认购贷款金额并提出利率报价，不论贷款金额是否足额筹集，只要是在拍卖结束前，出借方都可以更改报价。一旦拍卖结束，借款人将按报价高低对贷款人进行排序，直至筹足所有资金。

3) 我国 P2P 网络借贷定价模式

在 P2P 网贷平台中，利率是联系借款人和投资者的重要纽带。根据利率确定的主体进行分类，我国网贷平台定价模式可分为三种：一是平台决定利率模式；二是平台和借款人协商确定利率；三是借款人自行确定利率。

(1) 平台决定借款利率。

这是我国 P2P 网络借贷平台目前在定价方面的主要做法。这种模式借鉴了美国 Lending Club 模式，根据信用等级确定借款人利率。在这种模式下，借贷平台会按照预定标准设定利率。利率通常会因借款人的信用分数、贷款期限及借款人的其他条件而有所差别。例如，有些 P2P 平台的首次年利率需要平台审核通过后才能确定，即经过审核后根据借款人的平台信用评级(魔镜等级)决定，之后再次借款的年利率在发布借款页面都会直接显示，借款人很难自行来决定利率。

(2) 平台和借款人协商确定利率。

这种协商利率的形成要素非常复杂。作为平台而言，为了吸引投资人，自然是希望项目给出的年化收益率越高越好；但对于借款主体而言，如果项目确实很好的话，往往不愿意给出更高的利率。这里就形成了一对矛盾，而且在目前网贷平台缺乏统一利率指导的情况下，这种利率产生过程本身非常不透明，普通投资人根本无从获知这些利率到底是怎样制定出来的。

(3) 借款人自行确定利率。

一部分 P2P 平台的信用认证贷款是用户自己来确定利率，根据借款人的资料审核，可能额度会有变化，但是申请的利率和期限都是由借款人自行确定的。

对于借款利率的确定，所有平台首先会根据自身平台的经营情况确定利率范围。《最高人民法院关于审理民间借贷案件适用法律若干问题的规定》第二十六条规定，借贷双方约定的利率未超过年利率 24%，出借人请求借款人按照约定的利率支付利息的，人民法院应予支持。超过部分不受人民法院保护。从目前 P2P 网络借贷平台运营情况来看，所有的平台都会将自己的利率上限设定在 24%之内；而下限，是根据自己的资金成本、风控水平来确定的，一般情况下会比基准贷款利率高一些。

3. 计息方式

目前 P2P 网络借贷平台的还款方式最常见的有三种：先息后本(按月付息、到期还本)、等额本息/等额本金、一次性还本付息。

1) 先息后本(按月付息、到期还本)

先息后本(按月付息、到期还本)是指借款人按月归还利息，在贷款到期日一次性归还贷款本金。

先息后本常见于短期(不超过 1 年)项目，因为最后一期才还本，时间太长变数太大，不能及时跟踪和控制风险，借款人最后一期还款压力太大，逾期坏账的概率会大大增加。一旦同时出现金额过大、多笔订单逾期，平台抗风险能力较差，投资人也会提现，停止投资。

其计算公式如下：

$$每月还款额 = 本金 \times 年利率 \times \frac{还款月数}{12}$$

$$到期日还款额 = 每月还款额 + 本金$$

例：借款本金 1 万元，周期 6 个月，年利率是 12%。

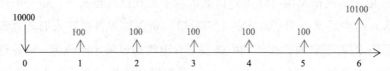

每个月还款：

$$10000 \times \frac{12\%}{12} = 100(元)$$

第 6 个月到期后还需归还全部本金 1 万元，故第 6 个月共归还：

$$10000 + 100 = 10100(元)$$

2) 等额本息/等额本金

首先，等额本息或等额本金还款方式，利息的计算均使用借用的本金余额乘以对应的月利率(约定的年化利率/12 个月)，得出当月应该偿还的利息。也就是说，两种不同的还款方式，利率水平其实是一样的。之所以计算出的利息不同，是因为不同月份借用的本金不同造成的。借的本金多，要还的利息就多；借的本金少，要还的利息就少。

(1) 等额本息。

等额本息，是指将收益和本息加起来后平均到每个月，每月偿还同等数额的资金，这种还款方式由于本金归还速度相对较慢，占用资金时间较长，还款总利息较相同期限的等额本金还款额大。

其计算公式如下：

$$每月还款额 = 本金 \times \frac{\left[月利率 \times (1+月利率)^{还款月数}\right]}{\left[(1+月利率)^{还款月数} - 1\right]}$$

推导过程：

设贷款总额为 A，月利率为 β，总期数为 m(个月)，月还款额为 X，则各个月末所欠额度如下。

第一个月末：

$$A_1 = A(1+\beta) - X$$

第二个月末：

$$A_2 = A_1(1+\beta) - X = [A(1+\beta) - X](1+\beta) - X = A(1+\beta^2) - X[(1+\beta)+1]$$

第三个月末：

$$A_3 = A_2(1+\beta) - X = A(1+\beta)^3 - X[(1+\beta)^2 + (1+\beta) + 1]$$

……

由此可得第 n 个月末所欠额度为

$$A_n = A_{n-1}(1+\beta) - X = A(1+\beta)^n - X[(1+\beta)^{n-1} + (1+\beta)^{n-2} + \cdots + (1+\beta)^2 + (1+\beta) + 1]$$

$$= A(1+\beta)^n - \frac{X\left[(1+\beta)^n - 1\right]}{\beta}$$

由于还款总期数为 m，也即第 m 月末刚好还完银行所有贷款，因此有

$$A_m = A(1+\beta)^m - \frac{X[(1+\beta)^m - 1]}{\beta} = 0$$

由此求得

$$X = \frac{A\beta(1+\beta)^m}{(1+\beta)^m - 1}$$

例：借款本金 1 万元，期限 10 年，年利率是 6.65%。

月利率：

$$6.65\% \div 12 = 5.54167‰$$

每个月还款：

$$\frac{10000 \times 5.54167‰ \times (1+5.54167‰)^{120}}{(1+5.54167‰)^{120} - 1} = 114.3127(元)$$

(2) 等额本金。

等额本金是指在还款期内把贷款数总额等分，每月偿还同等数额的本金和剩余贷款在该月所产生的利息，这样由于每月的还款本金额固定，而利息越来越少，借款人起初还款压力较大，但是随时间的推移每月还款数也越来越少。

其计算公式如下：

$$每月还款额 = \left(\frac{贷款本金}{还款月数} + 本金 - 已归还本金累计额\right) \times 月利率$$

例：借款本金 1 万元，期限 10 年，年利率是 6.65%。

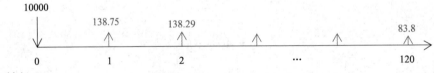

月利率：

$$6.65\% \div 12 = 5.54167‰$$

第一个月还款：

$$\frac{10000}{120} + (1000 - 0) \times 5.54167‰ = 138.75(元)$$

每个月递减额：

$$\frac{10000}{120} \times 5.54167‰ = 0.462(元)$$

3) 一次性还本付息

一次性还本付息是指借款人在贷款期内不是按月偿还本息，而是贷款到期后一次性归还本金和利息。这种方式风险较高，适用于短期。

其计算公式如下：

$$到期一次性还本付息额 = 本金 \times \left(1 + 年利率 \times \frac{还款月数}{12}\right)$$

例： 借款本金 1 万元，期限 7 个月，年利率是 4.14%。

到期一次性还本付息额：

$$10000 \times \left(1 + 4.14\% \times \frac{7}{12}\right) = 10241.5(元)$$

@ 3.3 互联网端产品设计

3.3.1 互联网端产品类别

互联网端产品包括两个部分：一是网站设计；二是 App 设计。

1. 网站设计

网页设计是一种建立在新型媒体之上的新型设计。网站是互联网金融企业向用户提供信息(包括产品和服务)的一种方式，是企业开展互联网金融业务的基础设施和信息平台。互联网金融企业的网址被称为"网络商标"，也是企业无形资产的组成部分，而网站是 Internet 上宣传和反映企业形象和文化的重要窗口。

2. App 设计

App，是 Application 的简称，也就是应用的意思，通常用于 iPhone 手机，也可以是安卓等其他手机应用。随着 iPhone 智能手机的流行，现在的 App 多指智能手机的第三方应用程序。移动 App 带来的好处有以下几方面。

① App 用户增长速度快、经济能力强、思维活跃。

② App 可整合 LBS、QR、AR 等新技术，带给用户前所未有的用户体验。

③ App 基于手机的随身携带性、互动性特点，容易通过微博、SNS 等方式分享和传播，实现裂变式增长。

④ App 的开发成本相比传统营销手段成本更低。

⑤ 通过新技术及数据分析，App 可实现精准定位企业目标用户，使低成本快速增长

成为可能。

⑥　用户手机安装 App 以后，企业即埋下一颗种子，可持续与用户保持联系。

3.3.2　互联网端产品设计的原则

互联网金融企业的网页设计需要遵从一定的通用规则，必须按照一定的规划、想法来实施。网页设计的原则不仅体现在网页的风格、层次构思和网页的页面构思中，还包括更多、更广的设计思想。网页设计不应该从设计者本身出发，而必须要从访问者的角度来思考问题。

互联网端产品设计应遵循使用简单、便捷、规范、安全、认知门槛低等原则。最理想的情况是把产品体验做到极致，改变用户的习惯。

1. 使用简单原则

对于任何产品来说，有用性大于易用性。也就是说，用户体验固然重要，但不是最重要的，最重要的是用户觉得有用。我们可以看到很多产品很难用，甚至要经过专门的学习才会使用，但是因为很好地满足了有用性，依然很受用户欢迎(如汽车以及所有的乐器)。产品的易用性是最近几十年才开始重视起来的，最初发端于软件行业。

为什么在漫长的产品设计、制造历史中，人们一直不太重视易用性呢？因为传统工业产品工艺门槛相对较高，同类产品较少(相对于互联网产品)，通常需要先购买后使用，导致用户背叛成本很高。比如你买了一辆车，即使驾驶体验不好，通常你会选择适应这种糟糕的驾驶体验，而不是再买一辆车。因此，对于传统产品来说，只要有用性足够好、能够引起用户购买行为，经营目的也就达到了，不必太过于考虑易用性的问题。

但是对于互联网产品来说，同类产品众多，功能雷同，免费使用，用户背叛成本很低(只需重新输入一个网址，最多重新注册一下)。也就是说，有用性是一样的时候，大家的竞争重点就是易用性了，这就是互联网产品如此重视用户体验的原因。

2. 便捷性原则

人人都有追求便捷的心态。若追求便捷的程度加深，则成了"懒惰"。小到生活中花园里的"捷径"，大到各种办事流程设计，人人都希望便捷。

从产品需求来看，各种工具类产品让人体会到互联网带来的便捷性。讯飞输入法良好的语音识别功能让人省去了打字的烦恼；OCR 软件能快速方便地识别文字；从打车软件到专车软件，让我们打车变得更加容易；购物网站和外卖网站，让"懒人"足不出户就能享受商品和美食。

从互联网金融产品细节设计来看，若提升了产品使用中的便捷性，让用户少想少做，则会显著提高产品的用户体验。输入邮箱框中自动出现邮箱类型，亚马逊一键下单省去了复杂流程，iPhone 指纹解锁免去了输入密码的烦琐。

3. 规范性原则

无论是产品操作流程还是界面布局，都应当符合逻辑，让用户操作起来自然而然，而不必进行专门的学习。操作前，结果可预知；操作时，操作有反馈；操作后，操作可撤销。

4. 安全性原则

安全和安全感是两个不同的概念，即使互联网金融企业把安全做到 99.99%，那 0.01% 的人仍然会觉得不安全，但是 99.99% 的人不会站出来说企业的产品是安全的，而那 0.01% 的人却会把问题反映出来，从而造成了互联网金融企业的不安定因素。

安全性原则就是从产品的安全角度给用户一个安全的使用环境。只有让客户信任的产品才是好的互联网产品，这对于用户体验来说至关重要。当用户在使用设计出来的互联网产品时，应该让用户在使用过程中具有安全感，也就是信任感，让用户觉得执行的每个操作都是安全的，至少不会带来重大灾难，甚至在小小的按钮上面都可以让用户觉得点这个按钮可以带来什么样的结果，只有这样才不会让用户在操作过程中涉及资金财务或关键信息的时候犹豫不决。

以支付流程操作为例。支付环境的安全性分为客观存在和主观意识。客观存在指的是系统安全和技术保障，这些东西是一直存在且不被用户感知的。而主观意识是指用户对所得信息的判断，他们会根据经验、习惯等其他固有思维来判断这些信息传达的是安全感还是不安全感。为了让用户在支付流程中感知到安全感，设计师们就必须从用户的角度出发推算出他们在操作时的心理活动变化记录，并以此建立用户模型，从中寻找痛点。用户在操作互联网金融 App 时对发起支付功能会更加谨慎，因此对这个流程的连贯性和安全性要求更高。互联网金融企业应该从以下几个方面来提高用户安全感。

1) 维护用户的主观控制欲

互联网金融产品的操作流程会涉及资金流向问题，而在这个过程中需要减少不必要的"自动操作机制"(自动选择、自动推荐、自动跳转等)，要让用户感知到这个资金流向是由自己控制而不是被系统牵制。

2) 操作的可逆性

除了实名认证和向银行发送的付款请求不可撤回，其他的操作都应该保证可逆性，给用户多次修改的机会。

3) 保证用户的操作习惯不被打破

习惯是人们在某种特定情景下所形成的思维意识，习惯性的操作能轻易地唤起用户的原有意识。比如说消费者在刷银行卡消费时，他们觉得输入密码是一道保障，同样线上支付时，用户在移动设备上输入密码或短信验证码也能满足他们的安全需求。

5. 认知门槛低的原则

有一本书叫《不要让我思索》，被很多人奉为用户体验圣经。动辄就说："我们的产品纯傻瓜操作，不让用户思索。"这个理解是片面的，用户的思索分为必要思索和不必要思索，好的产品是避免用户做不必要的思索，把精力集中于必要的思索。例如一个照相产品，怎样取景、构图就是用户的必要思索；至于拍照按钮在哪里、怎么按就是不必要的思索。好的照相产品应该让拍照按钮一目了然，方便操作，让用户把精力集中在取景构图上。

好的互联网金融产品的用户体验设计能够让用户像傻瓜一样，不需要思考和耗费太大脑力来接受。让用户以最快的速度接收信息，而不是消耗脑细胞来体验产品，这才是用户想要的。

3.3.3 互联网端产品设计的流程

在互联网产品开发阶段，通常要经历以下几个典型阶段：确定用户需求和产品目标、概念设计、原型设计、界面设计、信息设计、视觉设计、前端开发、用户体验测试、产品完善、产品发布等过程。当然，这些阶段的划分有时是模糊的，并且有可能根据具体项目进行增减，修改阶段名称及工作内容。

1. 明确用户需求，确定网站目标阶段

互联网金融是互联网发展过程中的必然产物，它是传统金融与互联网的结合。但在目前阶段，互联网金融产品交易只是占传统交易额的一小部分，而用户使用互联网金融交易最担心的是安全和隐私问题。所以，使用金融交易的用户大部分还是以传统金融交易为主，或者是以少部分金额进行互联网理财交易。互联网金融用户的主要特征如下。

1) 担心资金安全这一基本功能

和其他功能相比，用户最注重资金安全这一最基本、最重要的功能。资金安全永远是让人担心的东西，也一定是用户第一考虑的，如果平台不能给用户资金的安全感，就无法留住用户，比资金更加重要的应该是用户的信任和信心，所以在资金的安全和保障上付出任何努力都值得。

2) 保护隐私

每个人都有自己的隐私和不想让人知道的信息，不可以想当然地将这些信息透露出去。信任的建立很困难，需要很长的时间，信任的失去也许只是一瞬间，一个不小心的安全漏洞，一个不合适的需求，一次不小心的透露，就可能摧毁和用户之前长时间建立的信

任关系。珍惜用户包括珍惜他提供给你的一切信息。

　　3） 不喜欢进行烦琐的操作

　　互联网用户往往习惯通过简单的几次按钮操作就能够完成理财产品的交易，如果在平台中需要进行很多次操作才能达到用户想要的结果，那么这种平台对于互联网用户来说无疑是烦琐并难以接受的。

　　4） 对页面的反应速度敏感

　　对于习惯使用个人电脑或智能设备的用户而言，系统性能下降是非常正常的现象，但是对于习惯"流畅"使用互联网的用户而言，页面的突然卡顿是他们难以接受的，他们会认为这个平台存在严重的问题，不稳定。

　　5） 容易对各种系统错误产生反感

　　对于平台中的各种异常或错误信息要统一处理，友好提示，不能直接给用户反馈一堆难以看明白的错误代码和页面。

2. 概念设计

　　设计是一种不断创新的思想行为，由于人的创作智慧是无穷的，因此产品概念的构思也将是无穷的。乍一看，"概念设计"是一个很抽象的词语，给人的感觉深不可测。我们所说的互联网产品，本质上就是人的观念的物化，我们的产品就是一种观念集合的物化。当然，除此之外，还有很多其他类型的产品，比如新浪微博，只要有创意，就会有新的产品出现。概念设计的直接目的是生成概念产品，它是一系列有序的、可组织的、有目标的设计活动，表现为一个由粗到精、由模糊到清晰不断进化的过程。

　　在概念设计中，产品的设计经常采用头脑风暴法进行方案创意，将用户体验设计思想更好地融入其中。这个时候，同样需要关注产品使用者的感受，而不是将焦点放在产品上。

　　这个时候，产品经理需要集思广益，然后对用户及市场资料进行总结梳理，通过白板或思维导图理出产品思路，把所想到的产品功能模块及亮点做好记录。这里的设计思路包括产品整体架构、功能模块规划等，也就是从概念上给出一个完整的产品雏形，可以通过文字或图示的方式来表达所要开发产品的整体构想。

3. 原型设计

　　经过概念设计后，如果产品功能和亮点得到了认可，就可以进入产品原型的设计阶段。

　　在现实演示中，有人甚至会激动地发给你手绘的纸制原型，这种表达方式更加随意，沟通起来也更亲切。这就是一种很原始的原型设计。产品原型设计最基础的工作就是结合批注、大量的说明及流程框架图，将自己的产品原型完整而准确地表述给用户界面(User

Interface，UI)、用户体验(User Experience，UE)程序开发人员、市场营销人员，并通过沟通，反复修改及最终确认，然后执行。

在这个阶段，工具是次要的，关键在于我们的想法。这是因为不同的公司情况不同，人员组织不同，产品研发流程不同，交付物的表现形式也不同。每个公司都会在不同的发展阶段调整企业文化、组织结构甚至战略目标。因此，在原型的表达方式上也会有一些差异。

需要注意的是，作为这个阶段的主导者，产品经理要主导产品方向，和交互设计师等相关人员紧密配合，以保证项目的质量和进度。同时，还要收集运营部门、市场人员反馈的需求，确定好优先级、可行性。

4. 界面设计阶段

用户界面就如同一张脸，在人机互动过程中起着十分重要的作用。界面设计极具挑战性，因为它不仅仅是一次页面的体现，它还涉及设计学、语言学和心理学。设计页面时，要遵循一些基本的原则，如要保持页面颜色的统一；保持界面风格的一致性；尽量减少用户的审美负担、记忆负担。

在产品的设计过程中，UI 负责首页风格设计，形成几套解决方案，选择最满意的两套方案提交给需求部门，在和需求部门经过多次协商调整后，形成定稿。接着 UE 开始针对原型进行操作上的优化调整、手机各类交互及用户体验方面的改善。在这个过程中，一定要保证与需求部门沟通到位。

5. 信息设计

信息设计主要包括信息披露及风险揭示。对于网络借贷而言，《网络借贷信息中介机构业务管理暂行办法》规定，网络借贷信息中介机构应当在其官方网站上向出借人充分披露以下信息。

(1) 借款人基本信息，包括但不限于年收入、主要财产、主要债务、信用报告。

(2) 融资项目基本信息，包括但不限于项目名称、类型、主要内容、地理位置、审批文件、还款来源、借款用途、借款金额、借款期限、还款方式及利率、信用评级或者信用评分、担保情况。

(3) 风险评估及可能产生的风险结果。

(4) 已撮合未到期融资项目有关信息，包括但不限于融资资金运用情况、借款人经营状况及财务状况、借款人还款能力变化情况等。

6. 视觉设计阶段

一般人认为，产品关注的是技术和所提供的功能。其实不然，视觉设计是针对眼睛功能的主观形式的表现手段和结果。也就是说，视觉设计首先需要考虑产品给人的整体感觉,即视觉设计的风格。

视觉设计阶段的重要性容易被人们忽视,但视觉设计的作用不言而喻。在现实生活中,睁开眼睛就能看到各种视觉作品并带给我们风格迥异的心理感受。同样,互联网作品也会带给我们不同的视觉感受。优秀的视觉设计师能充分理解产品的固有功能,然后用一种超出你想象的方式展现在你面前,让你感觉眼前一亮。当你心底有微微一颤的感觉时,这种设计的境界也就达到了。因此,视觉设计的风格是否准确,关系着整个设计的成败。

7. 前端设计、后台开发阶段

这个阶段,前端设计师最需要的就是和视觉设计师一起将草图制作成相应的页面,并把制作好的高质量的 PSD、PNG 图片构思成 DIV+CSS 代码,与后台程序配合,高效率、高质量地完成前台页面的效果。

与此同时,前端设计还要善于选择合适的框架,做到代码效率最高、用户体验最好、代码下载量最小,并且可以在单独甚至让更多产品线中最大限度地重用代码。

8. 网站页面设计

互联网金融产品本身看中的是安全,所以在设计用户页面时,一方面要考虑用户使用的易用性,比如购买流程的简化,同时交易环节的高度可控;另一方面要注意不能过多地进行文案及华丽词汇或者包装,用户使用起来感觉既稳重又不失流畅,长期进行用户跟踪反馈和金融知识的普及,让用户和自己公司一起成长起来,稳定起来。

@ 3.4 互联网金融产品的用户体验

3.4.1 用户体验概念的界定与分类

1. 用户体验概念的界定

用户体验这个词最早被广泛认知是在 20 世纪 90 年代中期,由用户体验设计师唐纳德·诺曼(Donald Norman)所提出和推广。近年来,计算机技术在移动和图形技术等方面取得的进展已经使得人机交互(HCI)技术渗透到人类活动的几乎所有领域。这导致了一个巨大转变——(系统的评价指标)从单纯的可用性工程,扩展到范围更丰富的用户体验。这使得用户体验(用户的主观感受、动机、价值观等方面)在人机交互技术发展过程中受到了相当大的重视,其关注度与传统的三大可用性指标(即效率、效益和基本主观满意度)不相上下,甚至比传统的三大可用性指标的地位更重要。

用户体验(User Experience,简称 UE/UX)是用户在使用产品过程中建立起来的一种纯主观感受。但是对于一个界定明确的用户群体来讲，其用户体验的共性是能够经由良好设计实验来认识到的。计算机技术和互联网的发展，使技术创新形态正在发生转变，以用户为中心、以人为本越来越受到重视，用户体验也因此被称作创新 2.0 模式的精髓。在中国面向知识社会的创新 2.0——应用创新园区模式探索中，更将用户体验作为"三验"创新机制之首。

ISO 9241—210 标准将用户体验定义为"人们对于针对使用或期望使用的产品、系统或者服务的认知印象和回应"。通俗来讲，就是"这个东西好不好用，用起来方不方便"。因此，用户体验是主观的，且注重实际应用时产生的效果。

ISO 定义的补充说明有着如下解释：用户体验，即用户在使用一个产品或系统之前、使用期间和使用之后的全部感受，包括情感、信仰、喜好、认知印象、生理和心理反应、行为和成就等各个方面。该说明还列出三个影响用户体验的因素：系统，用户和使用环境。

ISO 标准的第 3 条说明暗示了可用性也可以作为用户体验的一个方面，如"可用性标准可以用来评估用户体验一些方面"。不过，ISO 标准并没有进一步阐述用户体验和系统可用性之间的具体关系。显然，这两者是相互重叠的概念。

互联网金融是互联网发展过程中的必然产物，它是传统金融与互联网的结合。互联网金融能够发展如此之快，其中很重要的因素就是强调用户体验。用户体验决定投资的主动性，对于互联网金融用户来说，投资收益是客户最大的体验。但除此之外，还有各种各样的体验，比如服务是否到位、风险提示够不够、产品宣传时有没有忽悠投资者，或者是否根据客户的需求设计不同的产品、是否提供了其他各种增值服务等。

互联网金融平台并不能完全控制投资人体验，因为投资人体验难免会受到情感、环境、自然因素的影响。用户不是机器人，无论企业对体验的设计有多么完美，他们的感受也不可能完全符合企业的预测或希望。

2. 用户体验概念的分类

互联网金融产品用户体验包括感官体验、交互体验和情感体验。

1) 感官体验

感官体验即从用户视觉感官的角度出发解决用户体验问题，想要真正意义上的提高感官体验，就必须从人体视觉感官分析人物心理，掌握亚裔人群的视觉浏览模式，熟悉用户浏览页面的规律、字体的大小、摘要的长短、图片的颜色、标题的艺术等，通过广泛的调研和数据分析的支撑寻找到一条最适合用户综合感官舒适度的呈现。

2) 交互体验

用户的操作行为无非就是点击、拖曳、滑动、按压。要在如此复杂的产品信息承载中去实现四项简单的操作，必须把用户看作崇尚简单的、挑剔的、迟钝的、很忙的：能少输入就少输入，能少点击就少点击，能少思考就少思考。要了解用户可能的点击流程，产品还要有好的信息架构，操作引导要高逻辑。尽量准确把握用户的心理预期，揣摩用户的心智模型，进而实现用户的心理预期。互联网的快速发展，交互设计少了些可以借鉴的方法。交互设计这个行业似乎只能靠前人经验、自身灵感、悟性体会。

3) 情感体验

情感体验就是让用户在产品中找到人性当中的共鸣，增强用户的归属感。这种体验需要产品的外观、声音、场景化图文等来完成，更重要的是准确把握用户的心理需求，让人易学会用同时能使人感到愉悦。让用户看到界面即能产生强烈的认同感和情绪体验，用户与界面产生情感互动，进而引导用户积极操作。

3.4.2 互联网金融投资者的投资流程

这里以 P2P 为例，投资者投资流程包括五大环节，即了解平台、浏览产品、查看标的详情、投标操作、投后管理，除此之外还包括论坛、平台活动、客服等其他服务。

1. 了解平台

作为用户，自然是先了解平台。了解平台会产生以下操作：进入网站浏览首页；查看新手指引；查看平台模式、平台背景等信息；查看平台运营数据、逾期信息等；查找资费、产品类型等信息。了解平台不只是用户单向了解，平台也许做出回应和指引，此处说的不是客服，而是网站平台的设计。涉及的体验问题：是否有 BUG；网站设计是否新颖、色彩搭配是否合理；页面响应是否快速；是否有新手指引、实用性如何；是否易于查询平台的模式、背景介绍及高管信息等；是否披露逾期及运营数据；是否易于查找产品介绍；是否有资金存管相关的证明等。

2. 浏览产品

产生的操作有：浏览标的，选择满足条件的标的。涉及的体验问题有：产品栏目是否清晰、易于看标的类型；标的期限、还款方式及相关说明；能否债权转让、有无发标预告、定时发标货特殊时间的边界设置。

3. 查看标的详情

产生的操作有：查看标的披露信息，风控信息；查看合同样本；客户咨询；确定投资标的等。涉及的体验问题有：能否在未登录时看到标的主要信息；是否披露借款人信息，有无图文佐证；是否披露款项的用途及还款来源；是否披露借款企业的年报等信息；风控流程是否详尽；有无风险提示；合同逾期如何处理；客服响应速度，服务质量等。

4. 投标操作

产生的操作有：注册账户；手机、邮箱或身份证等安全认证；设置独立的交易密码；充值；签约并投标。涉及的体验问题有：注册是否便捷；网站是否采用加密传输来保障用户信息传输过程中的安全；用户安全认证是否严密；是否设有独立交易密码；是否采用二级账号进行资金托管；充值渠道的多样性；投标是否操作简单；是否提供计算器等辅助工具；对合同是否采用数字签名或其他数字认证工具进行固化等。

5. 投后管理

产生的操作有：查看并下载合同；还款日查看收益；债权管理；提现操作；出现逾期后可能涉及的咨询或追讨。涉及的体验问题有：合同下载是否方便；合同中是否展示借款人的真实姓名、合同内容与网站是否展示得一致；是否有收取资金、利息管理费等费用的说明；回款是否有自动提醒；债权转让是否方便；充值和提现是否要求同卡进出；提现速度是否快速；逾期后的处理是否及时等。

6. 其他服务

其他服务包括投资人交流、平台活动、新手优惠等。涉及的体验问题有：平台是否设有论坛、是否设有高管定期或不定期与客户交流；是否积极开展各类线上、线下活动；平台内容和操作是否便于分享；是否设有新手体验标等。

3.4.3 影响互联网金融产品用户体验的因素

影响一个互联网金融产品用户体验的因素有很多，如交互性设计、逻辑框架、实名认证、便捷登录、产品要素、支付跳转、提现等。一个优秀的互联网金融产品的用户体验是有体感的，如早先风靡一时的余额宝，能够让用户每天查询看到自己的收益，随时随地让用户感觉赚到了。传统金融行业的人最大的特点是逻辑性好，但大多数不重视客户的体验。很多布局和所谓的产品，更强调逻辑是不是对，功能是不是全，而不是考虑人们是不是要，体验是不是足够好。

@ 3.5 互联网金融产品的评价

3.5.1 金融端产品评价指标

互联网金融产品评价包括金融端产品评价和互联网端产品评价。金融端产品主要从风险性、收益性、流动性三个方面进行评价。这里以 P2P 网络借贷为例，金融端产品主要从以下几个方面进行评价。

1. 产品组合

产品组合也称"产品的各色品种集合(Product Assortment)"，是指一家互联网金融企业在一定时期内经营的各种不同产品、产品项目的组合。

产品好比人一样，都有由成长到衰退的过程。因此，互联网金融企业不能仅仅经营单一的产品。比如陆金所，这是一家综合类互联网金融企业，它不仅涉及理财类、借款类项目，而且还包括众筹、与 P2P 平台合作项目。对于理财类项目，包括不同期限、不同收益率产品，以满足不同投资者偏好的需求。人人贷平台既包括理财类项目，也包括借款类项目。人人贷平台针对不同理财用户的投资需求，目前提供的产品有基金理财、U 计划、薪计划等多种理财产品；面向各类借款用户，人人贷设计了工薪贷、生意贷、网商贷三种产品，用户可以根据自身情况选择适合的借款产品。

2. 投资人数

投资人是指投入现金购买某种资产以期望获取利益或利润的自然人和法人。互联网金融的投资者是指在互联网金融平台购买金融产品的所有个人和机构。投资人数反映出企业的人气状况。对于互联网金融企业来讲，羊群效应明显。

3. 交易量

交易量是吸引投资者关注平台的一个重要指标。成交量一般是指平台在某一时间段内吸收的投资者的投资总额，简单地说就是一个平台的成交或交易规模。它反映的是一个互联网金融平台吸纳资金的能力，但对于投资者来说，并非成交量越大的平台就越安全，这需要综合其他指标进行客观分析。

但是对于一家互联网金融企业来讲，应该合理确定交易量。交易量应该要与企业的资金实力相符、要与企业的现有资源相符、要与企业的风控能力相符、要与企业的业务种类相符、要与利率(或收益率)相符。互联网金融企业不能为了片面追求投资者关注而盲目追求交易量。投资者也不能以平台的交易量来衡量一个平台的可靠性。

1) 平台的成交量要与平台的投资人数相对应

一个平台的成交量是与投资人数成正比的，如果一个平台的投资人数没有实质性的变化，平台的标准成交量也很难有庞大的变化。

2) 平台的成交量要与平台的借款人数(个数)相对应

借款人数虽然不同于投资人数那么分散，但同成交量之间也基本上是一个正比关系，否则就可能出现贷款个数过于集中的趋势。

3) 平台成交规模要与平台资金实力相符合

平台资金实力越雄厚，则能够承担的坏账垫付就越多。资金实力主要以法人及股东背景、营业收入、风险备用金、抵押质押物等能够保证变现的资产。

4) 平台成交量规模要与平台现有的资源相符合

平台现有的人力、物力、财力等资源(指人力、风控技术、办公设施等)能够处理的借款业务有限，不够用的现象会影响业务质量。但若平台借款业务过少，而资源过剩，平台现有资源使用不完全，又会加大平台的隐性成本。因此，平台的成交量规模一定要与平台现有的资源相适合。

5) 平台成交规模要与风控能力相符合

很显然，平台风控越严格，则借款逾期的概率越小，平台成交量可以做得更大。

6) 平台成交规模要与平台业务种类相符合

平台现在业务种类主要包括抵押标、担保标、信用标等。例如：如果平台有足够的抵押和担保，则一旦借款人逾期，平台在垫付本息后能够通过处理抵押物获得一定的损失补偿，因此平台成交规模可以稍大一些。

4. 满标时间

P2P 满标是指借款人在 P2P 网贷平台申请的借款项目在规定期限内所需要的借款资金已被筹齐。在满标之前，P2P 平台会对借款人的资料进行审核。当审核通过，也达到满标之后，会将融资金额转入借款人的账户中。借款人即可通过提现的方式，将资金转入自身银行卡中。例如：李先生需要一笔 60 万元的资金来周转自身的公司，这时他选择通过 P2P 的方式进行借贷。在借贷前，他需要将自己的一些信息交由 P2P 平台审核，判断李先生是否有偿还所借贷金额的能力。而当信息审核通过之后，会在 P2P 平台发布投标项目，投资人可通过 P2P 平台进行项目投资，当投资资金达到借款资金额时，即满标。

P2P 平台满标的时间长短，也是判断该平台是否适合投资理财的因素之一。影响 P2P 满标的因素大致可以分为以下几类。

(1) 平台自身的实力。

(2) 专业的团队、运营经验与资源。

(3) 完善、安全、独特的风控体系。

(4) 投资项目的年化收益率。

5. 流标数

P2P 平台流标是在公开发标允许期限内，贷款人没有筹集到全部借款资金做流标处理，即贷款标筹款失败，需要退还投资人资金到平台账号，重新发布借款标。

P2P 平台流标数量多，说明该 P2P 平台供给需求不平衡。很可能是该平台借款人过多，而投资理财的人较少。当然，也有可能是该 P2P 平台对借款人要求较低，导致没有投资者投资。网络借贷平台对于流标情况需要进行充分的信息披露。

6. 风险系数

P2P 平台的风险系数主要通过下列指标来反映。

1) 新借款 VS 待收款

新借款：一周内所有借款人成功借款的总额。

待收款：一周内所有借款人需要还给投资人的还款总额。

如果现金流为负，并且这种现象持续较长时间，那么平台近期可能还款压力较大，容易出现提现困难，甚至资金链断裂，投资风险系数高。

2) 新投资人数 VS 老投资人数

新投资人和老投资人人数不变或者都有增加，说明近期该平台稳定、正常。如果都有较大的减少，说明平台可能出现问题。

3) 平均满标时间

平均满标时间是直接反映投资人对平台的信任度的。如果平均满标时间增加，说明投资人对平台有疑虑。

4) 借款周期

借款周期短的投资风险指数要比借款周期长的小。

5) 前 10 名借款人占比

如果前 10 名借款人占比 30%以上，风险系数是很大的。如果出现一个借款人逾期坏账，那么对平台的冲击是巨大的，严重的会造成资金链断裂。

7. 热度(受欢迎度)

一个热度较高的 P2P 借贷平台安全性越高，越能够得到投资者的信任，平台的收益也会有保障，投资者面临的风险也会较小。热度高的 P2P 平台一般具有以下几个方面的特征。

(1) 注重平台的优势宣传。

(2) 网站会根据投资者的一些需求做合理的优化，同时根据用户需求开展一些优惠活动。

(3) 平台设立拉人奖励，通过老客户来带动新客户。网络借贷的客户黏性很强，老客户会推荐新客户。

(4) 注意平台的信誉、透明度。一个好的 P2P 平台，信誉、安全、透明度往往比较高。

(5) 平时做好网站的宣传，进行各种免费、付费推广，通过各种方式来提高网站参与的热度。

3.5.2　互联网端产品评价指标

互联网端产品的评价指标包括用户指标、创新。

用户指标包括用户信用评级、活跃度、留存率、转化率、客单价(平均投资额度)、用户分布(各等级占比)、互动指标等。除此以外还有用户体验、用户口碑、用户数/流量等。

1. 用户的活跃度

1)　注册用户与有效用户

互联网金融企业用户通常包括注册用户与有效用户。各平台的有效用户衡量标准不一。如有些平台以进行过投资的用户作为有效用户，这里就涉及互联网金融领域一个通俗的名词——羊毛党①。这些客户专门冲着撸新(平台针对新手给出的高收益率)而去。其实，这些客户并不是真正的投资者。所以，有些平台以投资者投资超过一定金额的称作有效用户。

2)　活跃用户与流失用户

活跃用户，是相对于"流失用户"的一个概念，是指那些会时不时地在平台进行投资的用户。流失用户，是指那些曾经在平台投资过或注册过的用户，但由于对平台渐渐失去兴趣后逐渐远离平台，进而彻底脱离平台的用户。活跃用户用于衡量平台的运营现状，而流失用户则用于分析平台是否存在被淘汰的风险，以及平台是否有能力留住新用户。对于一家互联网金融企业来说，真正有意义的是活跃用户数而非注册用户数，因为只有这些用户在为平台创造价值。事实上，很多企业对活跃用户定义有不同的标准。他们为了吸引眼球，为自己的运营方案服务，往往有意拉长统计时间段。一般来说，应以 15 日和 30 日流失率为依据。

2. 留存率

用户占当时新增用户的比例即是留存率，会按照每隔 1 单位时间(如日、周、月)来进行统计。顾名思义，留存指的就是"有多少用户留下来了"，比如次日留存率指的就是今

---

① 羊毛党：是指对搜集各大电子商城、银行等各渠道的优惠促销活动、免费业务之类的信息具有浓厚的兴趣的人群。他们有选择地参与活动，从而以相对较低成本甚至零成本换取物质上的实惠。这一行为被称为"薅羊毛"，而关注与热衷于"薅羊毛"的群体就称作"羊毛党"。随着近年来互联网金融的快速发展，一些网贷平台为吸引投资者常推出一些收益丰厚的活动，如注册认证奖励、充值返现、投标返利等，催生了以此寄生的投资群体，他们也被称为P2P"羊毛党"。这部分用户与网购羊毛党不同，只关注互联网金融产品。

天有 1000 个用户下载，明天留下来 100 个，那么次日留存率就是 1/10。

3. 用户转化率

转化率(Take Rates，又叫 Conversions Rates)是衡量网站运行效果的一个重要指标。转化率是指用户进行了相应目标行动的访问次数(成交人数)与总访问次数的比率。要注意，这里所指的相应的行动可以是用户登录、用户注册、用户订阅、用户下载、用户购买等一系列用户行为，因此网站转化率是一个广义的概念。以用户登录为例，如果每 100 次访问中，就有 10 个登录网站，那么此网站的登录转化率就为 10%，而最后有 2 个用户订阅，则订阅转化率为 20%，有一个用户下订单购买，则购买转化率为 50%，而网站转化率为 1%。

我们通常所说的互联网金融企业用户转化率是一种狭义转化率，是指用户购买产品的转化率。

4. 客单价(平均投资额度)

客单价(Per Customer Transaction)是指每一位投资者平均投资的金额，也称平均投资额度，计算公式为客单价=交易量/投资者人数。

举例说明：一般情况下，互联网金融企业每周会计算一次客单价。用一周的投资者的投资额除以投资者人数得出客单价。比如，一个平台在第一周的交易量为 3200 万元(800 人×4 万元/人)；在第二周的交易量为 3200 万元(1600 人×2 万元/人)；在第三周的交易量为 3600 万元(600 人×6 万元/人)；在第四周的交易量为 50000 万(10000 人×5 万元/人)。可以看出，第三周和第四周的平均客单价比较高，第二周虽然成交的顾客比较多，可是平均每个投资者投资的平均额度只有 2 万元，如果每个投资者投资的平均额度能达到第三周的 6 万元/人，那么第二周的交易量就可以提升至 9600 万元。所以说客单价是平台交易量提升的关键指标。

3.5.3 案例：余额宝的用户体验

余额宝从产品的角度来说很简单，但从客户的角度来看，就是以下四条。

1. 转入即可增值

客户原来在支付宝余额里边的钱是零利率的，而这个钱只要通过一个操作转到余额宝里面就变成年化四点多、五点多的收益。

2. 购物支付功能

余额宝仍可以在淘系平台内和支付宝的外部商户那里直接实现购物支付，也就是说，余额宝是一个支付通路上的收银台。

3. 零费率

所谓零费率，是指没有交易费率，1 元起都可以转入，没有门槛，多少钱都能使用这个产品。

4. 7×24 小时服务

客户只要有手机钱包，即可 7×24 小时连续交易，没有任何障碍。余额宝与支付宝的使用体验很像。当客户在 PC 和手机上点"转入"时，实际上发起了一个货币基金的申购指令，当他点"转出"或在购物时点"确认支付"时，是发起了"赎回"的指令。

所有的这些操作都是支付宝客户原来所习惯的一种体验，但客户发起"申购赎回"指令时，是交给天弘基金的"新型直销系统"里面去完成，可以理解"新型直销系统"是藏在支付宝背后的一种方式，称为嵌入式的，客户是无感觉的。所以说余额宝模式最核心的就是嵌入式直销的模式，就是我们把货币基金的直销嵌入电商平台的内部，然后用电商平台习惯的这种体验去替代我们销售的前台这样一个概念，所以说由于新型直销系统是客户所习惯的体验，而且是搭载到了支付宝这样一个平台。

所以，余额宝实现了三点。第一是实现了全新的客户定位，对接到了海量的网上客户这个长尾客户。第二是给客户提供了全新的使用体验。第三是由于对接到了 800 万以上的淘宝商户和 80 万以上支付宝外部的合作商户，余额宝基本上让能赚钱的支付宝给客户提供了一站式生活的这样一个场景，也就是说，大家通过把钱放到余额宝里面，然后在这些生活场景里面可以满足基本的生活需求，这样极大地拓展了货币基金传统的这种产品价值。

本章总结

- 互联网金融产品是传统意义上"金融产品"概念的延续，是满足用户网络投融资需求的工具。对于投资者而言，金融产品主要是让资金进行增值。而对于互联网金融企业来说，主要是为了让投资者更好地选择产品，减少信息不对称程度。

- 互联网金融产品从产品属性来说分为两种：一是金融端产品；二是互联网端产品。就产品职能而言，产品设计可以分级为产品创意、产品文档、产品报备与产品管理。

- 互联网金融产品可以通过减少中间环节直接降低交易成本，互联网金融产品设计的意义在于：一切产品设计都需要考虑降低交易成本。降低展业成本和零边际成本也决定了互联网金融更关注如何让普通用户享受特权金融并提供可能。

- 互联网金融的本质是金融而不是互联网。而金融的核心有三点：安全性、流动性和收益性。互联网金融产品的设计也必须遵循这三个基本原则。除此之外,还必须遵循透明性原则。

- 互联网金融的产品设计主要应包括市场调研与用户需求分析阶段、行业竞争力分析阶段、产品设计与开发阶段、产品测试阶段、大范围推广上线阶段和产品评估、反馈与持续改进阶段等。

- 互联网金融产品评价包括金融端产品评价和互联网端产品评价。金融端产品主要从风险性、收益性、流动性三个方面进行评价。互联网端产品的度量指标分为用户指标和创新性;其中,用户指标包括用户信用评级、活跃度、留存率、转化率、客单价(平均投资额度)、用户分布(各等级占比)、互动指标、用户体验、用户口碑、用户数/流量等。

本章作业

1. 简述互联网金融产品的内涵、意义。
2. 简述金融端产品设计的分类。
3. 简述影响金融端产品设计的因素。
4. 金融端产品设计与开发流程包括哪几个阶段?
5. 简述互联网端产品设计的类别和流程。
6. 简述互联网金融产品的评价指标及如何设计一个互联网金融产品。

第 4 章

互联网金融营销

本章目标

- 理解互联网金融营销的内涵和相关概念。
- 掌握互联网金融营销的主要渠道。
- 掌握互联网金融营销的常见手段。
- 了解互联网金融营销的问题及应对策略。
- 理解互联网金融企业的营销阶段和营销规划。

本章简介

　　互联网金融企业的目的也在于更好地卖出产品为企业赢利，那么产品的营销部门就是企业最直接的利益部门。企业营销的水平可以反映企业产品的质量，而且可以体现企业的发展活力。因此，互联网金融营销对于企业而言是重中之重，直接关系到企业盈利和存亡。

　　本章从互联网金融的营销内涵入手，通过定位营销目标和主体市场及客户，找到适合不同发展阶段所需的推广方法和渠道。再根据当前主要互联网金融平台面临的营销问题，帮助读者更好地分析目标企业的营销问题和对应策略。最后通过典型的市场案例帮助读者更好地理解营销手段的应用和应用过程中容易出现的问题。

@ 4.1 互联网金融营销概述

4.1.1 互联网金融营销的内涵

在互联网时代，网络营销是金融组织营销系统中的一个重要组成部分，根据市场营销、网络营销、金融营销、电子商务的相关定义，互联网金融营销是指通过非直接物理接触的电子方式，营造网上经营环境，创造并交换客户所需要的金融产品，构建、维护及发展各方面关系，从而获取利益的一种营销管理过程。

简而言之，互联网金融营销是指以互联网为依托，利用电子方式和具有交互性特征的网络媒体所营造的网上经营环境，实现金融业由"产品为主"向"客户为主"的转变，进而实现营销目标的一种新型市场营销方式。

从概念逻辑上看，完整的互联网金融营销含义包括传统金融产品与服务的网络营销、互联网金融产品与服务的市场营销两个层面的内容，其中互联网金融产品与服务的市场营销又可分为线上营销和线下营销两个方面。

1. 互联网金融营销目的

互联网金融营销的目的在于借助互联网、移动互联网等工具，以最少的成本有计划地进行精准的营销推广，从而建立良好的品牌和口碑，起到宣传产品、引流客户的作用；之后通过提供恰当、贴心的后期客户服务，获取并巩固来自投资者的信任，进而使更多的投资者前来投资理财，最终帮助金融企业获取可观的收益。

2. 互联网金融营销的主体

互联网金融营销的主体是指借助互联网进行金融产品和服务推广活动的主要参与者，可将其分为卖方、买方和第三方交易中介。

卖方是指金融产品和服务的提供者，即金融组织。在互联网金融快速发展的背景下，金融混业经营(涵盖非主营业务)和综合经营(涵盖新兴的信息业务)的特征日趋明显。作为互联网金融营销中卖方的典型代表，网上银行具有鲜明的混业经营的特征。

买方则主要是指政府、企业和消费者等金融产品需求者。

第三方交易中介是指在互联网金融市场上充当交易媒介，从事交易或促使交易完成的组织和个人，如支付宝等。

互联网金融营销者是积极、主动寻求交换的市场参与者，既可以是卖方，也可以是买方或第三方交易中介。基于市场参与主体的划分，互联网金融营销可以分为 6 种模式：卖方对买方、卖方对第三方、买方对卖方、买方对第三方、第三方对卖方、第三方对买方。

4.1.2　互联网金融营销系统

1. 互联网金融营销系统的组成

互联网金融营销系统是由互联网金融营销主体、电子货币和网络支付系统、互联网金融营销信息系统和互联网金融营销风险控制系统等各要素之间相互关联、相互作用所形成的。

电子货币和网络支付系统是互联网金融营销系统的中心，也是互联网金融营销主体之间相互交换的核心价值。该系统涉及互联网金融产品的开发与销售、互联网金融的品牌推广、互联网金融的营销工具和互联网金融的客户关系管理等相关内容。

而互联网金融营销信息系统和营销风险控制系统是制订互联网金融营销战略和策略的基础，是互联网金融营销者把握市场机会、规避市场风险的主要工具。

2. 互联网金融营销系统发展的基础

互联网金融营销系统的发展要以对互联网金融产品和服务进行创新为基础，包括电子货币创新、互联网信用产品创新、互联网金融信息产品创新及基于互联网的客户服务创新。

(1) 电子货币创新：加快推进现实货币向虚拟货币转化，努力发展电子货币、电子交易凭证等资源，使电子货币安全、迅速、可靠的特征在互联网金融中得到更好的体现。

(2) 互联网信用产品创新：营造良好的互联网金融信用环境，对互联网金融客户和机构进行信用评估和分级，科学地设计和规划互联网金融信用体系，加大对互联网金融风险的监管和控制力度。

(3) 互联网金融信息产品创新：拓宽互联网金融信息的获取渠道、扩大数据库的信息容量，同时对信息来源和信息质量进行严格的识别、加快信息处理和传递，确保有价值的信息能够及时转化成经济效益。

(4) 基于互联网的客户服务创新：在现有的网络客户基础上，提高金融服务质量，做好宣传工作，努力扩展网络业务空间和客户资源，借助公共信息和客户信息传递的扩散效应，真正把互联网金融的方便快捷带给客户，进而促进互联网金融营销观念深入人心。

4.1.3　互联网金融营销思维

本书将基于互联网金融营销的市场细分(Segmentation)、目标市场选择(Targeting)和市场定位(Positioning)3 个方面对互联网金融营销与传统营销的思维差异进行分析。

1. 市场细分

1) 传统金融行业

传统的金融行业对于市场细分是根据客户进行划分的，具体来讲受到以下几个因素的影响。

(1) 个人类客户：针对个人类客户的细分主要基于其生命周期因素。在传统金融行业里，商业银行就客户的生命周期从婴儿、学生到客户成年婚配再到中年、养儿和养老，不同的阶段根据客户的个人需求进行信贷类别的区分。

(2) 企业类客户：企业类的客户则要根据企业的规模大小划分整体信贷的规模，其次企业的性质及信用等级等因素也是传统金融行业对于企业借贷偿还能力的两大分析要素。

2) 互联网金融行业

互联网金融行业虽然是金融行业的创新，但对于传统金融行业对客户严谨的市场细分还需要吸收和保留，此外加上互联网的特性进行分析。其中，互联网的特性表现在"互联网+"的模式区分上。

"互联网+"模式按照行业类别划分可以分为农业类(领鲜金融)、能源类(绿能宝)、社交金融类(你我金融)、消费分期类(京东白条)、微信端理财类(悟空理财)、股票配资类(米牛)几个方面。由于互联网金融的行业类别多样，区别于传统金融领域，因此在市场细分上就不能仅仅依赖传统的几点因素，还需要根据不同行业进行量化分析。

2. 目标市场选择

1) 传统金融行业

传统金融行业在目标市场选择上分为 3 个类型。

(1) 无差异性市场覆盖型：无差异性就是指传统金融行业面对整个市场同时开展自己相关的业务。

(2) 差异性市场覆盖型：差异性体现在根据消费者不同形式、不同水平等的不同需求特征，把整个金融市场详细分为多个细分市场，从中选择两个或两个以上细分市场作为目标市场。

(3) 集中性市场覆盖型：集中性是指有侧重地针对一个或几个细分市场作为目标市场，将营销力量集中解决某一部分特定目标顾客的需求，实行专业化的服务和经营。

2) 互联网金融行业

互联网金融行业定位相对于传统金融有一定区别，采用无差异性市场覆盖的企业数额较少，绝大部分企业都根据自己的产品和优势进行对某一个目标市场的聚焦。这里的目标市场也不是简单的类别区分，还包括人群、客户类型、客户年龄、客户受教育水平等多项相关内容。

3. 市场定位

市场定位方面传统金融和互联网金融基本一致，都是通过科学的分析方法将企业所在的内外部环境分析清楚，根据自身企业所处的市场环境进行精准定位。

4.1.4 互联网金融营销推广方式

营销推广的直接目的是提高企业的曝光程度，在互联网金融行业里，曝光率在一定程度上可以转化为企业门户的获取流量的多少。企业的流量多少可以观察企业的客户关注程度、客户活跃程度、客户转化程度等，因此当前互联网金融企业的很大关注点在于如何通过好的推广方式获取流量。互联网金融的营销推广大体可分为线上推广、地面推广和全触点推广 3 种方式。

1. 线上推广

线上推广的方法是借助互联网在网络空间中对产品和服务进行宣传。线上推广拥有覆盖面广泛、推广成本低及推广效果更为精准的优势。常见的线上推广方式有论坛、博客、媒体、聊天工具、邮件、搜索引擎优化、搜索引擎营销、流量互换合作、网页插件、广告弹窗等。

其中当前较为优化的线上营销推广方式采用的是复合式线上推广。企业可以采用互联网数字营销的方式结合搜索引擎营销 SEM(Search Engine Marketing)、搜索引擎优化 SEO(Search Engine Optimization)、网页导航、付费类广告平台、App 搜索优化 ASO(App Search Optimization)等多项线上多线多项途径共同推广。这种结合方式可以帮助企业提高客户流量的精准程度，可操作性和控制性较好，属于当前较为理想的线上营销推广模式。

线上推广的缺点在于宣传时企业的品牌效应不足且成本较高。企业在面对大型的促销和宣传活动时线上的推广需要竞价，这就迫使企业提高广告费用的投入，成本迅速增加的同时广告有效期过短导致企业成本的增加，品牌塑造效果仓促的弊端。

2. 地面推广

地面推广是与论坛推广、博客推广、媒体推广等与线上推广相反的一种推广方式，它更侧重于传统模式的而非网络模式的推广，注重实际生活沟通交流，它在传统营销中占很大比重。地面推广活动会使网站真正成为发布信息的平台和方便快捷地沟通信息与情感的工具。它不仅能够提升网站的直接流量，更是企业品牌的一种宣传方式。常见的地面推广方式有商务合作、电梯广告、公交及地铁广告、报纸、广播、明星代言、赞助等。

当前地面推广的主要方式也是通过商务合作、地面广告、代言和外拓活动相互结合的方式，对于企业的品牌塑造效果较好。但是地面推广的方式比较线上推广较为传统，相关

的负责人员一部分来自于传统营销推广行业，面对互联网金融的线上交易的形式结合度不理想。营销推广人员在地面塑造品牌，继而将客户转化为流量传输到互联网上的难度较大，因此获客效果不够明显。

3. 全触点推广

全触点推广方式是指将线上推广、地面推广和社会化营销相互融合的推广方式。通过传统地面广告和线上数字营销的推广方式加上社会化的新媒介(网络视频、朋友圈、公众号、软文推广、个人微博等)和事件营销等方法打造多渠道的营销推广方式。

当前全触点的推广方式是行业内大型互联网金融企业较为青睐的方式。通过线上、地面和社会化的营销相结合的形式，将营销推广的渠道从互联网扩展到线下，再结合时事热点和流行的新媒介，打造了一个全方位立体的渠道推广方式。企业可以有效地提高企业知名度、塑造品牌形象，并且突破了地面推广的区域性和线上推广的时间性限制，推广营销的效果显著。

互联网企业在创办初期，由于企业规模和资金情况，不适合直接进行全触点的营销推广方式。此类方式推广的范围广、渠道多，如果企业还没有一定的实力很难把握如此大的推广力度。

@ 4.2 互联网金融营销渠道

4.2.1 付费渠道

1. 线上广告

线上广告是指广告代理商能从媒介获得佣金(代理费)的广告形式。

1) 联盟广告

联盟广告是众多小网站联合起来形成一个统一的广告发布平台，广告主投放的广告在所有联盟网站均能得以展现的一种广告形式。广告主按照网络广告的实际效果(如销售额、引导数等)向网站主支付合理的广告费用，节约营销开支，提高知名度，扩大企业产品的影响，提高营销质量。常见的网络联盟有百度网盟、搜狗网盟、360 网盟、谷歌网盟等。

2) 导航广告

导航广告是将浏览器的导航区域转化为网络广告平台，可以动态地对浏览器的导航栏进行外观定制的技术，它将导航条古老的灰色导航区域彻底抛弃，从而提供了一块崭新的个性化空间。如 hao123、360 导航、搜狗导航、2345 导航、UC 导航等。导航广告数量大，宣传效果比较明显，但好的广告位置价格贵。

3）超级广告平台

超级广告平台是现在主流的付费推广渠道，主要优点是用户基数大，活跃度高，能通过精准投放带来有效的流量；缺点是成本不稳定，优化难度系数高，每一个渠道投放技巧都有细微差别。如广点通、新浪扶翼、今日头条、陌陌、网易有道等。

2. App 广告

App 广告，或称 In-App 广告，是指智能手机和平板电脑这类移动设备中第三方应用程序内置广告，属于移动广告的子类别。按栏位形式有如下分类。

1）Banner 广告

又叫横幅广告、通栏广告、广告条。是目前最普遍的广告展现形式，通常出现在顶部和底部，绝大多数广告平台都支持，如帷千、趣米、多盟等。此种形式的广告身量小，收益也比较平稳。优点在于展示量大、媒体覆盖面广，缺点是点击率转化率相对于其他广告形式较差。

2）启动屏广告

又叫开屏广告。打开 App 时全屏/半屏展现，在一般情况下同一用户不会频繁启动单一 App，因此与其他广告形式相比，同等数量的广告展示下该类广告能覆盖相对更多的独立用户。

3）插屏广告

又叫插播广告，使用 App 时动作触发全屏/半屏弹出或嵌入。这种广告形式的客户点击率、客户转换率及用户活跃度表现都有不错的表现。

4）推荐墙

也叫推荐列表，开发者可以在程序的任意位置设置入口按钮，在按钮响应事件中调用"荐"计划接口，即可获得以弹出窗口形式展现的应用列表，而用户看到感兴趣的应用点击后，开发者即可得到相应的广告收益。这种形式由于只在 App 中显示一个"荐"字，不影响用户体验，而且 Banner 和推荐列表可以同时使用，开发者获得双重收益。使用此种形式的广告平台有酷果、帷千动媒、有米、趣米广告等。

3. 媒体广告

媒体广告是指基于传统四大媒体——电视、报纸、杂志、电台所进行的营销推广活动。

1）电视广告

可以是访谈、独家赞助或者公益植入等形式。根据类型不同，有一定的品牌背书和美誉度塑造效果，价格越贵，流量越大。

2) 报纸广告

如人民日报、南方都市报等。能覆盖到主流人群，有一定的品牌效益。

3) 杂志广告

如财经、旅游杂志等。能覆盖到特定的目标客户群，同样能产生一定的品牌效益。

4) 电台广告

如城市 FM、交通 FM 等。能覆盖一部分受众，但品牌效益一般。

4.2.2 自媒体渠道

自媒体是利用电子化和现代化的方式，向特定或不特定的个人或多数人传播规范性及非规范性信息的新媒体的总称。

1. 官方渠道

官方渠道能够帮助企业建立良好的形象，使企业在市场上保持合理的声音。

1) 站内推广

站内推广就是在基于互联网金融企业自身的网站进行产品和服务的推广，包括固定广告位、短信通道、站内信和弹窗等形式。

2) 搜索引擎优化

搜索引擎优化是建立在搜索引擎的收录及排名机制之上的免费搜索引擎营销方式。搜索引擎基于站内优化及站外信息覆盖两方面的工作对网站的结构和内容做出合理调整，使每个网页都能最为有效地反映其需要表达的信息。需要营销推广的企业基于其网站在搜索引擎中的自然排名上升，能够从搜索引擎上获得更多的免费流量及销售订单。该方式的优点是费用低，但是见效慢。

3) 官方媒体推广

官方媒体推广是指有营销需求的企业通过在社交媒体平台上开立账户对其产品和服务进行日常推广的营销方式。常见的官方媒体有基于微信平台的企业服务号和订阅号、企业微博账号、企业官方博客、企业官方社区等。其中微信和微博是目前利用程度最高的两种社交媒体平台。

微信(WeChat)是腾讯公司于 2011 年 1 月 21 日推出的一个为智能终端提供即时通信服务的免费应用程序。借助微信平台，用户可以通过订阅服务号和公众号以获取自己感兴趣的信息，商家则可以通过与用户进行互动了解用户的需求，进而向其推荐自家的产品和服务。微信作为互联网时代迅速兴起的一种网络营销媒介，能够帮助企业实现点对点的营销。微信营销的优势表现在以下几个方面。

(1) 以用户需求为导向进行精准营销。微信营销能够帮助企业了解其潜在客户的相关信息,并借助大数据技术分析出其潜在客户的产品和服务需求,进而实现有针对性的精准营销,这也正是微信营销最为核心的优势。

(2) 营销的针对性强。一般用户会在关注商家公众平台微信号后,才能接受商家的相关推送信息。而这些存量关注用户正是企业的潜在营销客户。因而企业借助微信营销可以迅速与目标客户进行对接,进而有效提高潜在客户的转化率。

(3) 实时传播效用显著。作为时下最为普及的社交平台,微信的海量用户大多实时在线,这为企业随时随地开展微信营销创造了先天的优势。

(4) 注重现代互联网技术的运用。微信营销更加注重用户群体的广泛、传播方式的便捷和运营数据的测度,因而要通过有效利用互联网技术提高企业的微信营销效率,进而提升企业的市场竞争力和市场影响力。

微博(Weibo)即微型博客(MicroBlog)的简称,是博客的一种,是一种通过关注机制分享简短实时信息的广播式的社交网络平台。该社交媒体平台是一个基于用户关系进行信息分享、传播及获取平台,用户可以通过 Web、Wap 及各种客户端组件个人社区,以 140 字左右的文字更新信息,并实现即时分享。而微博营销就是借助微博渠道所开展的市场营销。鉴于微博独特的运作机理,微博营销在整合营销、口碑营销及危机管理三个方面能够产生超越传统营销模式的效果。微博营销的优势表现在以下几个方面。

(1) 受众的广泛性。借助微博所发布的信息能够以粉丝关注的形式实现"病毒式"传播,其传播范围能够涵盖熟人社交圈和非熟人社交圈,影响面非常广泛。而名人效应更能使信息的传播量呈几何级放大。

(2) 信息的快速传播。与传统媒体的单向传播关系不同,微博传播遵循一种由中心向四周发散的途径,传播非常快捷。

(3) 准确地了解市场。通过与微博用户互动,不仅能够帮助企业快速地获取潜在客户,还可以有效地拉近其与消费者的距离,进而赢得良好的客户关系。微博还可以帮助企业及时获取市场动态,了解消费者的心理及相关需求,及时发现公关危机的先兆。

(4) 营销成本低廉。与动辄需要上千万营销费用的传统营销方式相比,微博营销的成本低廉。

2. 论坛渠道

论坛是进行公开讨论的公共集会场所,通常是指以发帖和回帖的方式进行事件讨论的网站。在论坛推广形式渐趋多样化的形势下,论坛推广给企业营销提供并且创造了一个越来越广阔的营销空间。常见的论坛有百度贴吧、天涯论坛、知道问答、大型社区等。

论坛营销的优势表现在以下几个方面。

(1) 营销成本低廉,无须发生高额的广告投入,只要活动和宣传能够与受众的需要紧密结合,就能在良好的参与氛围中获取更多的客户。

(2) 针对性强，适用范围广，营销重点突出。

(3) 推广氛围柔和，口碑宣传良好，易于促成利润的转化。从一个人的购买行为到迅速感染周围其他人，形成小范围的购买高潮，从而使企业获得短期的销售利益。

3. 社群渠道

社群(Community)是互联网时代前的产物。Worsley(1987)曾提出社群的广泛含义："可被解释为地区性的社区；用来表示一个有相互关系的网络；社群可以是一种特殊的社会关系，包含社群精神或社群情感。"伴随着互联网的出现和快速发展，社会学家瑞格尔德在1993年率先提出了"虚拟社区"概念——即"一群通过计算机网络连接起来的突破地域限制的人们，通过网络彼此交流、沟通、分享信息与知识，形成具有相近兴趣和爱好的特殊关系网络，最终形成了具有社区意识和社区情感的社群圈"。这也正是互联网背景下的社群概念。

借助社群渠道，企业能够在其核心目标用户的所在社群中制造热点，实现对其产品和服务的营销。社群营销的优势表现在以下几个方面。

(1) 以共同利益为中心的强交互形态。社群不同于集群是因为其并不是单纯元素的积累，所有元素之间都发生高频的交互关系。而成员之间的交互是依靠共同利益来维系的，而其共同利益通常会以共同兴趣的方式表现出来。通过共同利益标签的连接，社群成员会在社群内进行日常的交流，即发生强交互。

(2) 节省信息获取成本。由于社群是在兴趣爱好和共同利益的基础上产生的，其本身就具有一定的信息过滤功能，因而从社群中获取有效信息的效率将非常高。比如一位资深成员在社群中对某一产品或服务进行点评，能够大大节省其他社群成员的信息过滤成本。

(3) 弱中心化的表达渠道。社群是一个弱中心化的组织，社群中的每个成员都能成为信息渠道，每个成员的观点都能获得相应的反馈及重视。此外，在共同规则下自由交流是社群的日常状态，社群成员之间高频的内部互动也是弱中心化的体现。

常见的社群有人人网、QQ空间、豆瓣、知乎、天涯、QQ群、微信群等。社群并不是互联网金融企业的主流营销渠道，能够为金融产品和服务的营销提供良好空间的社群需要具有良好品牌背书的大型社群，如知乎、天涯等社群。

知乎是我国新兴的社交媒体，以"问答社区"为平台定位，受众能够在该平台上提问或答疑，彼此展开广泛的交流互动和知识分享。在其平台上进行营销的优势在于：

(1) 广告匹配的针对性强，能够吸引大批受众。

(2) 具有品牌话题营销专区，能够强化品牌的推广宣传。

天涯社区是综合提供个人空间、企业空间、购物街、无线客户端、分类信息、来吧、问答等一系列功能服务，并以人文情感为特色的综合性虚拟社区和大型网络社交平台。在其平台上进行营销的优势在于：

(1) 天涯作为成立时间较早的大型开放式社区平台，有着稳定的用户群。

(2) 平台以社交关系为核心，提供多种产品与服务并存的大社区服务。

(3) 集中的分类管理便于企业开展品牌化营销活动。

4.2.3 口碑渠道

口碑营销就是把口碑的概念应用于营销领域的过程。是指由生产者、销售者以外的个人或媒体，通过明示或暗示的方式，不经过第三方处理加工，传递关于某一特定产品、品牌、厂商、销售者及能够使人联想到上述对象的任何组织或个人信息，从而使被推荐人获得信息、改变态度甚至影响购买行为的一种双向互动的传播行为。

明星、意见领袖、独立观察者、社交平台和论坛中的独立用户、新闻网站提及产品并给予正面评价，能够使所要营销的产品和服务迅速地获得曝光，进而使客户转化率得到有效提升。

利用口碑营销的主要优势表现在以下几个方面。

(1) 营销成本低。企业以其优质的服务在消费群体中换取了良好的口碑，带动了企业的市场份额，同时也为企业的长期发展节省了大量的广告、宣传费用。一个企业的产品或服务一旦有了良好的口碑，人们会不经意地对其进行主动传播。

(2) 可信任度高。一般情况下，口碑传播都发生在朋友、亲友、同事、同学等关系较为亲近或密切的群体之间。在口碑传播的过程之前，他们之间已经建立了一种特殊的关系和友谊，相对于纯粹的广告、促销、公关、商家推荐等而言，可信度更高。

(3) 具有针对性。人们日常生活中的交流往往是围绕彼此感兴趣的话题进行的，而且彼此之间有一定的了解，因而迎合消费者特定需求的口碑营销有很强的针对性。

(4) 树立良好形象。口碑是企业形象的象征，因而企业在进行口碑营销的过程中也使其企业形象得到良好的树立。

1. 媒体渠道

常见的媒体渠道有独立记者和知名媒体两种类型。

1) 独立记者

独立记者是指不从属于且不任职于任何企事业单位的独立调查记者。通过邀请独立记者对企业进行报道，通过其独特的分析视角及文字功底能够提高文章的质量，在自媒体进行推送。

2) 知名媒体

知名媒体报道包括人民日报、南方周末、南方都市报等知名报刊类。此类方法虽然效果显著，却很难获得这样的报道。企业一般举办公益类的活动时取得了群众和主流媒体的

共同认可后才可能获得这样的机会。

2. 粉丝渠道

粉丝渠道是指将自身在互联网各个渠道上的客户和朋友等作为资源，通过一些宣传途径提高营销效果的方式。

1) 官方途径

官方途径包括官方贴吧、社区、博客、微信公众号、官方微博等。此类渠道重在维护好粉丝的沟通渠道，通过开展见面会、主题活动的方式提高粉丝的活跃度。

2) 个人途径

个人途径包括朋友圈、微信、微博等方式。在互联网高速发展时期，个人的网络力量不容小觑，通过具有影响力的人物的个人朋友圈、微博等方式提高企业曝光度，增加对企业的信任感，以此来拓宽营销的渠道。

3. 名人渠道

常见的名人渠道有明星代言、名人推荐和意见领袖 3 种类型。

1) 明星代言

具备较强的公信力，同时可以将该明星的庞大粉丝群体转化为具有一定购买力的消费者。以明星代言进行营销的关键在于品牌形象与明星的个人形象相匹配，且要有一定力度的宣传活动与之相配套。

2) 名人推荐

这里的名人是指在互联网金融领域具有较高名气或非常成功的人物，如阿里金融的马云。通过业界知名人士的宣传可以加大客户对企业和产品的信任程度，从而增强产品的营销效果。

3) 意见领袖

意见领袖的范围较为广泛，一般是指具有一定引导力的人物。通过意见领袖的介绍和宣传，会无形中增加"被领导"人群对企业和产品的信任程度。从某种意义上来说，意见领袖会引导舆论走向，且往往会用自身经历作为参考进一步增强信息的准确性，增强企业和产品的宣传效果。

@ 4.3 互联网金融营销手段

本节将以目前最受关注的互联网金融行业中的 P2P 网贷企业为例，讲解互联网金融企业进行营销的主要手段。

4.3.1 活动营销

活动营销是互联网金融企业最为常用的营销手段。P2P 网贷平台的营销关键分别是获取客户、客户转化和存量用户的再投资。其中，获取客户是 P2P 网贷平台最为核心的营销目的。P2P 网贷企业常用的活动营销方式有体验金、红包、加息券、新手标、积分商城等。

1. 体验金

体验金一般是平台送给新用户的理财本金，用户可以将体验金直接投资于平台为体验金专门准备的项目；在投资到期后，所产生的收益归用户所有，体验金由平台收回。最初各 P2P 平台体验金的使用一般都是无门槛的，注册即可用，到期后收益即可提现。P2P 行业高福利的活动吸引了大批"羊毛党"的关注和参与，且在羊群效应的作用下愈演愈烈，更有甚者采用各种违法违规手段获取平台的新手福利。因此目前很多平台对体验金的使用规则都设置了门槛。

以互联网金融网贷平台全球贷为例，2014 年平台上线之初，会为其注册成功的新用户发放 6000~10000 元不等的体验金；用户在投资 5 天后便可获得最多 20 元的利息收入，即用户无须在平台投资 1 分钱即可提现 20 元现金。 目前全球贷平台已经对体验金使用规则和体验标利率做了调整，要求新用户先在平台投资 100 元后才可使用体验金，但由体验金所产生的收益仍然归用户所有。

2. 红包

红包是平台变相赠送给新用户的现金，一般红包投资之后，红包和由其所产生的收益都是可以提现的。网贷平台所派发的红包通常有一定的使用门槛，如某网贷平台向其新注册用户的账户派发 50 元的红包，该红包的使用规则是按投资额 0.5%的比例来使用，且只能使用一次，即若用户只注册不投资，红包作废；若用户投资 10000 元则可以使用完 50 元红包。

例如：A 用户投资 5000 元，可以使用 25 元红包，因此只需支付本金 4975 元， 到期后可获得本金 5000 元及 5000 元投资所产生的利息，而剩余的 25 元红包作废。B 用户投资 10000 元，可以使用 50 元红包，因此只需支付本金 9950 元，到期后可获得本金 10000 元及 10000 元投资所产生的利息。

3. 加息券

加息券是指能够使投资人的投资收益率在特定投资项目收益率的基础上得到一定提高的电子券，是网贷平台鼓励其投资人进行投资的一种营销方式。加息券的使用规则包括但不限于：不能和其他投资优惠同时享受；若在使用加息券进行投资后，投资人想要中途退出或者转让其所拥有的债权时，加息券的使用天数由该投资人的持有天数决定，新投资人不再享有加息券的福利；若投资期限到期后投资人没有退出，则该加息券仍继续有效，但加息范围只涉及本金而不包括初始投资所产生的利息。

以 P2P 网贷平台你我贷为例，平台为了回馈新老客户，会不定期地向用户派发加息券，用户可以使用该加息券进行项目投资，并在投资到期后在收回项目原有本息的基础上额外获得一笔由加息券产生的投资奖励。如用户投资 10 万元，投资期限为 12 个月，加息券利率为 1%，那么等到 12 个月投资期限到期后，用户将获得 1000 元的额外奖励。

4. 新手标

新手标是指 P2P 网贷平台为了吸引新用户，仅面向新注册用户开放的可投标的。通常情况下，新注册用户可以在使用体验金、红包等用户福利的基础上投资于平台所提供的新手标。新手标具有投资期限短、收益高的特点。

以 P2P 网贷平台 PPmomey 为例，PPmomey "新人惠" 是 PPmomey 平台推出的专门针对新注册用户的体验标。"新人惠" 仅限未在平台成功投资过的注册用户投资，且仅限一次机会。投资金额须是 1 的整数倍，并且投资起步金额必须大于或等于 100 元。当融资项目的融资余额小于 100 元时，则需要一次性申购全部余额。

5. 积分商城

积分商城是用户用积分兑换礼品的虚拟场所，一般积分商城不会单独出现，而是跟积分体系一起出现。积分体系是辅助运营的手段，其运行目的在于提升注册用户的活跃度和黏性。

积分体系的运行逻辑表现为：以积分作为奖励，引导用户完成设计者的指定行为(该行为正是设计者期望用户所养成的行为习惯)，从而使用户在日复一日连续的积分积累过程中形成被期望的固化行为习惯。网贷平台希望通过积分体系使用户无须有太多考虑就选择使用其所提供的产品和服务，如引导用户每天登录其平台进行签到，并给予用户一定的积分奖励，以使客户养成每天打开 App 的习惯。

目前网贷平台的积分商城主要有签到、投资和完成指定任务 3 种获取积分的方式。

1) 签到方式

在网贷平台主要集中在 App 端。单次的签到往往只能获得有限的积分，要想获得可观的积分，需要几天甚至几周的连续签到。以网贷平台金融工场为例，单次签到获取的积分是 2 分，连续 7 天签到后可额外获得 10 分。

2) 投资方式

这是网贷平台授予积分最为主要的方式。实际操作过程中又分为投资当时一次性发放积分、投资时和回款后各发放一部分积分及投资付息回款各发放一部分积分等多种具体形式。所授予的积分分值主要与用户的投资额和投资期限相关。以网贷平台理财为例，其积分是根据用户的投资已收利息以 1：1 的比例进行发放的，即积分将随每月利息同步发放至积分账户。而网贷平台用户投资的积分则包括付息和贴息两种，均按利息的 1/10 兑换成积分进行发放。

3) 完成指定任务

通过活动和任务获取积分，主要是以论坛活动为主，如参与各种热点话题讨论、发文、晒图等。包括银客网、理财范、金融工场在内的多家网贷平台都采用这种方式，但具体的积分数值无统一标准。

4.3.2　推荐营销

推荐营销是指网贷平台通过发展存量用户成为其线下的销售人员，以期用裂变的人脉关系去获取新用户的营销行为。在给予恰当推荐报酬的前提下，网贷平台可以以较低成本快速获取大量的新用户。平安集团的陆金所、百度推出的百度钱包、顺丰快递的顺手赚的推荐营销在互联网金融行业中表现尤为突出。

陆金所的推荐营销活动力度很大，其将存量用户分为普通推广员和超级推广员，推荐用户注册和推荐用户投资都会获取一定的奖励，且奖励都是以现金形式发放的。超级推广员较普通推广员能够获得更为丰厚的奖励。借助良好的推荐营销活动，陆金所用 6 个月的时间获得 500 万的增量用户。

百度作为互联网三大巨头之一，其互联网金融产品——百度钱包的推荐营销活动同样采用的是现金奖励，并推出了类型多样的营销活动。推荐者每成功推荐一个注册用户，推荐者和被推荐者各奖励 10 元现金，如 A 推荐 B 注册成功，B 支付 A 1 分钱，A 得 10 元现金，B 也得 10 元现金。奖励无上限，多推荐多获利。

4.3.3　事件营销

事件营销(event marketing)是指企业通过策划、组织和利用具有名人效应、新闻价值及社会影响力的人物或事件，引起媒体、社会团体和消费者的兴趣与关注，以求提高企业或产品的知名度、美誉度，树立良好的品牌形象，并最终促成产品或服务的销售目的的手段和方式。事件营销的效果较为显著，但由于事件营销的方法不同，产生的成本区别也较大。

简单的事件营销可以通过网络进行传播，成本较低宣传效果也较好，所以在企业设立初期可以选择此类方法进行宣传。此外，还有根据时事热点、客户需求等影响点进行事件发起，引起公众关注从而进行产品的营销。

事件营销的结果具有不可预测性，结合热点等行为在提高自身曝光的同时也可能会给自身形象带来一定的影响，热点结合得是否得当是企业在进行事件营销过程中需要考虑的问题。

【案例】

神州专车营销事件

2015 年 6 月 25 日，"神州专车"邀请吴秀波、海清等明星拍摄了一组以"Beat U，我怕黑专车"为主题的广告迅速引爆社交媒体圈。由于广告涉及同行业竞争对象"Uber"打车软件引起了网友的热议，并且多数网友表示支持"Uber"抵制"神州专车"。

在此项事件中，虽然网友表示抵制"神舟专车"，但无形中却提高了其知名度。"神州专车"在此次事件中获得超过 500 万次的 App 下载量，加之事件发酵过程中其实际品牌的曝光价值，本次事件营销都算得上是一次成功的营销。

@ 4.4 互联网金融营销的问题及应对策略

4.4.1 互联网金融营销存在的问题

1. 缺乏专业的营销团队

在互联网金融行业内，有意识地在营销产品过程中树立自我品牌意识的营销人员不多。由于互联网金融这个新型行业的认知和专业知识缺失，大多数营销人员的品牌概念不足，对于产品的营销停留在产品本身上，缺乏对企业和产品品牌特色的树立，导致客户对品牌的认可度不高，用户的活跃程度也不足。也由于多数企业仅仅站在投入与产出的关系上进行市场投放，忽略了对于品牌战略的营销策略，营销团队的专业化品牌培训薄弱导致整体营销人员品牌概念的缺失。

2. 较低的营销效率

部分互联网金融企业存在理财与借贷业务的宣传未能分离的现象。大部分互联网金融平台经营理财和贷款业务，在进行宣传时却往往混在一起，这就导致了宣传效率的降低。体现在客户对于理财和存贷款业务的需求不一致，且理财的潜在客户需求大于借贷款业务需求，因此，混淆在一起的宣传浪费了一部分理财产品的营销。平台应该将存贷业务分离，或者区分不同渠道主打理财或融资的功能，达到资源的合理配置。

3. 产品定位的同质化

随着互联网金融企业的数量增加，不同平台的宣传策略越来越相似。同质化的品牌宣传使得用户很难对某个平台留下深刻印象。品牌的树立在于其企业的独特之处和产品的特色，面对日趋激烈的竞争环境，同质化的产品很难给企业带来更多的效益。

4. 推广渠道的同质化

企业做推广，也存在渠道同质化现象。数千家平台获得风投平台数不胜数，由于资本的推动，一旦渠道效果明显，就会引来众多平台竞相争夺，价格也随之哄抬，效果渠道迅速丧失性价比。

5. 新媒体的盲目利用

新媒体的运用会给企业带来很多宣传的渠道，但是应用不当或盲目依赖也会导致投资多回报少的现象。新媒体营销的本质与传统营销相同，即使媒体发生变化，营销的策略也是相同，所以企业不能盲目运用。

6. 品牌广告的不当投放

品牌广告只有在一个行业价格竞争、品类竞争、功能竞争、差异化竞争等完全失效的时候才投放，且只有行业领先企业才适合投放。所以大部分互联网金融行业的品牌广告投放价值不高。

7. 行业顽疾的存在

羊毛党是指随着互联网金融的发展，一些网贷平台为吸引投资者常推出一些收益丰厚的活动，如注册认证奖励、充值返现、投标返利等，催生的以此寄生的投资群体。由于回报非常可观，很多人做起了职业"羊毛党"，依靠大量虚假用户骗取平台奖励。"羊毛党"的大量存在导致了 P2P 平台大量资金的流失，其次还被广告公司甚至平台员工利用而侵害平台利益。有些平台的市场部门高管与广告公司勾结，虚假投放广告，引起羊毛党大量交易，最后把广告预算私自牟利，给公司造成很大的损失。

4.4.2 互联网金融营销的应对策略

1. 创新营销观念

促进互联网金融的营销首先需要将互联网金融营销观念转向客户为中心的观念。要让互联网金融机构能够认识到顾客在互联网金融发展中的重要地位。无论是哪种互联网金融发展模式，金融机构在发展过程中均要坚持以顾客为中心，从顾客的消费需求出发，为顾客制定个性化的互联网金融营销策略，促进互联网金融营销。

2. 完善营销体制

互联网金融在发展过程中一定要加强对联网金融营销体制的完善，主要从两方面着手，一是人才的培养，二是技术的创新。

1) 人才培养

从人才培养方面来看，互联网金融机构在发展过程中应该加大对人才的资金投入，大量引进高素质人才，加强对员工的专业素质培训，切实促进互联网金融的发展。互联网金融营销需要人才不仅具有较强的计算机操作能力、丰富的金融知识，还需要掌握现代化市场营销手段，这样才能够更好地促进我国互联网金融的发展。

2) 技术创新

在技术创新方面，联网金融机构必须要加大技术投入，加强对客户信心的辨识和处理能力，降低互联网金融营销中的风险，保证互联网金融的营销质量。

3. 创新营销方式

同质化的营销方式会降低营销效果，企业需要通过多渠道的营销共同打造自己的营销体系。现代化信息技术的发展并不是要求完全摒弃传统的营销模式，而是应该学会将网络营销和市场营销相结合。企业设置的客户服务部门可以通过服务形式营销；采取线上线下相结合的方式进行营销；根据客户的消费习惯分析出适合不同消费者的营销渠道等方法都可以在方便客户的同时达到很好的营销效果。

4. 加强对新产品的开发

新产品的开发需要注意以下几个方面。

1) 加强对信息技术的使用

互联网金融机构可以通过建立完善的信息收集系统，对不同客户的消费习惯进行分析和整合，并科学分析客户的消费行为心理，然后为客户开发具有针对性的产品和服务。如为客户提供汽车消费信贷服务、信用卡信贷服务等。

2) 要重视产品的组合研发

对传统金融项目进行组合开发，更好地满足客户多方面需求。通过组合研发的形式进行产品开发可以起到较好的连续性效应，带动多种金融产品的共同发展。在组合开发过程中，机构还需要加强对服务质量的提高和创新，以便更好地满足顾客的个性化服务需求，同时推动金融产品的促销。

3) 加强品牌化和个性化

品牌是互联网金融企业立足于市场的无形资产。企业要在激烈的竞争中脱颖而出，就需要有意识地树立自身品牌和产品的个性化。互联网金融产品的个性化体现着对市场和客户的信息分析上，根据市场和客户的需求，设计出贴合客户的金融产品、创建品牌、巩固和提高自己在金融市场当中的地位。

@ 4.5 互联网金融企业的营销实践

互联网金融企业的营销在 P2P 行业竞争尤为激烈，形式也十分丰富。因此在营销实践环节，从主要以互联网金融 P2P 行业为主介绍企业的营销阶段及营销规划。

4.5.1 互联网金融企业的营销阶段

互联网金融企业的营销分为初创期、发展期、成熟期 3 个阶段。类似于企业的生命周期一般，企业的营销阶段也有生命周期，从初创期、发展期到成熟期，企业从客户的获取到客户最终完成交易再到成为长期客户，每一个阶段的客户数量都在逐渐减少。因此，应为企业的营销区分阶段并分别采用不同的措施留住客户。

1. 初创期

营销阶段的初创期是指在企业预算较少的情况下，主要通过线上推广获取对企业产品有强烈需求的客户阶段。在营销的初创期阶段，无论是企业接触客户的时间还是客户了解企业的时间都较短。

企业在这个阶段内，应当利用有限的资金再利用互联网优势通过线上的宣传推广，遴选出具有代表性的关键词语，有针对性地对产品有强烈需求的客户进行营销。客户在此阶段内会比较关注企业的注册成本，因此企业不仅要将成本预算作为考量的标准，更应该注意客户的注册成本是否具有优势，以便让客户更加愿意注册账户，为企业进一步发展客户打下基础。一般情况下，初创期的时间应把握在 3 个月左右，通过线上宣传为企业快速打开客户市场。

2. 发展期

营销阶段的发展期是指企业在获得了一定数量的客户基础上加大预算，通过线上和地面相结合的推广方式加大产品的知名度，从而吸引更多中等需求的投资客户阶段。在这个阶段内，客户可以通过地面和线上多种渠道了解到企业产品，企业形象也更加立体。

企业在这个阶段内，通过增加推广成本可以多方面地对企业产品宣传推广，宣传语和关键词也适当地扩大范围争取对产品有中等需求的客户。客户在此阶段是从最初的注册账户到是否完成交易之间的过渡阶段。投资人数也会随着客户基数的增加逐渐上涨，因此企业在这个阶段应当关注客户从注册到完成投资的转化率及企业品牌的树立程度。此阶段是企业留住初期客户、发展更多客户并打出品牌名声的重要阶段，因此时间应当把握在 6 个月左右，为企业后续发展打下坚实的客户基础。

3. 成熟期

营销阶段的成熟期是指企业在获得了较多客户的基础上，通过提高产品投资回报率 (ROI) 留住老客户、拓展新客户，进一步提升品牌与市场形象。在这个阶段内，企业资金实力增强、规模变大，可以通过全触点的方式对企业产品进行全面推广。

企业在这个阶段内不仅仅是吸引客户眼球的阶段，在拥有一定注册客户的基础上，企业应当通过产品的实际投资回报率来提高客户的转化率。企业可以通过不断结合时事热点、制造营销噱头等方式增加持续曝光程度，用高投资回报率 (一般控制在 10%～40%) 给客户带来实际好处，让客户体会到产品的优点从而成为长久客户。在成熟期阶段，时间控制在 3 个月左右，之后企业就可以将重点转向客户的自然增长率上。

4.5.2 互联网金融企业的营销规划

1. 团队建设

企业的营销规划重点在于团队建设上，优化的营销团队可以帮助企业协调营销各阶段的发展阶段。

营销团队的主要岗位和职能如下。

(1) SEM 经理(搜索引擎营销经理)：非常熟悉搜索引擎 SEM 的后台操作，对搜索流量分发机制有独立理解，建议具有操作日投放 10 万元以上预算账户经验及优秀的数据分析能力。

(2) SEO 经理(搜索引擎优化营销经理)：熟悉搜索引擎优化技术，能独立组件网站群体，了解懂得 ASO 应用商店(App Store Optimization)搜索优化技巧。

(3) DSP 经理(广告平台销售经理)：熟悉主流超级广告平台投放技巧，有较强的商务谈判能力和优秀的数据分析能力。

(4) App 经理(应用商店产品经理)：熟悉各大应用商店规则，有一定的应用商店人脉资源，对按实际销售产品数量来计算广告费用、按周计费广告和门户网站的包月广告费用及按天计费广告费用熟悉，并且对 App 搜索优化具有一定的实际操作经验。

(5) 商务经理：具有优秀的商务谈判能力，建议具有大型企业商务合作经验，有良好的成本意识。

(6) 新媒体经理：具有财经类媒体编辑经验，对用户运营与活动策划有一定的理解。

(7) 策划经理：优秀的文案策划能力，较好的设计审美能力，建议具有独立的网站与专题策划经验和活动策划能力，对内容营销有独立理解。

(8) 地推经理：建议具有 O2O(Online To Offline)线上、线下电子商务的地面推广经验，热爱户外拓展活动，具有优秀的沟通能力。

在营销团队中，SEM 经理、SEO 经理、DSP 经理和策划经理组成数字营销小组，对互联网上的营销数据进行分析。其中 SEM 经理、SEO 经理、DSP 经理负责引入客户流量，策划经理提供并优化网站设计、无线推广页，策划各类事件营销活动；App 推广经理主要负责 App 类搜索引擎的优化，做好应用商店广告投放与合作工作；商务经理主要负责商业合作，与知名企业开展各类活动；新媒体经理主要负责内容输出，保持产品在社交媒体上发出自己的声音；地推经理独立在线下拉新用户下载与注册。这些职务相互合作，构建完整的营销团队体系，如图 4.1 所示。

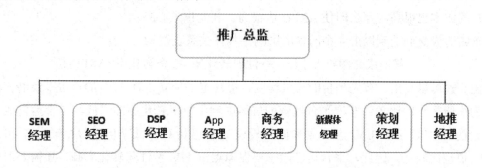

图 4.1　营销团队的参考结构

2. 制定目标

在组建了营销团队后需要确定团队的目标，即获取大量潜在用户，建立用户的决策通道。

根据前文营销的发展阶段不难看出，客户的数量随着潜在客户的数量增多而不断增加，而用户的决策通道则是为更好地获取用户，打开市场。

根据营销阶段的不同，分别设定目标如下。

(1) 初创期目标：1.5 万个投资用户；探索市场，主要是对产品有强烈需求的客户。

(2) 发展期目标：5 万投资用户；打开市场，将客户覆盖率扩展到对产品有中等需求的客户群体。

(3) 成熟期目标：5.5 万投资用户；稳定市场，投资收益率达到 10%～40%(具体数字根据平台营收情况而定)。

当然，每个阶段的目标还需要根据不同企业规模的整体发展目标而定。

3. 营销策略

由于企业在构建营销团队和设定目标与最终的执行结果会有所差异，因此企业在避免前文归纳的营销问题后还需要注意企业的营销策略。

1）营销成交额的影响因素

企业需要明确影响营销成交额的几点因素如下。

(1) UV(独立访客)点击率：在同一天内，UV(独立访客)只记录第一次进入网站的具有独立 IP 的访问者，在同一天内再次访问该网站则不计数。独立 IP 访问者提供了一定时间内不同观众数量的统计指标。

(2) 注册转化率：潜在客户转化为注册客户的比率。

(3) 投资转化率：注册的用户转化为真正的投资人比率。

(4) ARPU 值(用户平均收入值)：一个时间段内运营商从每个用户所得到的收入。从运营商的运营情况来说，ARPU 值高未必说明利润高，因为利润还需要考虑成本，如果每个用户的成本也很高，那么即使 ARPU 值很高，利润也未必高。

营销的成交额受到以上 4 个因素的影响，具体关系表现为

营销成交额=UV 点击率×注册转化率×投资转化率×ARPU 值

由公式可以看出，首先平台的流量程度直接决定了独立访客 UV 的点击率及潜在客户转化为注册客户的比率；其次平台运营的好坏影响到投资转化率的高低，结合运营成本影响平台的 ARPU 值。UV 点击成本低，投资成本也相对较低，但是投资转化率和人均 ARPU 值也比较低。因此，平台运营除了要保障点击 UV 和注册转化率高，还需要严格控制流量在各渠道的占比。

2）营销策略

主要的营销策略归纳为以下 4 种。

(1) 流量精准最大化。

流量精准化的目的在于通过精确目标用户、渠道量级最大化、每次点击费用最低化获取更高的 UV 点击率。

精准目标用户的目的在于有针对性地对特定人群、地区进行推广方式的改进和优化，达到更好的营销效果。这需要平台捕捉客户的信息，对于这些互联网信息数据进行分析，找到偏好从而提高客户的获取能力。渠道量级最大化是指企业在各类型广告上的曝光程度、用户浏览行为等将这些推广渠道打开，做到全面的推广营销。每次点击费用最低化则是指通过和其他企业平台合作的方式，降低自身成本。

(2) 营销差异化。

营销差异化的目的在于通过创新营销方式，使营销内容差异化的方法提高客户注册转化率。

营销差异化主要体现在内容营销上，落地到推广页、注册页、投资页等。一方面，根据不同的投放渠道要制定不同的内容营销，如无线和网页的推广页是有很大差异的，根据不同端口的特点，设计出不同的操作重点和形式。另一方面，相同的渠道也要制定不同的内容营销。如在不同搜索渠道，企业可以投放不同的关键词和页面，也可以通过不同的活

动和优惠来吸引客户。营销差异化非常重要，不仅能提高注册率，还能在一定程度上塑造品牌信任，让用户信任，并产生投资。

(3) 立体传播+分享传播。

此类策略的目的在于通过对新用户投资流程的教学和优惠活动来提高新用户的投资转换率。

不同的用户，获取信息和购买决策的行为不同。针对新用户，平台需要做到用户可以清晰地了解平台投资的流程和交易中的注意事项，让客户不会无从下手。此外，平台可以通过新媒体的传播方式，着重利用手机客户端等渠道加强对新客户的宣传力度并完善客户的分享和传播机制，加大优惠力度，激发新客户的投资兴趣，从而提高客户的投资转化率。

(4) 内容+移动战略。

内容和移动战略相接的策略目的在于通过企业平台的活动和树立的品牌意识增加企业在用户处所得利润，即 ARPU 值。互联网金融企业数量繁多、竞争激烈，加大了用户筛选出适合自己产品的难度。因此，第三方独立理财资讯平台、理财师平台等资讯平台的宣传和评价对于客户而言，就具有一定的参考价值。互联网金融的最大特点就是结合了互联网的特征，企业平台在做活动时还应当注重对于第三方平台的文章内容布局。

移动战略主要体现在对手机客户端 App 的下载激活。如今手机客户端的所占流量比重逐步升高，企业在估计电脑网页部分的同时更应该加强对手机客户端渠道的应用。通过布局各类中小型 App 流量，包括应用市场付费推广、微信营销等渠道树立自身品牌。

@ 4.6 案例

4.6.1 互联网金融营销的成功案例

1. 国外案例

1) Personal Capital

作为 SigFig 的主要竞争对手，Personal Capital 直接喊出了"你的下一代财务顾问"的口号。它更倾向于个人财富管理，利用分析工具确保用户的长期财务健康。它的业务包括两个部分，一部分是网站形式的投资分析工具，另一部分是专职财务管理顾问(通过电话和E-mail 进行服务)。前者免费，后者则只收取低廉的年费。Personal Capital 的 CEO Bill Harris(他是 Intuit 和 PayPal 的前 CEO)认为："我们所做的以客户为中心、提供整体建议的消费科技，将是这个产业未来 10～15 年的代表。"

2013 年 6 月初，Personal Capital 获得 2500 万美元的 C 轮融资。截至当时，它的平台拥有 20 多万用户，跟踪的资金超过 200 亿美元；其专职财务管理顾问则拥有 700 多位客户，管理着近 2 亿美元。

2) Motif Investing

Motif Investing 同样是个投资组合服务提供商，它的投资组合被称为 Motif。一个 Motif 包含一组具有相似主题或理念的多支证券(包括股票、证券等，最多达 30 只)，如云计算、移动互联网、3D 打印。用户可以根据自己的投资理念，从平台上选择已有的 Motif 直接使用，也可修改(包括调整其中包含的股票/基金组成和比重)后使用，更可以创建自己的全新 Motif。该平台的新颖之处在于：①提供了强大的自助式投资组合设计工具，用户可非常方便、直观地修改、创建、评估 Motif，只需几分钟便可拥有个性化的投资组合；②引入社交机制，用户可以把自己的 Motif 分享给好友或选定的圈子，大家共同对 Motif 进行讨论和优化。

Motif Investing 的实质是应用先进的技术手段和社交机制，帮助每个用户成为自己的基金经理。其收费策略也非常独特，无论用户在某个 Motif 上的总体投资额是多少(最低不能低于 250 美元)，也无论该 Motif 是由平台提供还是用户定制，用户每按照该 Motif 购买或出售一次股票/基金组合，平台都会收取 9.95 美元。如果只是交易其中的一只证券，则每次收取 4.95 美元。

2. 国内案例

1) 平安银行

(1) 橙 e 项目。

项目概况：

2014 年 7 月 9 日，平安银行"橙 e 网"上线运营，一个集网站、移动 App 等各项服务于一身的大型平台正式面市，旨在帮助中小企业建立更加完善的电子商务+综合金融的生意管理系统和营商生态。

平安银行"橙 e 网"协同核心企业、物流服务提供商、第三方信息平台等战略合作伙伴，让中小企业免费使用云电商系统，以实现其供应链上下游商务交易的电子化协同。在"橙 e 网"构造的电商网络生态体系，无论是企业，还是个人用户，都可以进行在线商务(客户可以利用橙 e 生意管家在线下单、发货、结算和对账，即上下游协同管理在线进销存)、在线支付(因生意而付款)、在线融资(因生意而融资)、在线理财投资(客户可以在商城选取自己满意的理财产品)。"橙 e 网"同时还嵌入了交叉销售的功能，把集团的保险产品等内嵌到平台中，为客户提供一站式的综合金融服务。

项目亮点：

熟人的生意圈则是"橙 e 网"的战略定位。平安银行"橙 e 网"则以免费的生意管家"在线进销存"云服务吸引大量的供应链上下游企业，形成所谓的熟人生意圈后，用户的交易数据将构成数据库的内容。此外，"橙 e 网"还与第三方信息平台合作，与这些平台交换订单、运单、发票等有效信息，基于大数据分析为客户提供互联网金融服务。

橙 e 平台还将微信订阅号、微信服务号、"橙 e 网"建成"O2O 营销""O2O 服务""O2O 金融电商"的协同互动架构，形成微信订阅号营销导入流量、"橙 e 网"电商经营流量、微信服务号以服务转化流量的良性循环。

项目效果：

平安银行公司微信服务号积极探索网络虚拟平台与银行线下网点的互动创新，率先推出微信开户、票据贴现预审预约等 O2O 服务，迄今已有近 3 万家企业享有该项特色服务，持续向"橙 e 网"转化流量客户。整个橙 e 平台已经形成一个闭环交易系统，打通了供应链金融的全部环节。

(2) App 营销类：平安付——活钱宝的 App 社交分享。

活动时间：2014 年 8 月至今。

活动概况：

当用户在活钱宝里的累积理财收益达到一定档次，可从壹钱包 App 上分享至社交媒体，包括微博、微信好友、微信朋友圈(并附 App 下载链接)。

累积理财收益不会在社交媒体上展示具体的金额，而是分为 10 个档次，每个档次对应累积收益可买到的物品，如 10～30 元档，可买 6 个苹果。

自 2014 年 8 月至今，每个用户每天分享一次，还能获得 5 个万里通积分(每天每人每个社交媒体渠道可分享 1 次)。

活动亮点：

利用壹钱包 App 自媒体，引发用户自发社交媒体分享，低成本传播。

活动效果：

微博平均 100 次分享/天，微信好友+朋友圈 200 次分享/天。

(3) 创新营销类：平安产险——平安好车主"疯抢三分钟"。

活动时间：2014 年 12 月 7—31 日。

活动概况：

每周三、周六晚上 8 点，好车主注册绑车用户可以参与 3 分钟的保费疯抢活动，共 7次，以"闪购""秒杀"形式进行。每次抢的金额和中奖人数均会提前公布，用户在开始后三分钟之内参与活动开抢，时间到之前抢完，活动提前结束，时间到如果还有剩余名额，活动即结束。

活动亮点：

① 形式新：引入具有电商特色的"秒杀"形式，与普通的"送"和"抽"相比，更加吸引用户。

② 黏性强：7 次疯抢，金额逐渐递增，增强用户参加活动的期望和动力。

③ 传播广：结合用户自分享社交圈传播、楼宇广告、自媒体精准投放，覆盖用户超过 200 万，增强品牌的传播力和影响力。

活动效果：

活动进行期间，承载活动的好车主移动应用活跃度同比上涨 40%，增强了用户黏性和活跃度(移动应用重要指标)。活动让 4 万个平安客户受益，新增平安客户 1 万人次。该活动共吸引 113 万个用户浏览，宣传覆盖用户超过 200 万个，增强了中国平安及好车主的品牌传播力及影响力。

(4) 品牌营销类：集团品牌部——来了财神节，就是有钱人。

活动时间：2014 年 12 月 22 日—2015 年 1 月 9 日。

活动概况：

12 月 22 日，中国平安面向全体网民推出"金融交易狂欢节"——"财神节"是金融业首个囊括保险、银行、投资等产品于一体的"赚钱"节。"财神节"由平安集团牵头，由其旗下产险、寿险、银行、证券、陆金所等 17 个业务单位参与，共推出 18 款主力产品，精心打造 7 款高收益的明星爆款产品，力图为网民呈现一个"F-mall"(金融商铺)的大场景。

在该活动中，理财客户将享受高收益的理财产品，车主将获得 500 元红包及豪车等优惠返利，家庭个人将享受基于节假日需求定制的重磅保险产品，同时还配有普吉岛旅行、高端护肤、豪车等大奖，福利额度高达百万元。

活动亮点：

① 差异化：差异化营销显奇效，精准定位细分人群。"财神节"抓住年末电商"双十二"等舆论节点，打造"赚钱"节日的差异化舆论，从电商"低价花钱"的红海中创造一片蓝海；精准定位新富中产阶级为目标人群，满足其理财、投资需求。

② 明星款：用明星单品引爆交叉销售，销售成果显著。以 7 款优质单品为引爆点，"限时爆款"的营销策略缩短消费者的决策时间，刺激即时行动，同时整合平台带动全线 18 款产品的售卖。

③ 资源广：资源整合，线上、线下联动。高效联合 16 家专业公司协同作战，线上互联网营销配合线下路演及门店多类型营销活动。

④ 新媒介：H5 创意互动玩转朋友圈。灵活运用互联网创意玩法，根据不同的活动阶段，推出了 3 个与之对应的 H5 互动游戏，取得良好的推广效果，实现活动引流的目的。

⑤ 创意视频：配合"财神节"活动推出的创意视频"史上最没钱视频"，在低成本制作、无专门推广费用的情况下，获得了 400 万余次播放量，最低成本为"财神节"活动进行广泛推广，网络口碑好。

活动效果：

"财神节"总销量迅速增高，突破 2000 亿元人民币。

2) 人人贷

(1) 视角转换。

将新闻的视角不局限于平台新闻,更多的是转向行业新闻。这一转变促使关注者从行业整体的视角把握个体 P2P 平台,从而化营销于无形,从新闻这一推送实现产品无形的推广。此种营销方法适用于发展较为成熟、规模较大的 P2P 企业。

(2) 媒体专访。

平台创始人或主要领导接受媒体采访或专访,提高企业曝光率的同时将企业理念、文化等传播给大众,从而增加大众对企业的了解和信任程度。"人人贷"自身通过"人人贷:P2P 借贷江湖的三剑客""人人贷潜行:三个'傻瓜'的非主流金融梦""人人贷杨一夫:互联网金融为什么火起来""人人贷创始人李欣贺:网贷行业明年或大洗牌"这几篇专访达到了较好的宣传效果。此外,2014 年 11 月 4 日"人人贷"在北京举行媒体见面会,就"人人贷"发布第三季度季报为主题与媒体进行了讨论和交流,变相提高了曝光率和知名度。

(3) 举办论坛、沙龙。

企业可以经常出席各种行业沙龙、论坛和峰会等活动,在这些活动中通过演讲阐述公司的立场或行业发展中存在的问题等。2014 年,"人人贷"创始人杨一夫参加了由网易科技和网易新闻客户端联合主办的"2014 网易未来科技峰会",在演讲中表示:互联网金融是局部的、服务方式方面的创新,并没有根本性的改变的观点,获得了一定的认可。同年 5 月,"人人贷"他受邀在北京师范大学举办讲座,为校内外听众讲述互联网金融的发展和"人人贷"模式的实践。

(4) 顺应时代热点。

"人人贷"还通过制造话题或噱头,结合热点借势助推的方式促进营销。通过顺应时代的热点进而体现出时代特征和企业自身产品或服务的核心价值。"人人贷"的"梦计划",从"梦"字出发,结合热词"中国梦"的理念,给出的是吃喝玩乐拿,一方面契合了普通个人和家庭的需求,另一方面也契合了当下"吃货""旅行"等时尚话题和热词等,具有不错的吸引力。

(5) 广告营销。

"人人贷"软广告除了新闻软文外,还包括与其他组织合作推动的一些公益项目。自 2014 年 11 月起,"人人贷"、上海慈善教育培训中心联合 GE 基金会、亚洲基金会启动"以爱圆梦上海非沪籍女性创业助力计划",为非上海户籍的创业女性提供优惠的小额贷款服务,帮助她们获取创业启动资金。这种支持公益项目的活动有利于人人贷公司的企业宣传和良好品牌形象的塑造。

2014 年 10 月 27 日,以"与其做梦,不如行动"的"人人贷"视频小短片进驻北上广深四大一线城市楼宇电梯间,广告对象主要针对上班族。"人人贷"主要集中在经济发达地区投放广告，选择有一定的资金实力或有闲钱的中产阶级和上班族为客户群体。

(6) 线下活动。

线下活动一般是结合线上，通常由线上首先发起，设计活动的兴奋点，并积极宣传引起关注。"人人贷"官网在四周年时开展了"天天来抽奖"活动，手机、随身无线网络、移动硬盘等作为礼物赠送给客户。奖品的选择符合客户的需求，很容易引起客户关注。此外，校园招聘也成了一种宣传的方式。"人人贷"创始人作为清华和北大的校友，近期走进这两所大学的招聘活动是一次在校园进行宣传的好机会，通过创始人师兄的现场介绍和互动等，吸引了众多毕业班学生的关注。

(7) 虚拟客服。

"人人贷"通过设立虚拟形象拉近客户距离。客服方面，"人人贷"设置了"贝贝""妞妞"两位虚拟人物，这是"人人贷"在运营商的一个亮点。通过两位虚拟人物发布相关信息，在语音和行文中给人一种亲切可爱的感觉，非常符合现在的网络流行文化。同时，"贝贝"和"妞妞"在无形中成为"人人贷"的吉祥物，作为无形的资产形象固然不会因为公司人员的变动而改动。

4.6.2　互联网金融营销的失败案例

1. 众贷网

2013 年 4 月 2 日，上线仅 1 个月的众贷网宣布破产，成为史上最短命的 P2P 网贷公司。该公司在"致投资人的一封信"中表示，由于整个管理团队经验的缺失，造成了公司运营风险的发生，所有的投资都造成了无法挽回的经济损失。公告同时称，对于投资者的损失，已经用自己的资金先行按照一定比例垫付给投资人，垫付款已经通过网银转账给投资者。

资料显示，众贷网注册资金 1000 万元，隶属于海南众贷投资咨询公司，总部在海口市，定位为中小微企业融资平台。同时也自称是"P2P 网络金融服务平台"，提供多种贷款中介服务。据第三方网贷平台统计，众贷网运营期间，共计融资交易近 400 万元。众贷网的投资模式与大部分 P2P 一致：投资人通过第三方支付国付宝或银行将投资款打给众贷网，拍标完成后再由众贷网将此笔款打给借款人。

对于公司倒闭的具体原因，该公司法人代表卢儒化曾对媒体表示，众贷网破产是"栽"在了一个项目上。由于缺乏行业经验，审核工作没有做到位，众贷网未能及时发现一个 300 万元左右的融资项目的抵押房产已经同时抵押给了多个人，到众贷网这里已经是第三次抵押了。在资金难以追回的情况下，众贷网只能走向破产这一步。

众贷网不是第一个也不是唯一一个倒闭的 P2P 公司，P2P 网贷在我国爆发性增长的核心因素是因为理财市场和小贷市场的有效对接与监管真空，促使行业规模高速增长。高利差和监管套利保证行业的高盈利，不断吸引着新的进入者。但 P2P 行业有着与银行类似的风控模式，来做银行不愿意放贷的客群，这样的模式必然十分脆弱。

除掉那些专为制造庞氏骗局、赤裸裸地骗取投资后跑路的，创业者更多的是凭着热情，他们没有金融背景、没有弄清风险，仅因为这个行业暴富机会大而盲目进入，众贷网的例子显然属于后者。

2. PayPal

诞生于 1998 年的全球在线支付巨头 PayPal 成立次年即推出了"美版余额宝"——账户余额的货币市场基金，极具开创性地将在线支付和金融业务结合起来。该基金由 PayPal 自己的资产管理公司通过连接基金的方式交给巴克莱(之后是贝莱德)的母账户管理，用户只需将基金账户激活，账户余额每个月就可以获得股息，收益率每天浮动。

在业务开通的最初几年里，美国货币基金行业迅猛发展，PayPal 货币市场基金在 2007 年的规模峰值达到 10 亿美元，相当于当时一个规模排名中游的货币市场基金水平。诞生次年，美版余额宝的年收益曾达到 5.56%，但 2002 年美国利率大幅下降后，2004 年的收益只有 1.37%。为了吸引更多的沉淀资金、提高客户黏性，在这几年里，PayPal 一直通过主动放弃大部分管理费用的收取来维持货币基金的收益率和吸引力。好在 2005—2007 年利率上行期间，货币基金的年收益率超过 4%，其规模出现连续翻番。

但好景不长，2008 年金融危机后，美联储的三次量化宽松政策导致超低利率政策，由于基准利率水平关乎货币市场基金所必须购买的低风险资产的回报，使得货币市场基金获利困难或经营亏损。此外，美财政部在 2009 年后不再作为货币市场基金的最后担保人，货币市场基金的刚性兑付不再存在，投资货币基金不再能保底。在这个宏观背景下，美国货币市场基金收益普降至 0.04%，仅为 2007 年高峰 5% 的零头，甚至远不如储蓄账户 2.6% 的收益。PayPal 货币基金的规模也逐步缩水。2011 年 7 月，PayPal 被迫关闭了其运营的货币基金。

国内各种宝的核心逻辑与 PayPal 货币基金如出一辙。因为银行储蓄收益整体偏低，但国内利率水平整体偏高(一年 SHIBOR，即上海银行间同业拆放利率都可以在 5%)，在目前的货币政策下，投资货币基金产品的年化收益率基本上能做到 4%~5%，这给老百姓摆脱低存款利率创造了良好的条件。假设银行利率出现像美国、日本等地一样的零利率，那么整个货币市场基金就会成为无源之水，未来"余额宝们"是否会步美国先驱后尘尚待时间来考验。

本章总结

- 互联网金融营销是指通过非直接物理接触的电子方式，营造网上经营环境，创造并交换客户所需要的金融产品，构建、维护及发展各个方面的关系，从而获取利益的一种营销管理过程。

- 互联网金融营销的主体是指借助互联网进行金融产品和服务推广活动的主要参与者，可将其分为卖方、买方和第三方交易中介。

- 互联网金融营销系统是由互联网金融营销主体、电子货币和网络支付系统、互联网金融营销信息系统和互联网金融营销风险控制系统等各要素之间相互关联、相互作用所形成的。

- 互联网金融营销系统的发展要以对互联网金融产品和服务进行创新为基础，包括电子货币创新、互联网信用产品创新、互联网金融信息产品创新及基于互联网的客户服务创新。

- 互联网金融营销与传统营销在思维上的差异主要表现在市场细分、目标市场选择和市场定位三方面。

- 互联网金融的营销推广可分为线上推广、地面推广和全触点三种方式。

- 互联网金融营销的渠道包括付费渠道、自媒体渠道和口碑渠道。其中，付费渠道可细分为线上广告、App 广告和媒体广告；自媒体渠道可分为官方渠道、论坛渠道和社群渠道；口碑渠道可细分为媒体渠道、粉丝渠道和名人渠道。

- 互联网金融营销主要有活动营销、推荐营销和事件营销 3 种手段。活动营销是互联网金融企业最为常用的营销手段，是指互联网金融企业借助多种多样的活动进行用户营销的行为；推荐营销是指网贷平台通过发展存量用户成为其线下的销售人员，以期用裂变的人脉关系去获取新用户的营销行为；事件营销是指企业通过策划、组织和利用具有名人效应、新闻价值及社会影响力的人物或事件，引起媒体、社会团体和消费者的兴趣与关注，最终促成销售目的的营销行为。

- 互联网金融企业可以通过创新营销观念、完善营销体制、创新营销方式和强化产品开发能力 4 个方面来弥补其在金融营销方面的不足，进而使其进行金融营销的能力得到有效提高。

- 互联网金融企业的营销实践可以划分为初创期、发展期和成熟期 3 个阶段；且通常从团队建设、制定目标、营销策略 3 个方面进行营销规划。

本章作业

1. 如何理解互联网金融营销？其目的和主体分别是什么？

2. 简述互联网金融营销系统的构成和发展基础。

3. 互联网金融营销在思维逻辑上与传统金融营销有哪些区别？

4. 互联网金融营销的渠道有哪些？分别具有哪些特点？

5. 互联网金融营销的手段有哪些？分别具有哪些特点？

6. 互联网金融营销目前存在哪些问题？应该如何应对？

7. 互联网金融企业的营销实践可以分为哪几个阶段？

8. 互联网金融企业应如何进行营销规划？

9. 你从互联网金融营销的成功案例和失败案例中有哪些收获？你认为什么是互联网金融企业成功营销的关键点？

第 5 章

互联网金融品牌建设

本章目标

- 了解品牌的含义及互联网金融品牌建设的重要性。
- 熟悉互联网金融品牌部门架构及品牌规划。
- 掌握如何塑造一个好的互联网金融品牌。
- 掌握如何进行互联网金融的品牌公关管理。

本章简介

　　互联网金融企业由于门槛低、投资便利、收益率较高的特点，吸引着大量的长尾客户，在金融市场上已占有一席之地。然而值得注意的是，目前互联网金融市场已成群雄逐鹿之势：互联网金融企业的数量不断增加，同业竞争也异常激烈，作为互联网金融的经营主体，要想在市场中立足，品牌建设必不可少。

　　本章从品牌概述、品牌部门架构与品牌规划、品牌塑造及优化、品牌维护 4 个方面出发，先就品牌的含义进行概述并阐述互联网金融品牌建设的重要性，接着具体介绍互联网金融品牌部门的架构及如何进行互联网金融品牌的规划，最后介绍如何塑造互联网金融品牌及如何实现品牌公关管理。为了加深理解，本章也列举了一些典型的案例。谨以此为互联网金融机构对自身品牌的建设提供一些建议。

@ 5.1 互联网金融企业品牌建设的意义

5.1.1 有利于提高企业的知名度，增强并巩固其市场地位

在市场经济化的时代，各行各业都存在着激烈的竞争，尤其是在金融行业中，企业之间的竞争更为激烈。互联网金融机构不同于传统的金融服务机构，它没有经过长时间积累的品牌优势和大众认可度，即使其贷款产品利息更低、理财产品收益更高、操作流程更简单，如果没有打造好自己的品牌，也不会受到大众的欢迎，正所谓"酒香也怕巷子深"。尤其是在互联网金融市场被阿里、京东、腾讯等巨头占据的情况下，对于其他互联网金融企业来说，没有自己的品牌，就没有自己的市场地位。

5.1.2 有利于提高客户流量及客户转化率

当互联网金融企业有良好的品牌时，其客户流量及客户转化率就会大大提高。通常在产品要素相同的情况下，消费者会选择自己所熟知的、口碑良好的企业。即使产品要素条件不同，例如一家投资理财收益较高、但没有品牌的公司与一家投资理财收益略低、但具有品牌优势的公司相比，大多数消费者会更倾向于后者。因此，品牌具有一定的"虹吸效应"，当消费者在日常生活中有投资理财或贷款的兴趣时，会浏览品牌良好的企业，使企业的客户流量增加；当消费者自身有实际需求时就有可能会选择这些企业的服务，从而从潜在客户转化成为有效客户。

5.1.3 有利于提高客户的忠诚度，保障企业的持续经营

互联网金融品牌建设能增加客户对企业的依赖度，促使客户重复使用某个企业产品或服务，从而产生一定的客户黏性，推动"新客户"变为"老客户"，增加企业的长期效益。这主要是受到消费者的心理因素影响，如用户在使用某个理财平台后感觉基本满意，而这个平台由于重视品牌建设非常出名，用户会感觉到自己进行了一个正确的决策，并产生一定的激励，从而增加了对该理财平台的认可度和使用频率。

近年来媒体上曝光的互联网金融平台跑路事件已经令不少人对互联网金融望而却步，低价、高收益的金融产品已不再是互联网金融企业的核心竞争力，互联网金融企业必须要建立自己的品牌，让品牌成为高质量、好品质的代言，以品牌效应提升自己的核心竞争力，实现可持续发展。

@ 5.2 品牌部门的组织架构与品牌规划

5.2.1 品牌部门的组织架构

品牌对一家企业的长期发展至关重要，因此市场上大多数知名企业都设立了专门负责品牌建设的品牌部门。由于受行业、地区的影响，各个公司的品牌架构也不尽相同，各具特色。但是以下要素是不可缺少的。

1. 品牌策划部

品牌策划是一项战略工程，具有持续性、全局性、系统性、连续性和长期性的特征。通过对品牌的策划设计，可以使企业品牌获得更多人的认可和更高的顾客忠诚度，成功的品牌策略能够使企业的品牌不断增值并实现可持续发展。因此，品牌策划部是整个品牌部门的核心。其主要负责的工作包括公司品牌基础规划及建设、公司 VI(视觉识别)系统的推进、宣传画册等广告物料(产品和企业)的设计制作及配合品牌中心其他职能部门的一些工作。

2. 文案编辑部

文案编辑部负责品牌建设的落地与执行，主要负责公司网站和期刊的策划、板块/模块的设计、新媒体的运营(如新浪微博、微信公众号等)、文稿撰写、新闻开发研究、内外事务的影像/文档等资料的整理归档。

3. 品牌推广部

品牌推广部负责媒体资源整合、采购、优化、媒体关系、客户投放指导等工作，在品牌规划与传播的整个过程中发挥着至关重要的作用。主要负责公司品牌推广活动、产品营销活动的策划与执行。同时还包含实施媒介资源整合、新闻公关、处理新闻负面事件、媒介调研与投放、行业性领导及学者关系维护、组织展会活动等。

5.2.2 品牌规划

1. 什么是品牌规划

品牌规划是建立以塑造强势品牌为核心的企业战略，将品牌建设提升到企业经营战略的高度，其核心在于建立与众不同的品牌识别，为品牌建设设立目标、方向、原则与指导策略，为日后的具体品牌建设战术与行为制定"宪法"。

品牌规划包括品牌定位、品牌理念和品牌发展战略 3 个方面的内容，其中品牌定位是品牌规划的首要环节。首先，企业的业务与服务要有一个准确的市场定位，以此进行企业营销与品牌推广工作；其次，一个企业要想长足发展，必须拥有自己的品牌理念，形成企业独特的价值体系，从而在消费者心目中建立起根深蒂固的品牌需求，在引起消费者物质需求的同时，建立消费者特定的精神追求；最后，全面系统的品牌发展战略是企业品牌持续稳定发展的根本保证。

在互联网金融领域竞争激烈的今天，金融产品的类型越来越相近，金融服务的差异性明显降低，价格手段的作用越来越无法显现出来，因此，各互联网金融企业要明确自身处境，进行品牌战略规划，树立个性化品牌，以差异求生存，以差异赢发展。

2. 品牌规划的主要内容

1) 确定品牌名称

品牌名称须遵循独特性、简单易记、有故事、无歧义原则，好的品牌名字能够促进品牌的宣传推广，而且要有一定的辨识度。例如互金所、房金所、票金所、e 金所、友金所、前金所、楚金所、微金所、汇金所、贷金所等，品牌名缺乏独特性，不容易记忆，常被理财用户混淆。

2) 确定互联网金融企业的品牌定位

品牌定位是建立一个与目标市场有关的品牌形象的过程和结果。即为某个特定的品牌确定一个适当的市场位置，使产品在顾客的心中占领一个有利的位置，精确的品牌定位能使企业品牌形象与目标消费群体实现最佳结合成为可能。因此，对品牌的定位实际上是寻找和预设目标人群能够接受的消费诉求，是品牌战略管理的核心。

品牌定位要求企业的业务开展做到小而精，而不是大而全，不少企业的经营经验已经说明，力图占有全部市场的经营模式只会造成资源的大量消耗而没有带来应有的效益。例如曾经位列全球 500 强的手机生产商摩托罗拉由于产业链分布太长，产业涉及范围太大，而丧失了成为领先者的机会。由此可见，企业一味地追求经营规模的扩大只会使自己丧失竞争优势，而进行准确的品牌定位则是互联网金融企业稳定发展的基础。

互联网金融企业要想在激烈的行业竞争中占有一席之地，必须要有自己的业务特色，即对特定的客户群体提供特色的产品和服务。如果不能发展有特色的业务，就难以拥有稳定的目标客户群，难以培育自身的竞争优势，互联网金融品牌的创建也就无从谈起。从这个意义上讲，鲜明的业务特色是品牌定位的根本。在品牌定位时，要进行科学的市场细分，选择目标客户、确定产品结构和服务种类，根据客户所处的行业、地区、职业和消费偏好的不同，划分不同的客户群，实施不同的客户关系管理，设计和提供差异化的产品与服务，进而塑造出鲜明的业务特色。

对于互联网金融企业来说，对品牌定位的 STP 分析必不可少。

STP 分析，即市场细分 (Segmenting)、选择目标市场 (Targeting) 和产品定位 (Positioning)。STP 法则是整个营销建设的基础，它对各自的市场进行了细分，并选择了自己的目标市场，传达出各自不同的定位。它是指企业根据一定的标准对整体市场进行细分后，从中选择一个或多个细分市场作为自身的目标市场，并针对目标市场进行市场定位。

首先，市场细分是品牌定位的前提。企业若想在竞争激烈的互联网金融领域占有一席之地，就必须要进行市场细分，寻找合适的市场发展自己的资源优势，针对特定的消费者提供个性化的服务。其次，选择目标市场是品牌定位的出发点。目标市场需具备 3 个特征：有适当的规模需求和潜在需求、企业的产品能够满足市场或潜在需求、品牌在特定细分市场上应该具有一定的竞争优势。品牌在选择进入目标市场之前，需要综合分析企业自身的资源及外部环境。最后，市场定位是品牌定位的落脚点。企业在决定进入某一细分市场之前，需要充分研究市场需求及竞争对手的情况，塑造出自己的业务特色，制定有针对性的营销策略，在目标市场中迅速成长。

互联网金融品牌常用的定位方式有以下 4 种。

(1) 根据产品属性和功能定位。

一个新的品牌应强调一种属性，企业要根据产品本身的属性及由此给客户带来的实际利益定位。众筹、P2P、第三方支付等互联网金融平台要以自身的经营属性为依托来探索品牌的定位方向，进行品牌营销。在互联网金融行业飞速发展的今天，同一互联网金融模式下又存在着众多企业相互竞争、瓜分市场，因此，单个企业要想获得更大的知名度和客户忠诚度，需要在进行品牌定位时就做到产品属性和功能的细分。以第三方支付为例，第三方支付未来的发展将呈现多元化及两极分化，一部分好的企业会从某些具体的细分领域入手，抢占更多的地盘和空间，知名度越来越大，品牌越来越被人所熟知；而一些没有明显特色、战略定位不清晰的第三方支付企业可能会疲于应对各方面的挑战，失去了品牌优势，最终走向衰亡。

(2) 根据品牌的市场地位定位。

根据品牌的市场地位定位，在操作层面有两种策略可选用：一是"首席定位"策略，力求使品牌成为本行业中的领导者或第一品牌。如众筹中国定位为"最具影响力的众筹资讯门户"。二是"加强定位"策略，即注重巩固与加强自身在市场和消费者心目中现有的地位。互联网金融企业在根据市场地位进行品牌定位时要深刻考虑企业自身的发展阶段及本企业在整个行业中的市场占有率，同时还要结合企业的经济资源和人力资源，做到适合自己的才是最好的，切勿在进行品牌市场定位时盲目自大、好高骛远。

(3) 根据品牌的 USP 定位。

USP 理论的实质就是要以差异化为卖点，品牌的成功在于与其他品牌具有较大的差异性，寻找到这个有市场前景的差异性，也就找到了品牌的适合客户群。运用 USP 定位，在同类品牌众多、竞争激烈的情形下，可以突出品牌的特点和优势。

由于互联网金融品牌存在着强者的唯一性，也就是说处于第一位的品牌通常占据了绝大部分的市场，而紧随其后并且拥有强大实力的第二位和第三位的品牌只能拥有极其有限的小部分市场。例如在图书销售网络中，当当网占据着领先地位，拥有绝大多数的客户，而具有同等实力的其他网络图书销售品牌却不为大多数人所知晓。因此，互联网金融企业在进行品牌建设时要树立自己的业务特色，追求服务的差异性。又例如作为后起之秀的微信并没有因为 QQ 的存在而默默无闻，相反，微信凭借其独特的手机号绑定、微信钱包、摇一摇等功能使更多用户不断向微信倾斜，从而在激烈的市场竞争中占据一席之地。

(4) 根据客户类型定位。

根据客户类型定位，是以目标客户的年龄、性别、身份、地理位置、行为偏好、规模、性质等为坐标的定位方法。哈里斯认为要想在市场竞争中赢得更大的优势，首先要将消费者细分为多种类别，根据不同类别消费者的特点实施品牌的精准定位。

例如，以客户的年龄为定位坐标——网筹金融，一家专注服务 80 后的金融理财平台；以客户所在的行业为定位坐标——珠宝贷，一家专注于珠宝行业投融资的服务平台；麻布袋，一家专注于农业领域的 P2P 网贷平台。

明确的目标客户定位有助于快速地建立消费者与品牌之间的联系，从而"对号入座"，企业的品牌也能快速地被目标客户人群所接受。

3) 品牌理念

(1) 什么是品牌理念。

品牌理念是得到社会普遍认同的、体现企业自身个性特征的、促使并保持企业正常运作及长足发展而构建的并且反映整个企业明确的经营意识的价值体系。企业在品牌建设的过程中要将企业文化融入品牌文化，进而形成独特的品牌理念。企业文化是保证企业持续稳定发展的基础，是在长期的实践活动中逐步形成的，因此，品牌文化与企业文化的融合形成了具有企业自身特色的价值理念、行为标准和品牌理念。

品牌理念能够吸引消费者建立起对该品牌的忠诚度，进而创造品牌的优势地位。要构建独特的品牌理念需要实现以下目标：首先，品牌理念必须与行业特征相吻合，与行业特有的文化相契合；其次，在规划企业形象时，应该充分挖掘企业原有的品牌理念，并赋予其时代特色和个性，使之成为推动企业经营发展的强大内力；再次，品牌理念要能与竞争对手区别开来，体现企业自己的风格。如：蚂蚁金服的品牌理念是以"为世界带来微小而美好的改变"为愿景，致力于打造开放的生态系统，通过"互联网推进器计划"助力金融机构和合作伙伴加速迈向"互联网+"，为小微企业和个人消费者提供普惠金融服务。

(2) 品牌理念的构成。

品牌理念由企业使命、经营思想和行为准则三方面内容构成。

① 企业使命。企业使命是指企业依据什么样的使命开展各种经营活动，是品牌理念最基本的出发点，也是企业经营行动的原动力。企业使命应融入品牌理念中，作为品牌的

文化内涵和价值象征,从根源上指导企业品牌的发展走向和使命,让每一位接触到该品牌的客户产生情感上的共鸣,从而增强对该品牌的信任感和依赖度。

② 经营思想。经营思想是指导企业经营活动的观念、态度和思想,直接影响着企业对外的经营姿态和服务姿态。不同的企业经营思想会产生不同的经营姿态,便会给人以不同的企业形象。企业不仅仅要以营利为目标,更要注重企业社会责任的承担,将社会责任融入品牌理念中,向公众传递企业品牌的正能量。

③ 行为准则。行为准则是指企业内部员工在企业经营活动中所必须奉行的一系列行为准则和规则,是对员工的约束和要求。将企业的品牌理念融入每一个员工的行为中,使得企业员工在追求业绩与服务质量提升的同时,将品牌理念的荣誉感、认同感带给每一个客户,以此扩大品牌的影响力。

4) 品牌发展战略

品牌发展战略被视为最核心的发展战略模式。在互联网金融行业高速发展的当代,各互联网金融模式相互合作、相互融合,而同种运营模式的企业几乎也是大同小异,导致互联网金融行业虽竞争激烈,但各企业、各品牌之间缺乏差异性,单个企业难以独树一帜。因此,互联网金融企业要明确自身的处境,通过市场细分及对客户进行准确、客观的分析,树立个性化的品牌。同时,企业的品牌发展战略还要随着内外部环境的变化进行动态调整,结合具体实际了解自身的发展优势和竞争力,从而构建合理的品牌发展战略,确保企业在激烈的市场竞争中占据有利地位。

互联网金融企业要实施品牌发展战略,必须要具备人力、财力和产品资源基础。其中人力资源基础要求企业的领导层对品牌建设高度重视,负责各方面的协调与配合;拥有高素质的品牌建设与发展团队,对品牌发展战略的制定、执行和监督,实时关注并改进;此外,完善的组织架构和全员的品牌经营意识为品牌战略的稳步实施提供了保障。财力资源基础是指需要有充足的现金流为品牌的建立和长期运营提供资金基础。产品资源基础是指互联网金融企业要加强业务与产品创新,提供专业个性化的服务,为品牌发展战略的建立与实施提供源源不断的内涵动力。

互联网金融企业的品牌发展战略可以制定为精准定位目标市场和客户、响亮的品牌名称及醒目的徽标、明确品牌核心价值、培育品牌文化、实施全方位整合传播。

(1) 市场细分、目标市场及市场定位是企业品牌定位的全过程,只有确定目标市场及目标人群,才能应付竞争挑战、满足市场需要、提高品牌知名度、认知度和美誉度。进行市场细分和目标人群设定是企业制定品牌发展战略的第一步,关系到企业的整体运作方向,即在哪个市场为什么样的人群开展怎样的服务,准确的市场定位有利于企业品牌知名度和客户满意度的提升。例如"追梦网"的目标定位是让有梦想、有创意的年轻人都可以创造最想要的自己;"乐童音乐"的目标市场定位是为音乐人提供众筹平台。

(2) 品牌名称及徽标是品牌外在的、具象的东西,可以直接给予消费者较强的感观上的冲击，可以令消费者非常直观地辨析品牌的特征。品牌的设计应具有独特性、鲜明性，品牌的图案文字等应与竞争对手相区别，代表本企业的特点。而品牌名称要遵循易于传播、内涵丰富、易于联想、易于延伸、可保护的原则，如支付宝、人人贷等。

(3) 明确品牌核心价值，强调品牌个性，与其他互联网金融品牌做出强烈区隔。品牌不仅是一家企业产品和服务的直接象征，更是企业文化与企业责任的间接体现。个性鲜明的品牌可以使客户获得超过产品功能之外的社会和心理需求，从而影响其选择和偏好，建立起对品牌的忠诚。

(4) 加强品牌文化建设，培养员工对企业的认同感，增强人才竞争优势。品牌文化是品牌中的经营观、价值观、审美因素等观念形态及经营行为的总和。它能给消费者的心理带来满足感，具有超越商品自身价值的效用。企业文化对于企业里的每个员工来说，是大家团结奋斗的共同目标，是激励自省的准则和动力。就品牌对外传播来讲，品牌文化无疑是绝好的传播载体，是树立个性化品牌形象的有力武器。

(5) 为提升品牌的知名度、美誉度，需要进行多渠道全方位的品牌推广营销。推广营销策略包括广告宣传、公共关系传播、人员推销、渠道策略等。其中渠道策略是指互联网金融企业在具有一定的经济实力的前提下，通过参股、并购等方式向其他互联网金融企业渗透，不断扩大自身品牌的影响力。

@ 5.3　互联网金融企业品牌建立的原则与渠道

5.3.1　品牌建立的原则

1. 简单原则

作为一家互联网金融企业，一定要明确自身的任务就是建立知名度，告知大众你的名称，你的职责。首先要接近的是脸熟的问题，互联网金融企业的首要任务就是告知大众该行业有你的存在，这是最简单但却最基础的一步。

2. 直接原则

尽量少绕弯子，一切创意都围绕产品爆破，比如说互联网金融行业百度钱包投放在网络综艺上的广告：由唱着、躺着、坐着、躺着、跪着都能赚钱的百度钱包冠名播出。就直接明了地凸显了百度理财的便民性和收益性，广告词直击产品核心特点，品牌效应自然就会凸显。

3. 出奇原则

要想让别人记住你，你就得动点心思，使自己显得与众不同，互联网金融企业要的就是知名度，无论采用什么方式，只要别人能够知道你公司的名字就行，比如说前段时间的"罗一笑"事件，作为 P2P 企业的小铜人与之捆绑，除去道德因素外，不得不说这是互联网金融平台一次较为成功的营销方式，大幅度提升了小铜人的知名度。

4. 产品为主角原则

把产品作为整个创意的主角，放大，因为对于投资者来说，互联网金融平台的产品内容的丰富性及产品质量的高低(安全性、收益性)才是他们衡量产品好坏的标准，也是他们做出投资决策的关键一步，所以互联网金融企业在扩大品牌知名度时一定要注重突出产品的特色，以产品为导向，切莫夸大其词，为了吸引客户盲目做出虚假承诺。

5. 记忆点原则

人最容易被细节吸引和打动，在人的脑海里，经常会浮现出一些断章式的情节，很多人对它过目不忘，这就是记忆点。比如互联网金融行业的"悟空理财"，"悟空"二字颇具国民识别度，所以当该理财产品推向市场时，市场知名度迅速打响。

6. 重复产品名

人是需要进行提醒记忆的，只出现一次品牌名字绝对是一个失误，你必须不断重复，消费者才可能听到，别怕重复，宁多勿少。这方面较为成功的是"互联网+"旅游的"去哪儿"网，"去哪儿"投放广告时不断重复去哪儿旅游，所以去哪儿旅游这一概率深入人心。

5.3.2 品牌建立的渠道

1. 新闻

以新闻的形式提高知名度，不仅权威性高，传播面也很广泛，尤其像具有接近垄断的新闻联播，如果互联网金融企业能够上具有正面积极消息的新闻，品牌知名度相信会迅速打响。

2. 搜索引擎

让你的关键词出现各大搜索引擎前三名，使得网民在搜索你的产品、品牌、企业信息时出来大量的正面信息，而目前微博的热搜，则是搜索领域的佼佼者，互联网金融平台可以借助微博热搜获取众多客户。

3. 多方位的品牌推广

打造品牌最关键的还是要做好产品和品牌的推广，低成本的方式就是在网络上推广产

品，网民接触互联网的途径众多，只有利用多种营销方式进行覆盖式推广才能取得良好的效果。

@ 5.4 品牌塑造

5.4.1 品牌建立

1. 建立并完善品牌形象

1) 品牌 logo

品牌符号化是最简单直接的传播方式。品牌符号化能帮助消费者简化他们对品牌的判断，对于企业而言，是降低沟通成本的有效途径。例如可口可乐的"红色"代表着活力，人们看到一个"红钩"就会想到耐克，看到大大的"M"就会想到麦当劳，看到"四个圈"就会想到奥迪汽车等。

2) 色彩计划

Hellokitty 的主题颜色为粉色，立顿茶叶的主题色为黄色，黑莓手机的主题色为黑色。他们都有非常清晰的色彩定位。对于互联网金融平台而言，色彩规划不仅关系品牌形象，也直接影响了网站和 App 的美观和用户体验。互联网金融平台的颜色一般取单色、浅色为宜，不必太过花哨。

3) 吉祥物

品牌吉祥物能够起到传递经营理念、增加品牌无形资产积累的作用。大家熟知的吉祥物有百度的度熊、腾讯的企鹅、天猫的黑猫、京东的金属狗、搜狐的狐狸、UC 浏览器的松鼠、迅雷的蜂鸟。在互联网金融行业，付融宝的阿法狗、点融网的点小融、小牛在线的小牛犇犇也都可圈可点(如图 5.1 所示)。

2. 注入品牌内涵

1) 品牌精神

可口可乐能够风靡世界，卖的不是商品，而是一种文化，是一种美国精神；朵唯将自己的品牌定义为女性手机，鼓励女性在成长的路上要勇敢去尝试新事物。这些品牌精神满足了消费者情感、心理层面的需要，成为品牌营销与构造的关键要素。同理，如果我们可以给互联网金融平台注入品牌精神，与客户达成情感和心理层面的沟通，就显得尤为重要。2016 年 3 月，宜人贷赞助了无锡 2016 年马拉松赛，宜人贷选择赞助马拉松，既是对市场的准确把握，更是对马拉松精神的认同。

图 5.1　典型的互联网金融品牌形象

2)　品牌故事

品牌故事的素材可以来自产品、创始人、公司、员工或者典型用户。雕爷牛腩花 500 万元买秘方、西少爷肉夹馍创始人的悲壮爱情故事、褚橙褚时健的跌宕起伏人生、阿里上市快递员敲钟、团贷网创始人唐军用 213 万元人民币拍下史玉柱 3 小时午餐时间等，这些都是品牌故事。当然，品牌故事最重要的使命是传递品牌精神。

3)　品牌标语

品牌标语对于消费者的意义在于其所传递的公司的产品理念，它所强调的是一家公司和其产品最为突出的特点。互联网金融品牌撰写品牌标语应该注重以下 7 个原则：标语发出行动指令、标语给予效果承诺、标语突出品牌定位、在标语中突出独特卖点、通过标语唤起情感共鸣、通过标语传递对目标受众的关切、通过标语传递品牌理念。

3. 提升品牌形象的公信力

公信力是消费者对企业社会行为的综合考评。由于互联网金融发展尚未成熟，加上市场监管的包容性及平台的技术壁垒和金融投资者互联网金融知识的缺乏性，会导致投资者的财产遭受严重损失，"跑路""非法集资"等事件频频出现，使行业声誉严重受损。因此，互联网金融企业在品牌塑造的过程中，如何提高公信力，让消费者相信、安心，是品牌塑造的重点。

1)　加强信息技术的安全建设

互联网金融的基础是互联网，网络安全，硬件软件管理很是关键，建立强大的风控体系和内部控制制度，加强企业的科技创新，在满足市场消费者期望的基础上追求更高的附加价值，可以提高企业品牌的公信力。

(1) 在品牌传播方面重点宣传企业的第三方资产托管。

安全是互联网金融企业得以长期发展的首要因素，也是提升品牌影响力的关键，将平台资金交予第三方，不仅使企业的风控体系更加完善，也使公众对该品牌更加信任，提升品牌形象的公信力。

(2) 组建专门的品牌管理团队，制定长期的品牌发展规划并建立完整的品牌识别系统。

互联网金融企业要执行整合传播计划，确保品牌与消费者的每一个接触点都能传达有效信息，通过品牌团队的建设，让每一位员工明确自己的职责，分工细化，促进企业品牌战略管理健康发展。此外，还要加强企业团队背景的宣传，注重提升企业团队的整体实力，对人才培养、组织结构、服务理念等进行完善。

2) 将诚信融入企业文化和品牌理念

塑造一个诚信、安全可靠的企业品牌形象，是提升企业公信力、增强品牌美誉度和客户忠诚度的有力武器。

4. 提升客户满意度

互联网金融企业要想在激烈的行业竞争中脱颖而出，就必须获得大量的用户流量，而客户满意度的提升是吸引和留住用户的核心。客户满意度是一个相对的概念，是客户期望值与客户体验的匹配程度。换而言之，就是客户通过对一种产品可感知的效果与其期望值相比较后得出的指数。互联网金融企业的客户满意度主要体现在客户对服务平台与机构的主观体验感及心理满足与安全感等方面。

互联网金融企业由于有自己的特殊性，即对互联网的依赖性较强，并且企业发展的关系是产品及客户服务，因此应该从以下几个因素入手，来提升客户信任度和满意度。

1) 网站优化

网站平台是企业向客户展示自己的重要途径，因此必须要优化自己的网站，充分展示企业的优势特长，来吸引客户的眼球。任何一个客户被引流到网站上，往往在 50 毫秒的时间内就能产生对这个网站是否信任的基本判断：这是什么公司？是做什么的？可信吗？我下一步怎么办？有我要的东西吗？……因此，进行网站优化，改良网站网页设计，对提升网站专业度和信任度非常重要。

2) 客户服务

互联网金融行业是以用户为核心，更注重用户体验，关注用户需求。互联网金融企业争取的是大众用户，走的是普惠金融道路，客户在选择产品或者服务的过程中更有主动性，更注重体验和服务质量，因此品牌传播就是在用户的良好体验和分享中完成的。为此，需要告知包括管理层及全体员工在内的所有人员，企业的营销、广告与使命宣言是如何界定品牌的，这种界定是如何对品牌产生影响的；从 CEO 到行政人员、销售团队，所有人都要统一思想，鼓励他们向大众传递一致的品牌价值观；平台工作人员要实时在线，保证能够随时为用户解答各种问题。

3) 信息透明

互联网金融企业要想持久发展，就必须做到信息透明，向客户披露有关企业与产品的真实信息，避免道德风险和逆向选择等信息不对称问题。赢得客户信任，不仅是金融监管的法律要求，也是各互联网金融企业要自觉遵守的职责所在。

5.4.2 品牌优化

1. 什么是品牌优化

品牌优化是对企业品牌和形象的优化，通过优化企业形象，从而进一步提高企业的知名度，扩大品牌的目标受众和目标市场，与其他品牌深度区分，加强品牌在同行业中的影响力。品牌优化贯穿于企业品牌建设的全过程，互联网金融企业在制定发展战略的过程中，要将品牌优化融入其中，重视培育和提升品牌价值，将品牌建设与内外资源相整合，进行品牌创新，对企业品牌进行科学规划和全方位管理，使企业运营的各个环节相互协调、相互促进、共同发展。

2. 如何进行品牌优化

1) 平台网站的优化

互联网品牌与消费者之间的沟通途径主要是通过网络这种虚拟的方式，从这个层面上来讲，互联网品牌的虚拟程度是非常高的，也正是由于这个因素，互联网品牌对于自身网站的改进与优化显得更为重要。因此，互联网金融企业要做到平台信息准确可靠、用户疑问及时处理、网站界面不断优化、信息技术不断创新、团队管理日益完善等。

2) 品牌的创新与调整

为了延长品牌的生命周期，使品牌适应市场竞争格局以及用户需求，营销者要做好充分的调研分析工作和品牌的动态管理，维护好品牌，并在必要时进行品牌创新。对于互联网金融企业来说，当市场或客户的需求发生变化时，企业要及时进行品牌创新与调整以适应当前市场的需要，不断地推出新产品，提供个性化的服务满足客户日益多样化的需求，只有这样才能不流失老客户并吸引更多新客户，抢占更多市场份额，不断提升品牌的影响力。例如，曾经位于手机行业霸主地位的诺基亚在智能手机与安卓操作系统的潮流中一败涂地，诺基亚最大的失败就在于没有顺应潮流，没能真正地去考虑用户的需求，不断的消费用户对自己品牌的信赖，在全世界的手机生产商都在为自己的品牌贴上智能手机、触屏的标签的时候，诺基亚依然固守自己不肯改变，与需求相悖的后果就是被抛弃，以至于曾经代表着最好手机品牌的诺基亚至今几乎无人问津。

3) 制定可持续性的品牌发展战略

品牌的知名度能在短期内通过品牌发展战略得以实现，而品牌的美誉度和顾客忠诚度却是品牌建设的长期战略得以有效实施的结果。企业要对品牌的长短期发展进行统一规划，从制度、人员和服务等各个方面建立品牌启动与推行的保障机制，使品牌战略发展有充分的保障。品牌发展战略是企业进行品牌建设的指路标，企业要在不同的发展阶段依据市场状况和消费者的需求及时调整与改进品牌发展战略，实现品牌的可持续发展。

4) 进行品牌延伸

品牌延伸就是将品牌拓展到更多的领域，将品牌的影响力扩大到更大的范围，发挥已经树立起来的品牌影响力，推动品牌业务的发展。面对竞争激烈的市场环境，企业要想建立一个新的品牌非常困难，因此，企业可以在现有品牌的基础上进行品牌延伸，这样不仅可以节约经济资源，还可以促使原品牌扩大影响力并增加市场占有率，使延伸品牌更快更好地为大众所接受。互联网金融企业进行必要的品牌延伸已成为大势所趋，例如在淘宝网之后，阿里巴巴集团旗下又延伸出第三方网上支付平台支付宝、阿里云计算、天猫等，都迅速而强有力地占有了市场。互联网金融企业在进行品牌延伸时要考虑企业的整体运营情况和经济实力，从长远发展的战略高度审视品牌延伸，切不可急功近利，以致非但没有占领新市场，反而使原有品牌形象遭受损失。

@ 5.5 品牌营销、舆情监测与品牌公关

5.5.1 品牌营销

1. 什么是品牌营销

互联网金融企业的品牌营销就是要把企业的形象、知名度、良好的信誉等展示给消费者，从而在消费者的心目中形成对企业产品和服务的品牌形象，企业通过利用消费者对产品和服务的需求，然后用产品和服务的质量、文化及独特性的宣传来创造一个品牌在用户心中的价值认可，最终形成品牌效益的营销策略和过程。

品牌营销的目的是扩大品牌知名度，提高品牌声誉，从而间接地促进企业产品的销售，使企业在间接满足消费者需求的同时，在消费者心目中树立起企业的形象。

2. 品牌营销方法

(1) 数据深度挖掘，准确定位客户需求。消费者在互联网上"生活"的时间越来越多，其"生活"的痕迹也愈发多元和深化。这些数据网络行为的背后，是一个个鲜活的、有思考、有个性、有态度的个体；每一个线上行为的背后，都蕴含着他们的偏好和需求。

因此，需要通过对消费者的互联网行为进行深度数据挖掘，精准定位出他们真正的需求和感兴趣的内容，以此确定营销的切入方向。

(2) 内容定制化，有效融合价值。在精准定位出品牌目标受众需求后，企业应以自身的内容资源为基础，充分结合受众和品牌双方的特征及需求，将品牌营销信息与内容进行定制化整合。在为客户提供价值内容的同时，实现企业自身的营销价值。

(3) 跨平台整合，多点传播。由于消费者的线上行为早已由单终端转变为多终端，因此，有效的品牌营销不仅需要找到契合点并以此进行营销内容的定制化，同时还需要运用不同的渠道进行传播，以充分覆盖目标受众的媒体接触点，真正做到"在消费者存在的地方，以消费者喜欢的方式，传递消费者感兴趣或者对其有价值的内容"。

实施全方位的品牌整合传播。提升品牌知名度的最直接方式是广告，利用大众媒体的广泛影响力，将企业品牌的信息传递给潜在目标受众，直接引起目标客户的认可和需求；利用公共关系传播，开展公益活动、举办企业冠名的竞赛讲座、热衷环境保护工作，不仅能为企业树立良好的形象，同时也为公众深入了解企业品牌提供了良好的渠道，对企业品牌传播起到了事半功倍的效果。此外，企业品牌营销还可以借助互联网的优势，通过全网络渠道的信息发布，制造良好的口碑效应；结合百度相关产品，不断优化企业正面信息的排位；在百度、贴吧等设置官方信息，提升搜索量；利用微博、微信等新媒体进行品牌传播。通过组织或出席一系列重要的会议、论坛，获得大量主流财经媒体的报道；利用大曝光的门户媒体进行公关软文曝光，提升平台的口碑热度。

(4) 效果多维评估，优化营销方案。通过消费者对品牌的认知度与好感度的评估，优化品牌营销方案，增强营销效果。品牌营销要懂得利用互联网科技这个资源，学会驾驭当下的技术潮流，掌握大数据、数据挖掘、市场分析、分层技巧、因素分析技巧等，并在做好产品设计和技术研发的前提下，精确地进行营销宣传。互联时代传播的核心就是要找到合适的影响点，在合适的时机影响那些在社群中有影响力的人。

以"橙 e 网"为例，自上线以来"橙 e 网"持续打造"供应链金融+互联网金融"平台的战略目标，通过对橙 e 平台各类重点产品、活动的传播需求进行深入分析，以创新的营销传播方式策划了一系列品牌宣传活动，不断丰富"橙 e 网"的品牌和外延，向用户传达"橙 e 网"关注生活、关注生意的理念，让品牌更具情感温度。此外，"橙 e 网"还策划实施了一系列的跨界营销+Social 营销活动，以移动渠道为主阵地，通过热点话题、用户分享、KOL 自媒体推广等方式，配合平面媒体、网络媒体等传播渠道，对"橙 e 网"品牌及重点业务展开了全方位的公关传播工作。

(5) 品牌营销与市场营销相结合。市场营销其实就是品牌营销，品牌的市场意义重大，第一是满足客户需求并实现企业价值；第二是可以增加企业附加值；第三是企业区别于竞争对手的差异化表达；第四是可有效降低客户的消费成本。

品牌策划的效果主要通过市场体现出来，品牌的知名度、客户忠诚度及市场占有率的提升需要与相应的市场营销策划相匹配，市场营销要充分了解消费者的各种需求，争取在物质与精神层面上提供满意的产品与服务，创造品牌价值并有效传播。

【案例 1】

"爱钱进"的成功品牌营销

2016 年 7 月，电视剧《老九门》火爆上映，同时也让人记忆深刻的就是在电视剧中插播了由电视剧主要角色出演的广告。"爱钱进"理财平台就是其中之一。这一系列的广告从不同角度对"爱钱进""靠谱的互联网金融平台"进行了多方位的阐述，将品牌特性以有趣、新颖、好玩的方式展现给受众，较好地提升了品牌认知度与喜好度。

"爱钱进"尝试了多重渠道的营销方式，包括楼宇、地铁公交、电视等主流端口的广告投入，网络综艺、网络自制剧的内容植入，以及生活时尚类的跨界营销，旨在更全面地了解潜在 P2P 理财人群的行为模式，为之后的精准投放做好预热准备。

此次选择联手爱奇艺，正是"爱钱进"结合了自身的品牌定位及目标人群的营销举措。"爱钱进"主要面向 27～35 岁的城市个人与家庭，个人月收入在 8000 元左右，家庭收入介于 1.2 万～1.5 万元，追求生活品质和资产的增值，不投机。

《老九门》播出后，"爱钱进"的植入电视广告也产生了极好的效果，根据官网的数据显示，《老九门》播出后，"爱钱进"平台业务呈现爆发式增长，多个核心业务指标远超项目目标值，注册人数增长 895%、验证人数增长 1429%、投资人数增长 1387%、投资金额增长 638%。

同时，"爱钱进"品牌认知度、喜好度及购买意愿也得到增长。在这次品牌营销后，"爱钱进"在爱奇艺平台用户的品牌认知度较播出前提升了 220%，品牌喜好度提升了 3%，购买意愿提升了 1.5%。

可以说，"爱钱进"理财平台运用了网络媒体对自己的品牌进行了一次成功的营销。这个成功的案例值得广大互联网金融企业借鉴。

(资料来源于网络)

5.5.2 舆情监测

1. 为什么要进行舆情监测

舆情监测是对互联网上公众的言论和观点进行监视和预测的行为。这些言论主要是针对现实生活中的某些热点、焦点问题而发布的有较强影响力、倾向性的言论和观点。利用舆情实时监督互联网金融企业的品牌效应走向，有利于社会和公众知晓更加真实准确的信息，形成大众对某一品牌评价的风向标，同时也为互联网金融企业及时整改、完善进步提供了很好的渠道。

2. 互联网金融企业舆情监测常用的方法

品牌的知名度与影响力需要通过舆论媒体反映出来，通过大众媒体、互联网、公关活动、客服中心、户外广告等形式向客户传递品牌及产品信息的同时，更能得到关于品牌的各种客观评价，以此对品牌进行优化与改进，实现品牌的可持续发展。

互联网金融企业舆情监测常用的方法有：

(1) 在企业平台网站首页设置用户问答与反馈，及时掌握用户的体验效果与品牌诉求。

(2) 时刻关注大众媒体对本品牌与相关企品牌的评价与对比，并认真对待、及时改进；定期采用用户问卷调查和电话回访的形式了解用户的问题反馈。

(3) 利用微博、微信等与用户互动，发布企业动态信息，了解用户需求，开通用户评论。

(4) 通过市场调研获取信息，了解企业品牌策划的实施效果，及时发现与改正实施中的问题，为企业调整与改正品牌策划方案提供准确依据，同时对企业行为的规范化、科学化具有监督意义。在公众的反馈与监测下不断完善与优化企业品牌。

5.5.3 品牌公关

互联网金融企业建立好自己的品牌后，一定要做好对品牌的公共关系管理，即对品牌的维护。在这个竞争异常激烈的金融市场环境下，一个公司的品牌很有可能因为一个事件或一个竞争对手的博弈策略而遭到破坏。因此品牌的公关十分重要。

品牌公关根据性质的不同，可以分为以下几类。

1. 社会型公关

社会型公关是企业通过举办各种社会性、公益性、赞助性的活动，来塑造良好品牌形象的公关模式。它实施的重点是突出活动的公益性，为组织塑造一种关心社会、关爱他人的良好形象。通过积极的社会活动，扩大组织的社会影响，提高其社会声誉，赢得公众的支持。社会型公关已经成为互联网金融品牌最常用的公关模式，主要包括公益类和赞助类两种。

1) 公益类

公益类公关既包括推出公益理财平台，发布公益标的，也包括直接捐助等多种形式。

① 推出公益平台。例如，2009 年，宜信公司推出了爱心助农公益理财平台"宜农贷"。爱心出借人以"爱心出借"的方式资助偏远地区需要资金支持的农村妇女。

② 推出公益项目。例如，2014 年 11 月，人人贷启动了"以爱圆梦——上海非沪籍女性创业助力计划"，为上海外地户籍的创业女性提供优惠的小额贷款服务，帮助她们获取创业启动资金。

③ 平台直接捐助。例如，2016 年 4 月，石投金融携手思麦公益打造"阿拉力乡大学生圆梦计划"，为新疆喀什地区的阿拉力乡的贫困大学生提供学费支持，直到大学毕业。

2) 赞助类

赞助类公关包括赞助各类赛事、赞助各类节目、赞助各类活动多种形式。

① 赞助各类赛事。例如，2016 年 3 月，宜人贷赞助了无锡 2016 年马拉松赛，宜人贷的员工与客户一道征服人类极限的 42.195 公里，宜人贷选择赞助马拉松，既是对市场的准确把握，也是一种对价值观的认同。

② 赞助各类节目。2016 年 3 月 7 日晚，爱投资正式牵手广东卫视财经栏目《财经郎眼》，无论是从用户群体，还是从行业领域的专业性来看，爱投资和《财经郎眼》都有着非常高的契合度。

③ 赞助各类活动。2015 年 11 月，分利宝赞助了刘若英"Renext 我敢"世界巡回北京站演唱会，分利宝为客户共送出百余张门票，以此答谢客户一直以来的支持，也获得了媒体的关注。

2. 交际型公关

交际型公关是在人际交往中开展公关工作的一种模式。它的目的是通过人与人的直接接触进行感情上的联络，为组织广结良缘，建立广泛的社会关系网络，形成有利于组织发展的人际环境。所以，交际型公共关系活动实施的重心是：创造或增进直接接触的机会，加强感情的交流。互联网金融平台交际型公关常采用的方法有线下考察、投资人见面会和政府调研走访。

3. 建设型公关

建设型公关是品牌在初创时期或新产品、新服务首次推出时期，为开创新局面进行的公关活动模式。目的在于通过现场沟通和媒体报道，使社会公众对品牌及产品有一种新的兴趣，形成良好的第一印象，直接推动品牌的发展。互联网金融品牌建设型公关常用的方法包括上线庆典、上线发布会、融资发布会。陈蜀杰女士提出发布会"ICE"法则，办好一场发布会，可以从创意、执行和传播三方面着手。

4. 服务型公关

服务型公关是一种以提供优质服务为主要手段的公关活动模式，其目的是以实际行动来获取社会的了解和好评，建立自己良好的形象。对于一家企业或社会组织来说，要想获得良好的社会形象，宣传固然重要，但更重要的还在于自己的工作，在于自己为公众服务的程度和水平。互联网金融平台服务型公关可从网站体验、客服工作、平台透明度、平台安全等方面发力。

5. 宣传型公关

宣传型公关是运用大众传播媒介和内部沟通方法开展宣传工作，树立良好的组织形象的公关活动模式，目的是广泛发布和传播信息，让公众了解组织，以获得更多的支持。主要做法是：利用各种传播媒介和交流方式进行内外传播，让各类公众充分了解组织，支持组织，从而形成有利于组织发展的社会舆论，使组织获得更多的支持者和合作者，达到促进组织发展的目的。根据宣传对象的不同，又可分为对内宣传和对外宣传。

1) 对内宣传

对内宣传的对象如员工、股东等，宣传的目的是让内部公众及时、准确地了解与企业有关的各方面信息。对于员工，宣传可采用的途径如内部刊物、QQ 群、微信群、微信公众号、宣传窗、员工手册、全体大会、讨论会等；对于内部股东，可采用年终总结报告、季度报告、财务状况通告等形式。

2) 对外宣传

对外宣传的对象包括与组织机构有关的一切外部公众，目的是让他们迅速获得对本组织有利的信息，形成良好的舆论，对外宣传主要运用大众传播媒介。

(1) 媒体报道。媒体对平台进行"主动"正面报道，可帮助提升品牌形象。媒体的权威性和影响力越大，其对平台公信力的提升也越明显，最典型的就是中央电视台正面报道后带来的正面影响。

(2) 媒体采访。媒体对平台相关人员的采访也是对外宣传的一种形式，互联网金融企业要积极地抓住获得媒体采访的机会。具体来说，首先，平台公关人员要经常参加行业会议和活动，增加与各个记者见面的机会，并找到机会与媒体记者沟通，与他们建立良好的关系。其次，抓住或创造媒体采访的机会，例如，行业出现某个热点事件，积极利用自身媒体资源，接受媒体的采访或参加媒体举行的专场节目。

(3) 事件公关。事关公关是指通过炒作一些能博得广大群众眼球的事件进行的一种间接的宣传。如信和财富推出的"凤姐理财"事件、借贷宝的"裸条"事件，都为平台挣足了眼球。

(4) 媒体合作。平台可利用自身资源和线上平台优势与媒体联合举行一些活动，如理财知识普及、理财进社区等，通过与媒体的联合活动可以获得媒体的全程报道，从而使平台和活动得到更广泛传播。

6. 防御型公关

防御型公关是指品牌为防止自身的公共关系失调而采取的一种公关活动方式，预防的目的是在品牌与公众之间出现摩擦时，及时调整组织的政策和行为，铲除摩擦苗头，始终将关系控制在期望的轨道上。

互联网金融从业者需确切地了解自身组织的公共关系现状，敏锐地发现其失调的预兆和症状，因此，需要建立一套舆情监测机制，由于互联金融用户往往依靠互联网来发布和交流信息，因此可以利用的重要媒介渠道有 QQ 群、第三方论坛、微博、微信、新闻、博客、问答社区。企业需建立一套体系，从而对这些媒介进行舆情监控，防患于未然。

7. 进攻型公关

进攻型公关是指品牌采取主动出击的方式，来树立和维护良好品牌形象的公关模式。当组织需要拓展或预定目标与所处环境发生冲突时，主动发起公关攻势，以攻为守，及时调整决策和行为，积极地去改善环境，以减少或消除冲突的因素，并保证预定目标的实现，从而树立和维护良好形象。但主动进攻的时机选择和进攻方式都需要恰到好处。

2016 年 5 月，互联网金融平台点融网包下《新京报》等报刊头版，并在北上广深等城市的户外及 LED 大屏打出正名宣言："真的，不跑路。"近年，互联网金融行业正在被不加区分地污名化对待，无数互联网金融行业从业者是哑巴吃黄连有苦说不出。此次点融网的"正名之战"，点融网并非是"无知者无畏"，而是遵守"阳光是最好的消毒剂"的质朴公关守则，敢于将自己置身聚光灯下，接受社会各方的审视，也直接体现出公司正规经营的信心，因此无须躲藏。这种主动寻求对话的做法为 P2P 行业公开透明、自律合规建设开了个好头，也是互联网金融行业进攻型公关的代表案例。

8. 矫正型公关

矫正型公关是指品牌在遇到问题与危机、公共关系严重失调、组织形象受到损害时，为了扭转公众对品牌的不良印象或已经出现的不利局面而开展的公关活动。其目的是对严重受损的品牌形象及时纠偏、矫正，挽回不良影响，转危为安，重新树立品牌的良好形象。

互联网金融平台可能会遇到他人恶意抹黑、黑客攻击、无法正常提现、网站无法打开、项目预期等危机，那么，应该如何做好矫正型公关？可遵循游昌乔先生提出的危机公关"5S"原则：承担责任原则、真诚沟通原则、速度第一原则、系统运行原则、权威证实原则。

1) 承担责任原则

危机发生后，企业应该站在受害者的立场上表示同情和安慰，并通过新闻媒介向公众致歉，解决深层次的心理、情感关系问题，从而赢得公众的理解和信任。2014 年 8 月底，红岭创投广州纸业项目逾期，逾期金额达 1 亿元，平台选择主动公布逾期消息，由红岭创投董事长周世平首先在红岭创投的社区发布逾期消息。一方面让红岭创投获得了舆论上的主导权；另一方面也体现了红岭创投对事件积极负责的态度，增强了投资人的信心。

2) 真诚沟通原则

当危机事件发生后，品牌与公众的沟通至关重要，此时的沟通必须以真诚为前提。2014 年 8 月上旬，红岭创投的"福建 1 号"项目受到投资人质疑，8 月 6 日，红岭创投发布《有关"福建 1 号"项目投资人考察活动报名通知》，邀请投资人到融资方联合国际考察交流；8 月 8 日，又组织了红岭创投、联合国际和投资人的三方见面交流会。8 月 9 日，陆续发布相关调查结果。红岭创投在"福建 1 号"项目公关过程中始终保持真诚沟通的原则。

3) 速度第一原则

一旦发生危机，公司必须当机立断，快速反应，果决行动，与媒体和公众进行沟通。例如，P2P 网贷平台如果受到 DDOS 攻击，平台须迅速通过第三方平台、官方的 QQ 群、微博、微信等渠道，发布正式的公告，并公布相关的证据；客服人员统一口径做好投资人的安抚工作；法务部门整理相关的证据并报警，协助警方进行处理(视情况而定)；技术部门加快网站访问的恢复或漏洞的修复，这一切都必须快速反应。

4) 系统运行原则

在处理整个危机事件的过程中，需要按照应对计划全面、有序地开展工作。具体而言，包括：管理层保持冷静，避免个人情绪；企业内部统一观点，万众一心；组建公关小组，对外口径一致；果断决策，迅速实施；与外部组织合纵连横，借助外力；循序渐进，标本兼治。

5) 权威证实原则

发生危机后，自说自话是没用的，邀请权威第三方通过媒体渠道发声，能缓解消费者的疑虑和警戒心理，重获信赖。红岭创投广州纸业项目逾期事件中，董事长周世平积极接受采访，借助媒体向外界传达了平台积极应对事件和对投资人负责的态度，通过媒体为红岭创投发声。

【案例2】

借贷宝与"裸条"事件

2016 年 11 月 30 日，网络上有人爆出借贷宝平台发生隐私照片、视频泄露事件，据知情人士称，借贷宝平台上有大量的女大学生通过借贷宝借钱，出借方出于风险考虑，要求并胁迫女大学生用自己的隐私照片视频作为还款保证。而这些照片、视频又被人传到了网上。

事件一发生便引起了广大人民群众的关注，借贷宝一时也被"千夫所指"，但与此同时，借贷宝这个平台也广为人知。从另一个角度看，"裸条"事件对"借贷宝"平台来说是一个效果很好的客观宣传，虽然影响是偏负面的。

其实借贷宝在该事件发生前就用了很多吸引人的宣传手段，如在线下通过摆点进行有奖注册宣传，注册送布偶、饮料等小礼品；同时在线上也与多家互联网平台合作，注册借贷宝账户可获得平台优惠券、会员服务等。当然，这次"裸条"事件并非借贷宝刻意为之。

事实上，借贷宝只是一个纯信息 P2P 平台，也没有证据表明"借贷宝"实际参与了"裸贷"过程，借贷宝只是一个渠道，而所谓的"裸条"只是线下借款人与贷款人形成的担保关系。

事件发生后，借贷宝平台进行紧急的公关，12 月 1 日凌晨，借贷宝发布公告称，该平台从未产生、储存过任何"裸条"照片，此类不雅照系少数用户与第三方不正规借贷公司或放贷人私下交易而产生，公司已向公安机关报案。同时，"借贷宝"还悬赏 100 万元协助警方抓捕"10GB 裸条照片"的"源头"。之后，人们对借贷宝平台的误会才渐渐消除。

(资料来源于网络)

本章总结

- 互联网金融企业建设品牌的意义包括：有利于提高企业的知名度，增强并巩固其市场地位；有利于提高客户流量及客户转化率；有利于提高客户的忠诚度，保障企业的持续经营。

- 品牌规划是建立以塑造强势品牌为核心的企业战略，将品牌建设提升到企业经营战略的高度，其核心在于建立与众不同的品牌识别，为品牌建设设立目标、方向、原则与指导策略，为日后的具体品牌建设战术与行为制定"宪法"。品牌规划包括品牌定位、品牌理念和品牌发展战略三个方面的内容。

- 互联网金融企业品牌建立的原则包括简单原则、直接原则、出奇原则、产品为主角原则、记忆点原则和重复产品名。互联网金融企业品牌建立的渠道包括新闻、搜索引擎和多方位的品牌推广。

- 品牌塑造分为品牌建立、品牌优化及品牌营销与公关几个方面。品牌建立主要有如下渠道：建立并完善品牌形象；注入品牌内涵；提升品牌形象的公信力；提升客户满意度。

- 品牌优化是对企业品牌和形象的优化，通过优化企业形象，从而进一步提高企业的知名度，扩大品牌的目标受众和目标市场，与其他品牌深度区分，加强品牌在同行业中的影响力。品牌优化包括平台网站的优化、品牌的创新与调整、制定可持续性的品牌发展战略和进行品牌延伸。

- 品牌营销的目的是扩大品牌知名度，提高品牌声誉，从而间接地促进企业产品的销售，使企业在间接满足消费者需求的同时，在消费者心目中树立起企业的形象。品牌营销的方法包括数据深度挖掘，准确定位客户需求；内容定制化，有效融合价值；跨平台整合，多点传播；效果多维评估，优化营销方案；品牌营销与市场营销相结合。

● 舆情监测是对互联网上公众的言论和观点进行监视和预测的行为。利用舆情实时监督互联网金融企业的品牌效应走向，有利于社会和公众知晓更加真实准确的信息，形成大众对某一品牌评价的风向标，同时也为互联网金融企业及时整改、完善进步提供了很好的渠道。

● 互联网金融企业建立好自己的品牌后，一定要做好对品牌的公共关系管理，即对品牌的维护。品牌公关根据性质的不同可以分为社会型公关、交际型公关、建设型公关、服务型公关、宣传型公关、防御型公关、进攻型公关和矫正型公关。

本章作业

1. 什么是品牌？品牌有哪些作用？
2. 试述互联网金融品牌建设的重要性。
3. 简要叙述互联网金融的品牌架构及各自的具体内容。
4. 品牌规划包括哪些内容？
5. 介绍互联网金融值得借鉴的品牌发展战略。
6. 介绍互联网金融品牌常用的定位方式。
7. 如何提升品牌的公信力？此外如何对品牌进行优化？
8. 什么是品牌营销？如何进行品牌营销？
9. 互联网金融品牌公关包括哪几种类别？结合实例说明。

第6章

互联网金融客户服务

本章目标

- 掌握互联网金融客户服务的含义。
- 了解互联网金融客户服务的发展趋势。
- 掌握互联网金融客户服务定位存在的问题及新的定位。
- 掌握互联网金融客户服务的主要内容。
- 了解互联网金融客户服务的工作流程设计。
- 掌握互联网金融客户服务人员应具备的基本知识和专业素养。
- 掌握互联网金融客户流失的原因及应对措施。
- 了解互联网金融在线客服常用的技巧。

本章简介

　　随着互联网金融的快速发展，多种业态的互联网金融形式应运而生，产品的多样性使得互联网金融客户的选择变得多样化，各平台的竞争日趋激烈，所以怎样锁定和拓展互联网金融客户，成为互联网金融企业要面对和正视的重要问题。

　　本章从互联网金融行业客户服务的内涵出发，重点讲解互联网金融客户服务的发展趋势、互联网金融客户服务的新定位与主要内容、互联网金融客户服务管理体系、客户服务管理体系架构和制度设计、互联网金融客户细分和挽回流失客户的对策，以及互联网金融客户服务应该具备的专业素养和技巧。

@ 6.1　互联网金融客户服务的内涵

6.1.1　互联网金融客户服务的含义

　　整体意义上的客户服务是指一种以客户为导向的价值观，它整合及管理在预先设定的最优成本服务组合中的客户界面的所有要素。广义上来说，任何能提高客户满意度的内容都属于客户服务的范围。这里的客户满意度指的就是客户实际接触到的服务和待遇与期望之间的差距。但现实生活中，多数企业的客户服务工作多体现在售中、售后服务等狭义的范围内，互联网金融行业的客户服务也并不局限于传统意义上的客户服务，还包括企业通过广告、免费试用、赠予及调研等其他活动与客户进行接触，提供关怀和支持，以及之后产品销售和使用过程中的各种交互活动等都应该属于互联网金融客户服务的范畴。

6.1.2　互联网金融客户服务的发展趋势

1. 互联网金融客户的情况变化

　　从产品本身看，互联网金融与传统金融体系并不相悖离，并没有发生颠覆式的变革。然而，随着信息技术带动社会的发展和进步，客户的金融需求也发生了一系列变革，由简单的物理化、低效化变成了社交化和个性化。互联网金融契合了这种趋势，它并不是简单地将商业银行线下金融业务向线上进行平行迁移，而是在"电子化—互联网化—移动化"的发展趋势下，架构符合互联网商业惯例和用户体验的金融产品销售与服务体系，使传统金融业务透明度更强、参与度更高、协作性更好、成本更低、受众面更大、操作更便捷，是以客户为中心对金融产品和服务流程的互联网式解读与重构。

　　1)　从客户群体看，互联网金融定位"长尾"群体，颠覆银行"二八"法则

　　金融界有一句流行的名言：20%的高端客户带来 80%的利润，出于成本和盈利的角度，商业银行往往更愿意将有限资源投向高端客户，忽视了数量庞大的低价值客户，面对传统金融难以覆盖的长尾群体，互联网金融有着天然的优势，信息技术的应用降低了资金融通的交易成本和信息透明度，而便捷的渠道、低门槛的准入和个性化的操作使得受众面无限延伸，产生长尾并形成了独特的需求方规模经济，大多数互联网金融平台的投资起点都是 1 元起，超低的起点门槛让不同收入阶层的投资者可以根据自己的不同理财需求进行投资。

　　2)　从客户体验看，互联网金融秉承客户至上理念，移动便捷、化繁为简

　　传统商业银行的金融产品设计和销售模式更多的是出于风控、合规、法律等银行自身

角度考虑，而互联网金融继承了互联网企业的"体验至上"原则，将产品的设计、销售理念根植在客户的需求中，并尽力提供简明的操作流程和感知，让客户在使用和享受产品服务时，能有最好的金融体验。

3) 从客户习惯看，新兴渠道成为主流，物理网点黏性下降

与过去的传统客户偏爱物理网点不同，互联网时代人们的生活方式发生巨大变化，网络社会群体不断扩大。电子商务、社会媒体、网络购物等新兴经济模式的快速发展，对客户金融渠道选择也产生了明显的影响。以传统物理网点为主的渠道结构受到广泛冲击。互联网金融契合这种发展趋势，依托电子商务、社交媒体等庞大的客户数据信息，对商业银行形成明显的替代作用。通过简单的在线验证即可采用快捷支付等方式满足个人跨行多账户的资金归集、支付、缴费等基本需求，同时在同一平台也可以实现理财、基金、保险、小额贷款等金融需求，客户对互联网平台的黏性进一步加强。

4) 从客户营销看，互联网金融基于大数据分析，实现个性化精细营销

互联网平台积累了大量客户的身份、账户和交易信息，借助云计算、搜索引擎和大数据处理技术，可以对客户信息、浏览记录和交易数据进行深度挖掘，解析客户的金融需求、行为模式、兴趣爱好和风险偏好，并借助网络实现差异化的产品推送和个性化营销。

2. 互联网金融客户服务的发展趋势

(1) 整体化。互联网背景下，金融不再是单一的仅仅关注销售和售后一个部分，互联网金融客户服务从产品的推广、寻找客户到销售、售后及后期跟进等以客户为中心的客户服务理念贯穿始终。也就是说，服务内容由单一的咨询服务延伸到集咨询、交易、营销、理财、客户关系管理为一体的综合金融服务。

(2) 信息化。互联网金融的客户服务是建立在企业信息化的基础之上的，由客户提出个性化的产品或服务的需求。企业为满足这样的需求，必须整合其内部和外部资源，以互联网及其相关技术为基础对企业运行的流程进行再造，形成一个开放的整体，从而提供快捷和完美的产品和服务。

(3) 透明化。互联网金融行业众多企业鱼龙混杂，为了使企业向客户展现出平台的可靠性，让客户信任企业从而愿意购买企业产品，就要在客户服务环节做好信息披露，使平台的客户服务呈现出透明化的特点。投资者最关注的往往是产品和业务信息，企业将这些内容披露得越全面，平台的可靠性就越高，投资者就越信任。

(4) 个性化。由于互联网金融产品的特殊性及智能化设备的普及，导致服务入口多样化，咨询从不同渠道反馈而来，客户服务的内容具有由全功能服务类型发展到条线专业化细分服务上的特点。不同的服务对象，根据他们的需求提供个性化的服务，也起到客户分层的作用。

(5) 数据化。金融行业重视大数据服务，根据大数据的分析结果引导用户选择理财产

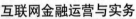

品以实现获利，企业如何通过业务数据赢得商机。互联网金融的客户服务数据化的特点就是指利用大数据的分析，可以很好地让企业全面掌握市场动向、更加贴近用户声音，主导行业舆情，塑造良好的品牌形象和信任感，从而辅助智能决策，抵御商业风险。

6.1.3 互联网金融客户服务的定位

客户服务部门在企业中起着什么样的作用，达到怎么样的效果、目的，服务面向的群体、内容等都是互联网金融行业需要对客户服务部门进行准确定位的内容，这就要求企业不仅仅是简单地了解部门职能，也不是简单地借鉴其他行业的客户服务定位，而是首先要清晰整体的自我定位，找到自己的客户群体，认识到该部门传统的建设局限；再根据企业自身的特点和产品内容搭建系统的客户服务部门。

1. 传统客户服务部门定位存在的问题

互联网金融企业对于客户服务的定位越来越重视，这是一种趋势，也是市场经济发展的必然过程。该行业的互联网和金融相融合的特征，使得这类企业在客户服务定位方面的还缺乏一定的认识，影响着企业的进一步发展。

1）定位片面

互联网金融客户服务部门的定位片面，主要体现在这些新型企业还或多或少的将传统的客户服务理念简单带入，使企业和客户服务人员都有定位片面的问题。众多企业定义客户服务部门就是本企业的服务窗口，是直接接触客户的部门(有的甚至是唯一部门)，而其中大部分的客户服务部门又主要靠服务热线提供客户服务，这样很容易将一个企业的客户服务等同于服务热线。这种片面的观点会使客户服务人员普遍缺乏服务意识和敬业精神，认为自己的工作不够重要，也不注重行业推销技术的培训，对销售管理也缺乏必要关注。正是由于这一系列的不重视使得我国金融行业各主体之间存在着较大的高端客户流失问题，客户关系维护存在着较大的难题。结果就是严重制约了该行业以客户为中心的发展速度和质量。

2）硬件不足

互联网金融行业具有速度快、网络化程度高的行业特点，这就要求配套的客户服务的硬件设施要跟得上行业的发展速度。近几年，该行业的快速发展使得其客户服务需求高涨，各子行业为满足业务发展需求，客户服务中心已经建成并投入运维，其电话终端、计算机终端、客户中心服务器配备比较完善，但也发现，随着云计算、物联网、大数据等新一代信息通信技术的快速发展，特别是数据中心建设进程加快，我国大部分互联网金融机构还没有及时配置现代智能化的客户服务硬件设施，同时缺乏专业的互联网金融人才，硬件条件的不足使得互联网金融行业难以实现发展目标、满足客户的个性化需求。

3) 缺乏协作

企业各部门之间缺乏沟通协调，导致服务效率低下。互联网金融行业各子机构之间客户服务存在的最大问题是各部门之间缺乏必要的沟通机制，这种问题在其他的行业客户服务中也比较明显。由于互联网金融行业线上客户服务比重较大，所以这种问题更为显著。客户在购买及使用金融产品的前后，都会有大量的问题需要咨询，甚至会有大量的投诉出现，随着智能化移动设备普及，导致服务入口多样化，咨询从不同渠道反馈而来，客服缺乏统一的工作平台，工作需要在多平台之间切换。如何通过客户服务中心向企业各部门传递客户需求信息，并借助客户服务中心协调各部门集中解决这些问题成为客户满意度评价的关键性指标。而当前，我国金融行业各从业企业普遍存在着部门协调不足，服务效率一直不高。

互联网金融行业已不同于传统的金融行业了，该行业以客户需求为核心的客服体系是通过外部的客户需求来促进内部的变革的。把握好该行业的客户服务定位问题就要建立好客户服务的理念，从长久以来错误的传统的观念和标准中走出来。不断增强客户服务意识，提升客户服务质量，积极有效地为客户提供真正意义上的更好更优的服务。

2. 互联网金融客户服务新的定位

1) 客户定位

互联网金融聚焦于长尾群体，面对的客户基本上以分散的个人客户和中小企业为主，与传统的金融行业聚焦的客户群体有很大不同。在确定了客户的整体方向后，还要根据客户不同层面上的诉求对客户进行细分，根据客群特点建立特色服务。互联网金融业务存在单笔金额小、整体数量多等特点，应从较为熟悉的客户群体入手，定位熟悉的细分客户市场，从而增强竞争力。

互联网金融客户服务中心转向"服务+交易+营销"模式。伴随信息技术的不断进步，云服务、多媒体、大数据、社交媒体、数据挖掘等技术的成熟运用，结合大数据的挖掘和分析技术实现客户细分与需求挖掘的交互提升。数据一方面来自于线上交易数据、线上行为数据的收集，另一方面，日常数据的充分积累也能够为数据挖掘提供良好的支持，此类数据主要来源于存量客户的日常交易行为，对存量客户的细分与差异化维护能够提供很好的支持。进行客户定位的目的在于：根据客户的定位和不同需求的细分能够为企业带来更多价值的目标客户群，围绕这些客户群的实际需求研发、配套对应的产品与服务，从而实现对新客户的吸引和已有客户的持续性保留。借助互联网技术的进步，互联网金融服务正由被动服务变主动经营，在继续保持传统服务 KPI(关键绩效指标法)水平的同时，不断深入提升价值贡献。

2) 职能定位

客户服务中心的传统角色是客户问题的咨询解决中心，由于互联网金融行业的客户积累方式和社交互动方式的变化，客户服务中心将逐渐实现从问题的善后型向全过程问题管理的体验型转变，从交易指导型向参与交易的支撑型转变，从传统外呼营销型向以客户数据为依据的适时精准营销型转变。互联网金融平台客户服务中心通过人工座席、在线座席、微座席和视频座席等多媒体服务方式为客户提供多样化的金融服务。以客户为中心，明确客户服务是主要职能就是为了更好地提高企业对于客户反应的敏感度，为企业的产品、销售等各个方面提供决策性信息的支持。换句话说，互联网金融行业的客户服务的职能主要体现在客户服务中心方面，为企业和客户建立起完善的信息交流和沟通平台，客户通过客户服务了解企业产品，选择自己的行为；企业通过客户的信息不断改善产品结构，提升客户服务质量，增强客户对企业的信任程度，为企业树立良好的形象。

客户服务也不是简单的一个部门的事情，这还需要其他部门重视客户服务工作，分别处理本应属于自己职责范围的服务问题，增加服务的专业性、有效性、针对性与责任感，使一个企业的全员服务意识得到体现。

3) 业务定位

在互联网金融行业里，客户服务的业务定位主要体现在两个方面：有效的信息获取和产品的营销。有效的信息获取是指通过互联网这个大平台，充分利用信息技术和数据获取、处理能力来获取客户的个性化需求，并对其进行整理，形成规范信息文件供企业决策使用；企业则根据获取的有效客户信息推出相应的金融产品和服务后可以利用客户服务的途径及时传递到客户手中，从而达到信息交互传递的作用。

产品的营销则是体现在对有效信息提炼和升华，为企业有效推出产品带来直接利润的方面。该行业的客户服务部门是通过信息中心准确把握客户信息，及时发现问题并对这些问题进行深入分析，从而实现优化企业产品和服务、获得更多市场信息，为金融行业企业发展提供扎实的基础支持，并为潜在客户介绍企业产品和服务信息，适时开展极具特色的营销服务，不断开拓新市场，满足企业发展需求。

6.1.4 互联网金融客户服务的主要内容

互联网金融企业客户服务的主要内容整体上可以划分为 4 个方面：在线解答客户的问题；对客户的投诉进行处理；对公司的产品进行营销；对客户进行系统的客户关系管理工作。以上 4 个方面也是相互递进的过程，是对客户逐渐了解和跟进的过程。总的来说，在和客户接触时首先需要注意以下两个基本要点。

(1) 重视完善服务细节。每家企业都有自身的 KPI 指标(绩效考核指标)，根据企业的不同要求和咨询高峰期、低谷期的时间段适当地调整客户服务人员安排，实行差异化管理以保障各个时段的客户服务质量。在服务过程中还可以通过增设专家解答环节，尽量快速高效地处理好客户的问题，不将问题推给公司网点，提高服务的质量和完成的细节问题，尽量避免客户多次就一个不解问题进行询问。

(2) 建立问题反馈机制。客户服务直接反馈给客户的客户体验就是企业的形象和处理问题的能力，因此，企业主在进行客户服务部门建设时应当着重注意提高客户的体验，并及时建立问题的反馈机制。抓"问题"是客户服务持续改善和提升的基石，其中信息反馈搜集和信息数据分析、优化方案制定和优化方案实施共同组成信息传递管理持续改善循环的流程。

1．在线解答客户的问题

简单来说这个过程是一个被动接收客户信息的过程，客户服务人员通过网络聊天工具、电话热线、手机端口等途径接收客户的咨询，运用专业话术回答客户提出的任何问题。

客户是互联网金融各类产品的检验者，是业务创新的驱动器，客户服务中心作为收集客户体验的天然阵地，应抓住每日客户反映的"问题和建议"，通过对日常信息的收集、整理、归纳，每月定期反馈"客户之声"(包括赞扬之声、问题之声、建议之声)，对阶段性的客户服务进行改善，此举对推动互联网金融行业系统改进、产品创新、流程优化等具有不可替代的渠道作用。同时也可从客户集中反映的问题和建议中挖掘创新产品灵感，开发新产品或改进产品功能。通过在线解答客户问题，既可以完善互联网金融机构的产品设计，还能在不断的问题解决中推动金融的创新。

2．客户投诉处理

依据客户投诉的原因，互联网金融客户投诉分为以下三级。

第一级：抱怨性投诉，即用户对互联网金融政策、网站规则和操作体验方面不理解、不满意或满意程度低，以及由于用户自身对互联网平台网站规则理解出现偏差，造成利益损失而诉说网站或工作人员的过错。

第二级：由于客服人员服务态度不好、业务水平欠佳、工作失误等伤害了用户自尊或利益，引起互联网金融客户的不满，甚至要求给予补偿的投诉。

第三级：由于互联网金融平台、系统问题或其他部门工作人员操作失误损害了用户利益，引起客户不满甚至要求给予相应补偿的投诉。

在对客户投诉的原因进行合理分解后，再按照以下步骤处理客户的投诉。

1) 客服接收客户投诉

互联网金融客服通过 QQ、电话、社区帖子、在线提问等方式接收客户投诉后，了解记录客户投诉的具体问题、投诉对象、投诉原因及投诉诉求等内容，并根据客户提供的信息进行核查，判断其投诉的理由是否充分，投诉要求是否合理，过程中要保持耐心，用有技巧的话术化解因客户情绪不满带来的尴尬。

2) 处理投诉，解决问题

(1) 若属于第一级投诉，首先，客服尽力用委婉的方式回复客户，解释公司政策、讲解网站规则、提供正确的操作方法，从而取得客户的谅解，消除误会。如果客户仍然不满，按照投诉处理人员顺序，第一客服向其所属室经理或室副经理反馈，层层沟通，若最终无果，请示客服中心总经理和副总经理，与其他部门商讨能否考虑给予特殊处理。最终由客户维护室投诉处理人员将结果反馈给客户，诚恳道歉，化解客户不良情绪。

(2) 若属于第二级投诉，第一客服接到投诉后，首先向客户道歉并按照投诉处理人员顺序，由客户维护室相关人员反馈至客服中心总经理和副总经理，对于被投诉客服及其他相关人员给予相应警告或惩罚。若客户因此而受到利益损失，核实后，客服中心与其他部门商讨是否给予相应补偿，最后由客户维护室投诉处理人员将结果反馈给客户，诚恳道歉，化解客户不良情绪。

(3) 若属于第三级投诉，第一客服接到投诉后，首先向客户道歉表示待查明事件后回复客户，按照投诉处理人员顺序，层层反馈，由客服中心总经理和副总经理与其他相关部门沟通，协商对策，最终由客户维护室投诉处理人员将结果反馈给客户，诚恳道歉，化解客户不良情绪。

3) 填写客户投诉受理单

投诉处理完成后，第一客服应当对客户投诉的内容进行详细的记录，并由客服中心相关人员处理和审定记录内容，最后提交至客户维护室相关人员整理入档。一般的客户投诉受理单如下所示。

客户投诉受理单

填表日期：　　年　　月　　日　　　　　　　　填表人：

投诉人真实姓名		用户名		联系电话	
被投诉对象		投诉类型		投诉时间	
投诉途径	□ QQ(营销 QQ、企业 QQ)		□ 400 电话		
	□ 社区帖子		□ 在线提问		

投诉内容：

第一客服：　　　　　日期：

室经理处理意见：

签名：　　　　　日期：

续表

客户维护室处理人员处理意见：
签名： 日期：
客服中心总经理/副总经理处理意见：
签名： 日期：
处理结果：
第一客服： 日期：

3. 产品营销

对公司的产品进行营销主要包括两部分的内容，第一部分是客户服务人员主动联系客户进行产品的营销；第二部分是在接受客户咨询或反映问题的同时向客户进行产品营销。

客户服务人员对公司产品进行销售主要是体现在第二部分上。客户服务人员在跟客户沟通的同时也是互联网金融平台借助优质服务深度挖掘客户价值的机会。通过对致电客服热线咨询或办理业务客户提供基础优质服务，顺势营销实现价值提升，推动客户服务中心由传统电话客服向综合服务平台的转型。比如，在一通电话的顺势营销过程中，精准分析客户特征，利用客户关系管理系统建立客户数据档案，深入挖掘客户需求，预先开发适合不同客户特征和需求的针对性产品，并预先策划好针对性的话术及营销技巧，对客户开展针对性的顺势营销。

4. 客户关系管理

互联网金融企业要在互联网产业中生存下去，将会面临越来越多的竞争，在残酷的互联网竞争中，能够稳定地站在竞争胜出者角色席上的企业，多为客户关系管理活动进行得当的企业。

客户关系管理是最能反映企业决策和行为的关键环节。企业只有在了解顾客需求的基础上，明确企业的价值定位，以此为导向，比竞争者更快、更有效地向顾客提供满足其需求的产品、服务，才能最终实现企业的价值。这也是现代企业"顾客至上""提供最优顾客服务"，致力于满足顾客需求的原因所在。

互联网金融企业对客户的保持，应当适当参照传统营销的客户关系管理路数，将用户投入企业生产运营活动作为一项新的工作来对待，加强客户的归属感、成就感，从而提高

客户的忠诚度。

由于意识到顾客服务的重要性，越来越多的企业采用正式的系统来收集、分析顾客意见，他们也开始考虑运用顾客满意度调查作为员工绩效评估和报酬的基础。如联邦快递、AT&T 等都是最早采用顾客满意度评估作为员工薪资的管理基础的大企业。这不仅显示企业对顾客的重视，也促使员工必须负责，并促进企业的变革，建构企业价值链。全方位的客户关系管理包括改进后的会员制度，增加线下宣传语推广，提高互联网金融企业在除互联网之外的各种社会媒体中的曝光率、寻找合适的形象代言人、制定一系列公共关系活动等措施，必要时，可以利用生活习惯营销、价值观营销等传统营销中相对高级的营销方式，巩固客户关系管理的成果。

6.1.5　互联网金融客户服务的意义

1. 扩展"远尾理论"的应用

基于"远尾理论"，我们忽略了那些没有议价能力、长期为银行提供廉价资金的客户群体，但是在互联网时代，他们有被抢走的风险，一方面，互联网平台的客户户均资产虽然不高，但聚沙成塔的效果非常明显，通过平台的传播，"远尾客户"的流失甚至带动了高价值客户的流失；另一方面，大量年轻客户将资产放在互联网账户，表明其认可互联网提供的金融服务，客户服务的好坏直接展现企业的整体形象、文化修养和综合素质，与公司利润的也有着密不可分的联系。客户的多少直接关系到企业的利润与发展，决定着企业的命运和未来，客户的购买行为受到客户服务的首要影响，客户是否认同企业、是否认同产品都是客户服务所带来的重要影响。

客户服务的质量不仅能决定公司的业绩和收入，更能决定公司在竞争中的成败。优质的客户服务能建立良好的客户关系，在满足客户的同时为企业带来丰厚的利润。当今社会经济全球一体化发展迅猛，互联网通宵达旦地把各种信息传输到世界的每一个角落，传输方式的快捷和便利让人惊叹不已，这一切改变了竞争规则，即便是遥遥角落里的商铺也不得不和千里之外的企业竞争。市场供需双方发生转变，产品严重供过于求，由原来的卖方市场步入买方市场时代。这些转变给企业带了前所未有的挑战，驱使企业转变思想，以一种从外向内的全新思维模式取代原来的从内向外看的视角，这对企业来说，不再是企业拥有什么卖什么，而是客户需要什么企业生产什么、提供什么，一切以客户为中心，也就是说，公司必须建立以客户需求为核心的客服体系，通过外部的客户需求促进内部的变革，建立客户服务的理念，从长久以来错误的传统的观念和标准中走出来。不断增强客户服务意识，提升客户服务质量，积极有效地为客户提供真正意义上的更好更优的服务。

2. 加快移动互联网服务创新

移动互联网实现了真正意义上的 7×24 小时不间断服务，只要客户愿意，随时拿起手机就能够完成服务体验，而目前商业银行在强调金融无处不在的时候，依然固守金融的专业性。最接近移动互联网的手机银行需要客户录入大量交易要素，芯片卡的闪付功能需要向电子钱包充值并且随身携带卡片，这时我们发现商业银行把应用场景最丰富的交易渠道——代扣交易接口提供给了移动互联网时代的竞争者。所以提高客户在使用金融支付时的舒适度，将有效改善客户的服务体验，增强客户黏性。互联网金融的本质并不是互联网企业借助技术优势颠覆金融行业，而是金融行业通过应用互联网技术实现自身服务模式的转型，在不断改进客户服务的同时，加强互联网金融的服务创新。

@ 6.2 互联网金融客户服务管理体系

6.2.1 客户服务管理体系的内涵

客户服务管理是一种从管理机制上强化客户服务、创造并提高客户满意度的管理方式和经营行为，毋庸置疑在互联网金融企业也占据着重要的位置。对于互联网金融行业而言，企业的大多数行为都是直接面向客户的，是金融去媒化的结果和体现，因此对于客户来说，企业客户服务的水平就代表着企业的管理水平，客户服务管理的状况直接影响着客户对企业的感受和印象。从这种意义上来说，完善客户服务管理本身就是一种提高客户满意度和忠诚度的手段。

6.2.2 客户服务管理体系的构架

1. 客户服务管理体系建设思路

公司的客户服务体系建设思路是以"统一思想、规范管理、完善功能、强化服务、提升能力"为指导，建立有效的 CRM(客户关系管理)系统，实现销售服务市场一体化、规范化和流程化；完善营销服务网络，形成全方位、多层次的营销服务新格局；提升客户服务水平，强化人才队伍建设，建立专业化、标准化、高水平的服务团队。并且加快服务转型，提高客户响应速度，进一步促进服务业务持续增长，形成以"客户为中心"的客户服务体系。

(1) 统一思想：始终坚持"以客户为中心"，在售前、售中和售后全过程服务活动中树立全员营销、全程服务的营销服务理念。

(2) 规范管理：在客户关系管理(CRM)系统基础上，完善公司产品服务信息平台，进一步规范客户信息管理，提高客户响应速度。

(3) 完善功能：进一步强化营销服务网络建设，提高客户服务能力，充分发挥营销网络培育品牌、服务客户、提升价值的功能。

(4) 强化服务：增强企业的综合客户服务能力，快速响应客户需求，快捷处理产品故障，为用户提供高效优质的服务。

(5) 提升能力：提高企业的市场竞争力，及时了解并满足用户的各种需求，达到超越客户期望价值，减少客户抱怨，提高客户满意度。

2. 客户服务管理体系构架

完善的客户服务管理体系比较庞大，主要包括 9 大模块：客户调查与开发体系、客户关系管理体系、大客户管理体系、售后服务管理体系、客户投诉管理体系、客户信用管理体系、客户信息管理体系、呼叫中心管理体系、客户服务质量管理体系。这 9 大模块相互之间是分类并行的关系，也是相互联系的过程。其中有的内容是传统金融行业已经建设得比较完善的体系，有的则需要根据互联网金融行业特征进行构建和完善。

根据不同的模块，客户服务管理涉及的内容也很多，在构建了整体的体系构架后，还需要将所有的工作细节落到实处，实现管理细化。虽然体系的构架由 9 个模块组成，但每个模块在进行建立时又有共同的 6 个部分，分别是岗位职责、工作流程、管理制度、执行工具、实用表单和实施方案。

客户服务管理人员在完善部门时，从这 6 个要点入手，熟练掌握并运用每个设计要素，就可以根据企业的工作内容和现实情况实现企业客户服务管理的规范化、流程化、制度化、工具化、标准化和实务化，从而提高客户服务管理工作的效率，提升企业在客户心目中的形象，推动企业经营目标的顺利实现。

3. 客户服务的工作流程设计

工作流程作为体系中的一个部分，企业可以主要参考采用流程图的方式对其进行设计。工作流程图是通过适当的符号记录全部工作事项，用以描述工作活动流向顺序的。工作流程图由一个开始节点、一个结束节点及若干中间环节组成，对于中间环节的每个分支，也都要有明确的分支判断条件。客户服务流程的设计主要是从企业的经营目标出发，对所有的客户服务领域的相关工作进行设计，试图消除没有以流程目标为中心的作业，从而设计出适合自己企业发展特色的流程。

客户服务的工作流程设计涉及的内容主要包括：客户开发工作、客户投诉处理、客户关系维护、大客户维护管理 4 个方面。每个方面都有自身的一套流程。

1) 客户开发工作流程

客户开发工作涉及的人员有销售专员、销售主管、销售经理和营销副总。工作的流程分为 4 个部分：第一步是确定客户的开发范围与开发对象；第二步是对目标客户进行信息调查；第三步是客户开发工作的正式实施；第四步就是总结客户的开发工作。具体的流程如图 6.1 所示。

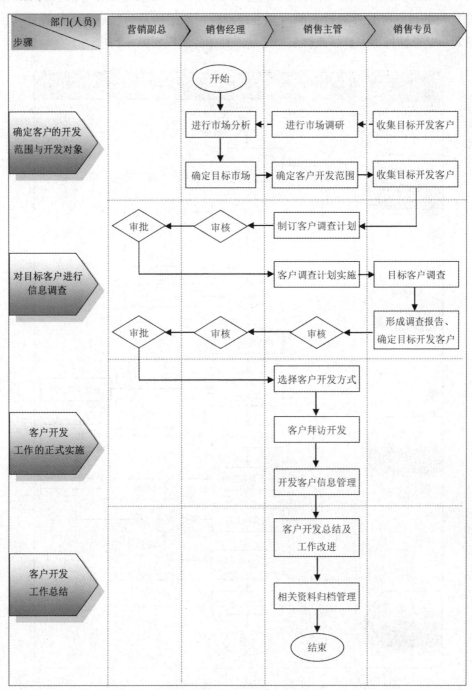

图 6.1　客户开发工作流程图

2) 客户投诉处理

客户投诉处理涉及的部门和人员有营销副总、销售部、客户及和客户投诉内容相关的各部门。主要的步骤有：第一步是要正常开展销售活动；第二步是在开展营销活动后可能会接到客户的投诉并且要对投诉的内容进行判断；第三步是对客户投诉的处理和工作改进；第四步是总结投诉内容，改善工作不足。具体的流程如图 6.2 所示。

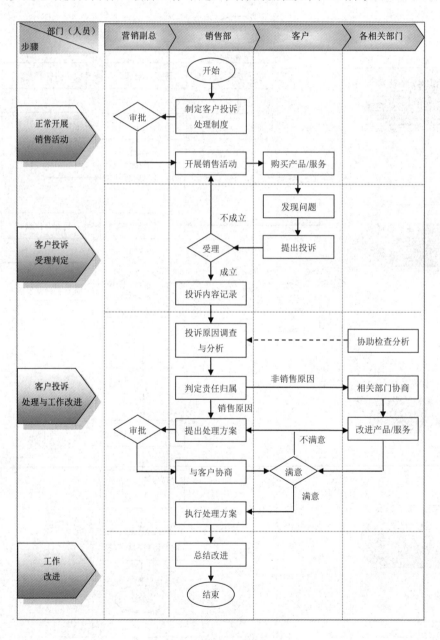

图 6.2　客户投诉处理流程图

3) 客户关系维护

客户关系的维护涉及的人员和部门有销售经理、客服主管、客服专员和各相关部门。
主要的流程有 3 步：第一步是搜集客户信息并划分客户等级；第二步是客户关系维护计划
与实施；第三步是进行客户关系维护总结与改进工作。具体的流程如图 6.3 所示。

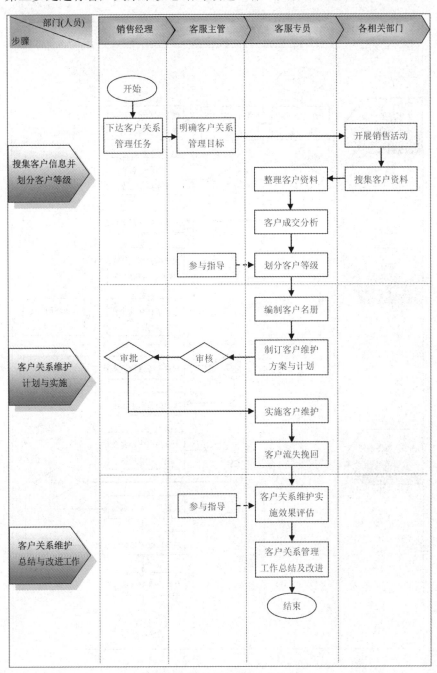

图 6.3 客户关系维护流程图

4) 大客户维护管理

大客户的维护管理工作涉及 4 个方面的人员和部门：营销副总、销售经理、客服人员及大客户。主要流程分为三步：第一步是大客户确定及维护方案制定；第二步是进行大客户服务；第三步是开展大客户服务改进及日常维护。具体流程如图 6.4 所示。

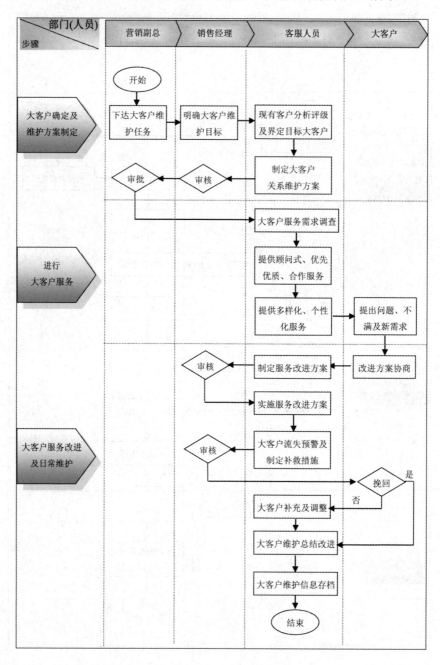

图 6.4　大客户维护管理流程图

6.2.3　客户服务管理制度的设计

客户服务管理制度一般指企业为完成以客户为中心的服务体系目标，要求相关人员共同遵守的办事规程或行动准则。管理制度的设计作为客户服务管理各体系中的一个部分，主要作用是使客户服务人员能够按照规定的制度开展工作，确保工作的规范化、标准化。客户服务管理制度一般是由企业市场部和销售部制定，以书面形式表达，并以一定方式公示的针对某项事务处理的规范。

1. 制度的条款构成

良好的客户服务管理制度不仅可以保障企业客户服务部门有序、规范，降低这一部分的运作成本，而且还可以防止管理的任意性，保护员工的合法权益。管理制度的条款主要由3个方面构成。

①　制度应明确规定制定目的、依据、适用范围、解释部门、施行日期等规范性条款。

②　根据内容需要，制度中还应明确实施程序，并附流程图或附录。

③　对于法律、法规已明确规定的内容，原则上不在制度中作重复规定。

2. 制度的设计规范

一套体系完整、内容合理、行之有效的客户服务管理制度要求制度设计人员在设计管理制度时需遵循一定的编写要求，即达成"三符合、三规范"，具体如表6.1所示。

表6.1　制度设计"三符合、三规范"表

设计规范		具体说明
三符合		符合管理者最初设想的状态
		符合企业管理科学原理
		符合客观事件发展规律或规则
三规范	规范制度制定者	• 品行好，能做到公正、客观，有较好的文字表达能力和分析能力，熟悉企业各部门的业务及具体工作方法 • 了解国家法律、社会公共秩序和员工风俗习惯，明确制度的制定、审批、修改、废止等程序及权限 • 制度所依资料全面、准确，能反映生产经营活动的真实面貌
	规范制度的内容	• 合法合规，制度内容不违反国家法律法规和公德民俗，确保制度有效，内容完善，制度体系完善、科学、系统，内容需规范、有效、有的放矢 • 形式美观，制度框架格式统一、简明扼要、易操作、简洁、无缺漏 • 语言简练，语言简洁、条例清晰、前后一致、符合逻辑规律 • 制度的可操作性要强，注意与其他规章制度的衔接 • 规定制度涉及的各种文本的效力，并用书面或电子文件的形式向员工公示或向员工提供接触标准文本的机会

续表

设计规范		具体说明
三规范	规范制度 实施过程	• 明确培训及实施过程、公示及管理、定期修订等内容 • 营造规范的执行环境，减少制度执行中可能遇到的阻力 • 规范全体员工的职责、工作行为及工作程序 • 制度的制定、执行与监督应由不同人员担当 • 记录制度执行的情况并保留

6.2.4 客户服务管理制度的设计步骤

企业在设计客户服务管理制度时，首先明确要解决的问题及所要达到的目的，其次要找到制度的角度定位，并开展内、外部调研，明确制度规范化的程度，统一制度格式等。具体而言，客户服务管理制度的设计步骤有以下几步。

(1) 明确问题：企业制定各管理制度的主要目的在于预警性地规避问题的出现或将已发生问题及其危害控制在一定范围内，以避免或减少不必要的损失，保证企业经营活动的正常、有序运行。

(2) 角度定位：制度设计人员在设计或修订制度时站对、站稳制度设计的立足点，如战略角度、企业管理角度、部门管理角度、业务管理角度、人员角度等。

(3) 调研访谈：制度设计人员应进行调研访谈，了解企业实际存在的、业务运作过程中出现的、需要解决的问题等，从而设计出真正能满足企业需求的合适制度。

(4) 统一规范：一套体系完整、内容合理、行之有效的企业管理制度应达到"三符合""三规范"及其他要求。

(5) 制度起草：制度起草工作包括明确制度类别，确定制度风格和写作方法，明确制度目的，在调研的基础上进行制度内容规划形成纲要，拟定条文形成草案，并进行制度格式标准化。

(6) 制度定稿：制度草案制定完成后需通过意见征询、试行等方式获得相关建议，发现不足和纰漏进行修改完善，直到最终定稿审批通过。

(7) 制度公示：制度要为企业运营和发展服务，企业应以适当方式向全体员工公示，以示制度生效，便于员工遵守执行。

6.2.5 客户服务管理模型的设计

企业客户服务管理模型的设计需要分析好客户获取和流失所带来的各种成本变化，以及整体需要改进的一些管理方式。

1. 注重客户数据库的构建

互联网金融行业多数是通过互联网工具与客户进行沟通和运营的，因此对于客户数据的获取需要就更加重要，不仅体现在对已有客户的分化和客户有效信息的提取，而且可以通过大数据和计算机技术获取潜在客户的信息，加强企业获取客户的能力。在管理方面更是有迹可循，方便进行统一化、客户分级化管理。

2. 创建管理信息系统

管理信息系统的创建使得客户关系管理系统更加的完善和有效。互联网金融机构运用网络服务系统来引起客户注意并吸引潜在客户。信息化管理系统如果更能适应业务发展的需要，将为企业带来不可估量的利润。

6.2.6 客户服务实施方案的设计

客户服务实施方案设计是指从目标要求、工作内容、方式方法及工作步骤等方面对企业客户服务工作做出全面、具体、明确安排的计划类文书。

1. 实施方案设计的要素

客户服务实施方案设计的要素主要包括方案标题、方案目的、方案正文、方案落款 4 个部分。

1) 方案标题设计

在设计实施方案的标题时通常使用以下 3 种方法。

(1) 二要素法，即"实施内容+方案"，如"客户服务改善方案"。

(2) 三要素法，即"实施部门/人员+实施内容+方案"，如"客户服务人员技能培训实施方案"。

(3) 四要素法，即"实施时间+实施部门/人员+实施内容+方案"，如"2016 年 P2P 公司客户服务智能化转变方案"。

2) 方案目的的设计

方案目的是指实施本方案能够为企业或相关部门带来的好处。一般编写方案目的时，要求简明扼要，常用"为""为了"开头，然后说明制定的依据，常用"根据……，结合企业的实际情况，特制订本实施方案"结尾。例如，"为了激励销售人员的工作积极性和主动性，提高销售回款率，根据公司薪酬规定，结合本部门的实际情况，特制定本方案"。

3) 方案正文设计

方案正文主要包括主要目标、实施步骤、政策措施、基本方法及要求等相关内容，对于每一部分的内容都要进行非常具体、详细的设计。特别是在设计"实施步骤"时，对于

各个阶段的时间、实施内容、负责部门及要求等都要设计得非常具体、详细，有明确的部署和安排，以便各个部门、人员进行贯彻和执行。

4) 方案落款设计

在方案的最后要标明方案的制定部门和制定日期，有时也需要注明方案的编制人员、审核人员、批准人员及相应的日期。

2. 实施方案设计的内容

方案一般包括指导思想、主要目标、工作重点、实施步骤、政策措施、具体要求等内容。

(1) 目标：这里就是指指导思想，企业想要通过客户服务的改变达到那一部分的目的。包括效益、成本、管理提升、效率提升、目标达成、问题解决等。

(2) 范围：包括时间范围、人员范围、部门范围等，做到明确的指向。

(3) 分析：对于方案设计的各种因素，工作重点部分的外部环境分析、企业实现现状分析、面临问题分析、原因总结等都要分析到位。

(4) 措施：部门要制订什么计划、采取什么措施，强调解决对策和具体建议是什么，会产生什么效果，需要哪些资源给予支持，资源支持包括费用、人力和物力的支持等考虑清晰，有助于计划的实施。

(5) 实施：什么人负责实施、实施的时间、实施的步骤、实施的成果，实施中需要注意哪些事项，做到清晰管理，责任明确。

(6) 考核：考核和评估的主题、考核和评估的内容、考核和评估的标准和指标、考核和评估的步骤、考核和评估的结果为员工制定一定的标准。

(7) 附件：本方案涉及的相关制度、表单、文书等文件也要进行公示，使方案里的内容有迹可循。

@ 6.3 互联网金融客服人员的基本素养

互联网金融行业对客户服务人员的要求更为全面。随着行业的发展与深刻变革的开始，互联网金融行业逐步各个网络端口、新型的金融服务市场发展，服务更为个性化、细分化无不对客户服务人员提出更高的要求，现阶段客服更加注重运营管理的水平，因而行业对高端运营人才的需求居高不下。

互联网金融是把传统的金融业务借助互联网媒介来推广和发展，所以互联网金融平台很大程度上的客户来源、客户投资或客户了解互联网金融，都是通过网络来进行的。既然不是线下面对面的交流，每个投资人心理都会有点"生疏"感，毕竟虚拟的事物永远不可能替代现实。为了更容易、更方便让投资人更加"真实"地沟通，客服人员在投资人了解互联网金融、投资互联网金融的环节中扮演了"解说员""引路者"或"麻烦解决者"的角色。互联网金融的发展也离不开互联网金融客服的辛劳努力，很大程度上来说，投资人在互联网金融上的成功投资与客服人员的工作是密不可分的。因此互联网金融客户服务人员的基本素养除了要具备传统客户服务人员的能力和沟通方式，还要具备包括金融知识、互联网知识、互联网金融行业知识、法律知识，以及了解消费者的心理和一些营销技巧。

6.3.1 金融基础知识

互联网金融的本质还是金融，涉及很多金融方面的知识和资源。现在在互联网金融行业比较典型的几种商业模式和产品内容包括第三方支付、网贷、众筹等，其本质都是金融革新的表现。相较于传统金融，行业的客户群体发生了变换(由高端客户向长尾客户的转变)，获客的方式也发生了变化，但其本质不变。

1. 工作专业化

互联网金融的客户服务人员需要具备一些金融的基础知识、专业术语、专业思维，对投资与资本市场有一定的了解，同时要接受一些相关的专业知识培训，这样在面对客户提问、向客户讲解时才能更加专业从容，使客户更加信任你。

2. 工作理性化

其次客户服务人员具备金融基础知识的必要性还在于工作人员自身要能够快速理解本公司的产品，通过与客户接触，运用金融知识结合客户的问题和困惑提出产品的改良。也能够纵向、横向对比同类产品，更好地理解产品运作方式，这样在与客户接触时才能真正理解客户的意思，为客户提供专业化、高质量的服务。

6.3.2 互联网知识

互联网金融区别于传统金融行业的一大特征就是交易的地点和媒介都发生了变化，获客的方式从线下转到线上，数量由少数高端人群到广大群众。客户的投资不再受地点和时间的限制，互联网的平等性使得服务的高净值客户边际成本也在降低，无须像以前一样专门为大客户建立更舒适的线下环境。

从互联网金融的转变可以看出，互联网客户服务人员需要掌握互联网知识的原因有以下几点。

1. 设计线上产品

互联网金融的产品都是通过线上展现出来的，只了解传统金融知识，有一个大概的想法，无法适应互联网时代产品迭代的思维方式，就无法具体的设计产品，使产品成型最终面向客户。在与客户的长期接触中，将客户的需求和想法通过互联网知识进行落地。线上产品的实现首先离不开前端设计人员的智力成果，同时也离不开客服人员的推广工作。

2. 高效获得客户

具有互联网知识的客户服务人员可以提升用户的活跃度，懂得如何真正的转化有效客户，并且降低获客成本。其次，客户服务人员与客户进行接触都是通过互联网端口进行，随着互联网智能化产品的多样发展，客户接触的端口也越来越多样化，客户服务人员需要掌握一些互联网技巧方便与客户的沟通。

6.3.3 互联网金融行业基础知识

互联网金融行业不但具有金融和互联网共同的特征，还具备自身的特性。最直接的体现在产品和运营模式的创新上。表现在模式上有第三方支付平台模式、P2P 网络小贷模式、基于大数据的线上金融服务平台模式、保险网络销售模式、众筹模式和传统金融理财产品的线上销售模式等，这些也不是简单了解互联网知识和金融基础知识就能够真正了解的运作形式。

这就要求客户服务人员要认识到互联网金融的特点、主要的发展方向、本企业的产品，从而更好地掌握相关术语。很多客户在初次接触互联网金融产品时也是持有一种质疑和不了解的态度，客户服务人员只有自身掌握了互联网金额行业的基础知识才能更好地为客户解答疑问。所以，客户服务人员要做到的是不断提升自己的互联网金融行业基础知识，加深对平台的了解，才能准确地回答投资人问题，不会出现"误导"投资人的情况。

其中，互联网金融行业比较常见的专业术语如下。

(1) 保本比例：即产品到期时，投资者可以获得的本金保障比率。比如某互联网金融平台的一款结构性理财产品，说明书中详细写明产品的保本比例为 80%，意味着到期时本金可能亏损 20%。所以要注意，在选购理财产品时要看清收益类型、保本比例，不要一味地听从销售人员对收益的宣传。

(2) 复利计息：复利计息是把本金和利息加在一起来计算下一次的利息。比如投入5000 元，年利率为 6%，一年下来就是 5300 元；第二年，就是 5618 元。值得注意的是，复利计息的产品需要长期坚持投资才能享受到复利带来的丰厚收益，短期投资意义不大。

(3) 提前终止：很多金融机构发行高收益理财产品来"吸金"，尤其是一些银行理财产品为了揽储，冲考核时点，会发行这类理财产品。但是当过了这些时点，资金面回暖，银行揽存压力减少，可能会选择提前终止高收益理财产品。如果人们对提前终止条款不留意，一旦金融机构提前终止了产品，就会很被动。因此，在购买理财产品时要多留个心眼，注意合同中是否有提前终止的条款。

(4) 年收益率：指进行一笔投资，1 年的实际收益率。然而，相信很多人都会把年收益率与年化收益率搞混。因搞混二者而亏大钱只能欲哭无泪。年收益率不同，年化收益率是变动的，是把当前收益率(日收益率、周收益率、月收益率)换算成年收益率来计算。举个简单的例子，某款 90 天的银行理财产品，年化收益率 5%，10 万元投资，到期的实际收益为 10 万×5%×90/365=1232.87 元，绝对不是 5000 元。

(5) 清算期：这就是经常能看到的"T0""T1""T2"等。"T"即产品到期日，"0""1"是投资者本金和收益到账需要经过的时间，即清算期。要注意，资金在清算期是"零收益"，所以清算期越长，利息损失也会越大。

6.3.4 法律知识

首先，客户服务人员在直接与客户进行沟通时需要明白有哪些行业"红线"是碰不得的，哪些是处于法律的灰色地带，又有哪些话是可以向客户保证和讲解的。遇到法律问题不能每次都让客户等待询问法务人员或转交上级服务人员，这给客户的直接印象非常不好，大大降低了服务质量。

其次，客户服务人员直接与客户进行接触需要懂得一些基础的经济法知识，不但是对客户的一种尊重，更是对自我和企业的一种保护，懂得用经济法知识进行维权。比如客户的隐私问题，客户服务人员在接触客户时应当保护好客户的隐私，避免在不知情的情况下触犯法律"红线"。目前，有关互联网金融行业的法律法规大概有以下几种。

1. 刑法

互联网金融准入门槛低，仅仅凭借一台电脑，一套 200 元采购来的源代码就可以搭建一个 P2P 网贷平台，因此不可避免地出现了一些骗子利用 P2P 网贷平台恶意骗款跑路事件，给投资者造成了巨大的损失。利用互联网进行非法活动的，可能涉及如下犯罪：刑法第一百七十六条：非法吸收公众存款或者变相吸收公众存款，扰乱金融秩序的，处三年以下有期徒刑或者拘役，并处或者单处二万元以上二十万元以下罚金；数额巨大或者有其他严重情节的，处三年以上十年以下有期徒刑，并处五万元以上五十万元以下罚金。单位犯前款罪的，对单位判处罚金，并对其直接负责的主管人员和其他直接责任人员，依照前款的规定处罚。刑法第一百九十二条：以非法占有为目的，使用诈骗方法非法集资，数额较大的，处五年以下有期徒刑或者拘役，并处二万元以上二十万元以下罚金；数额巨大或者

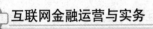

有其他严重情节的，处五年以上十年以下有期徒刑，并处五万元以上五十万元以下罚金；数额特别巨大或者有其他特别严重情节的，处十年以上有期徒刑或者无期徒刑，并处五万元以上五十万元以下罚金或者没收财产。

2. P2P 网络小额信贷法规

2011 年 8 月 23 日，银监会发布《关于人人贷有关风险提示的通知》(银监办发〔2011〕254 号)，该通知指出在当前银行信贷偏紧情况下，人人贷(Peer to Peer，简称 P2P)信贷服务中介公司呈现快速发展态势。这类中介公司收集借款人、出借人信息，评估借款人的抵押物，如房产、汽车、设备等，然后进行配对，并收取中介服务费。有关媒体对这类中介公司的运作及影响做了大量报道，引起多方关注。对此，银监会组织开展了专门调研，发现大量潜在风险并予以提示。由此可见，该通知只是对人人贷的一个风险提示文件。在 2013 年 11 月 25 日举行的 9 部委处置非法集资部际联席会议上，央行对 P2P 网络借贷行业非法集资行为进行了清晰的界定。

3. 第三方支付法规

2010 年 6 月 4 日，中国人民银行发布《非金融机构支付服务管理办法》(〔2010〕第 2 号)，该办法第一条规定该办法的制定目的是为促进支付服务市场健康发展，规范非金融机构支付服务行为，防范支付风险，保护当事人的合法权益。该办法第二条明确了本办法所称非金融机构支付服务，是指非金融机构在收付款人之间作为中介机构提供下列部分或全部货币资金转移服务：(一)网络支付；(二)预付卡的发行与受理；(三)银行卡收单；(四)中国人民银行确定的其他支付服务。该办法所称网络支付，是指依托公共网络或专用网络在收付款人之间转移货币资金的行为，包括货币汇兑、互联网支付、移动电话支付、固定电话支付、数字电视支付等。本办法所称预付卡，是指以营利为目的发行的、在发行机构之外购买商品或服务的预付价值，包括采取磁条、芯片等技术以卡片、密码等形式发行的预付卡。该办法所称银行卡收单，是指通过销售点(POS)终端等为银行卡特约商户代收货币资金的行为。《非金融机构支付服务管理办法》是第三方支付的重要监管法规。

4. 虚拟货币法规

2009 年 6 月 4 日，文化部和商务部联合发布了《关于加强网络游戏虚拟货币管理工作的通知》(文市发〔2009〕20 号)，该通知规定要严格市场准入，加强对网络游戏虚拟货币发行主体和网络游戏虚拟货币交易服务提供主体的管理。从事"网络游戏虚拟货币交易服务"业务须符合商务主管部门关于电子商务(平台)服务的有关规定。除利用法定货币购买之外，网络游戏运营企业不得采用其他任何方式向用户提供网络游戏虚拟货币。2009 年 7 月 20 日，文化部发布《"网络游戏虚拟货币发行企业""网络游戏虚拟货币交易企业"申报指南》，为开展经营性互联网文化单位申请从事"网络游戏虚拟货币发行服务"业务的申报和审批工作提供可操作性的指导规则。

5. 众筹融资法规

美国证券交易委员会(SEC)批准了对众筹融资进行监管的草案，面向公众的众筹融资在 2012 年年初得到《促进创业企业融资法案》(Jumpstart Our Business Startups Act，JOBS 法案)的认可，即在互联网上为各种项目、事业甚至公司筹集资金得到法律确认。这是美国政府对众筹融资进行监管的重要措施。

2013 年 9 月 16 日，中国证监会通报了淘宝网上部分公司涉嫌擅自发行股票的行为并予以叫停。叫停依据是《国务院办公厅关于严厉打击非法发行股票和非法经营证券业务有关问题的通知》(国办发〔2006〕99 号)规定，"严禁任何公司股东自行或委托他人以公开方式向社会公众转让股票"。至此，被称为中国式"众筹"，即利用网络平台向社会公众发行股票的行为被首次界定为"非法证券活动"。虽然众筹模式有利于解决中小微企业融资难的顽疾，但考虑到现行法律框架，国内的众筹网站不能简单复制美国模式，必须走出一条适合中国国情的众筹之路才更具现实意义。

依据《最高人民法院关于审理非法集资刑事案件具体应用法律若干问题的解释》的规定，众筹模式在形式上几乎很容易触碰违法的红线，即未经许可、通过网站公开推荐、承诺一定的回报、向不特定对象吸收资金，构成非法集资的行为。美国为众筹立法，我们可借鉴美国的 JOBS 法案对众筹模式进行规范，但还须一个循序渐进的过程。

6. 互联网保险法规

2011 年 9 月 20 日，中国保监会发布《中国保险监督管理委员会关于印发〈保险代理、经纪公司互联网保险业务监管办法(试行)〉的通知》(保监发〔2011〕53 号)，该办法的制定目的是促进保险代理、经纪公司互联网保险业务的规范健康有序发展，切实保护投保人、被保险人和受益人的合法权益。2012 年 5 月，中国保险监督管理委员会发布《关于提示互联网保险业务风险的公告》(保监公告〔2012〕7 号)，对互联网保险业广大投保人进行了风险提示。此外，2011 年 4 月 15 日，保监会发布《互联网保险业务监管规定(征求意见稿)》，互联网保险监管规定也将在不久的将来得到进一步完善。

6.3.5　消费者心理学

与传统的消费和投资观念不同，现代投资者更热衷于信息的传播和分享。在移动互联网时代，各种社交媒体、购物网站相继出现在手机屏幕上，使得消费者能够方便及时地与网友分享购物经历及产品或服务的使用感受。网络口碑营销比传统口碑营销的传播范围更广，影响更大，许多消费者在购物前往往会查看以往消费者的在线评论，作为购买决定的依据。客户服务人员在和客户进行沟通时使用的语句和说话方式、解决问题的专业性，往往能左右投资人的投资心理。虽然这种心理活动并不"理性"，可是从另一角度反映了客服"窗口"代表平台的重要性。因此，客户服务人员需要掌握一定的消费者心理，更好地和消费者进行沟通。

客户不会在某个特定的时间来电话，客服也无法事先了解客户到底需要咨询哪些问题，所以客服的工作充满不确定性。客户不会是同一种性格脾气的人，所以客服需要面对不同类型的客户，这很考验其灵活应变的能力和耐心。因此，对于不同年龄、不同资历的客户应该配备不同的话术，从客户的角度出发，真正为客户解决问题。互联网金融行业企业数不胜数，对投资人的争夺已成白热化，客服则在其中承担着维护客户关系的角色。这十分考验一个客服人员的"情商"，怎么把投资人哄开心了，需要智慧。

6.3.6　营销知识

向客户和社会宣传互联网金融平台的产品和服务，推广普及新技术，对客户进行"传道、授业、解惑"，实现知识信息的共享，消除客户的投资障碍与顾虑，是一个优秀的互联网金融客服必须要具备的技能。客服不仅承担着解答客户问题的责任，还得担负起"吸引投资人""寻找投资人"的重任。因此，客户服务人员要掌握一定营销知识，在和客户沟通的同时做顺手营销，树立平台品牌形象。客户服务人员虽然不是专业的销售人员，但作为企业的窗口，在与客户联系的过程中了解一定的营销知识也会为企业带来更多的客户。

通过钻研营销话术、研究客户心理，增强"临门一脚"的时机把握，提升服务营销能力；配合适当的奖励机制，对"多说一句话"营销能手给予鼓励，树立标榜，带动全体座席专员发挥主观能动性和积极性，使服务创造价值。

@ 6.4　互联网金融企业客户关系管理

6.4.1　客户细分

互联网金融行业"以客户为中心"的产品与服务不是凭空产生的，而是需要依托对客户需求的全面收集与深入挖掘，形成精准的、基于需求的客户细分，从而为产品的研发与设计、服务的配套与跟进等提供可靠依据，进而成为吸引客户的有效手段。随着互联网金融领域竞争的日趋激烈，率先精准定位细分客户，将赢得指向明确的发展先机。

1. 老投资者

老投资者具有 5 个特征：投资时间在 2 年以上，对互联网金融投资有一定的经验，有较独立的投资判断能力；追求高收益，偏爱高利息，一般在 18%～40%；追求短期投资，以 1～3 个月为多；投资金额多在 50 万元以上；部分投资者已经有了踩雷的经历。

2. 投资大户

投资大户指的是客户比较热衷于四处考察平台，在投资时往往会有一批投资人跟随并且拥有一定的投资收益议价权。

3. 羊毛党

羊毛党是指随着互联网金融的发展，一些网贷平台为吸引投资者常推出一些收益丰厚的活动，如注册认证奖励、充值返现、投标返利等，催生了以此寄生的投资群体。这类群体具有喜欢尝试新平台，赚取网贷平台优惠活动奖励，并且乐于在第三方平台网站发表言论攻击网贷平台的特点，转换率和忠诚度很低。

4. 小白投资者

小白投资者的特点是：对于互联网金融平台的背景、品牌和知名度非常依赖，缺少对这些平台的风险识别能力及实际投资的经验和实战经历；容易受到外部因素的干扰，但是客户的转换率很好。

6.4.2　客户获取

1. 陌生客户的投资流程

1)　准客户

陌生客户可以通过企业广告、微信、微博等互联网信息、媒体的报道或朋友推荐的形式了解平台，在平台上进行注册，成为企业的准客户。但此时，客户只是在平台上进行了注册工作，并没有购买产品进行投资。

2)　准客户对平台的进一步了解

准客户在企业平台上注册后，客户服务人员可以通过引导准客户通过自媒体平台(微信公众号等)、网上信息等主动对平台进行进一步的了解。当然作为客户服务人员，也可以主动联系准客户，了解客户的情况和需求，并向其进一步介绍平台提高平台在准客户心目中的可信度，使准客户加深对平台的认识。

3)　投资注册

在客户对平台有了进一步的了解后，想要完成客户转换进行投资注册，就要依赖良好的数据监测系统。一个强大的用户监测系统能够筛选出不同特性的用户，从而让运营人员接近、分析、了解用户。运营人员越贴近用户，越能明白怎样让他们变活跃。股票行情好的时候投资者固然会抽出资金，年终奖即将发放，平台也应考虑这块难得的机会。

2. 互联网金融投资人关注点

1） 投资收益

一般来讲，平台会划分不同的起投点和不同的利率。综合投资利率的披露可以反映出绝大多数投资人的投资趋向和心理预期利率。换句话说，投资人更能接受哪个层次的合理利率，也能反映出平台哪一款理财产品最好卖。利率的披露不单纯是一个数字的披露，平台要根据不同的借款人、理财产品形成的不同资产包进行详尽描述。利率的设定是根据借款人真实的借款利率来进行相应匹配的。

平台不是慈善机构，对借款人或投资人收费也纯属正常。但平台收费必须要进行披露和公示，包括：对于投资人在哪个环节进行收费，对借款人有没有相应的收费协议。投资人作为整个互联网金融最直接的资金来源，能否投资成功，到期赎回是整个平台运营最核心的内容。不管是风控还是利率设计都围绕着投资人到期赎回来设定，所以投资人数据的披露是外界评估整个平台的最有效内容。

2） 投资期限

投资周期主要是根据所有投资人投资理财产品的平均期限。这个期限反映了平台理财产品的平均周期，也能反映出投资人的风险承受度。一般抗风险能力较低的投资人选择短周期投资的概率比较大。所以投资周期也能给不同投资人带来风险承受的参考。进一步诠释和反映平台理财产品的时间特性。

3） 投资安全

对于互联网金融投资者而言，可以关注平台是否有主动帮助投资人分散风险的预案举措，例如资产来源是否足够小额分散、是否接入资金托管系统、平台信息披露是否完整、用户信息数据是否安全等。

在投资标的方面，如果平台提供更多元化的投资选择，则投资人更容易分散风险，可将资金分散不同期限进行投资，并在投资标的方面进行分散和组合投资选择。投资的安全主要体现在产品的设计上，理财产品的安全性更关系到平台风控流程的设计及投资人的还款问题。所以，平台设计什么样的理财产品，以及理财产品的资产包是什么样，需要披露。例如平台要设计一款收益权的产品，要把收益权是什么写清楚，是以小贷构成还是租赁构成还是其他构成，要说明还款来源及还款方式。主要是要披露三方协议(投资人、平台、借款人)和借款人通过平台转让收益权的合同要约。清晰地展现理财产品是保障客户理财安全的重要体现。

4) 业务风控

互联网金融风险包括法律与制度风险、模式风险、安全风险、市场风险、操作风险、声誉风险、政策风险、新型犯罪风险。首先客服应该向客户说明的是整个风控流程，现在大部分平台把风控流程都以流程图的形式公布出来，需要披露的是对应资产包的风控报告，要让所有投资人明白，该笔理财产品线下资产的风险点在哪，如何把控这些风险点。

5) 平台背景

互联网金融平台投资人最关注的还是平台的安全性。互联网金融平台越透明，对客户而言就越可信，安全性就越高。平台的透明是指企业平台对平台、项目等相关情况的揭示需要满足投资者的知情权。在"真实"基础上的"透明"，将极大地提升平台的可信程度。例如，平台的真实办公地点、真实团队需要公开，项目中所涉及的拟融资企业的股东情况、所属行业类型、业务运营情况、财务、信用等方面及担保公司的资质、担保情况都需要公示；另外，实地调查的照片、担保公司的担保函、评级公司的评级报告、银行资金托管或监管的定期报告这些必须要有，以让投资者了解其实际情况、更好地评估风险并做出真正的投资决策。简而言之就是，信息披露得越全面，平台的可信度对于客户而言就越高。

平台的背景实力包括股东背景、荣誉、行业地位、行业模式等，多多少少都决定着平台的公信力甚至风控能力。在风控方面，平台是否有强大的资产把控能力，主要看在对资产项目审核、融资方资质审查、贷后管理等各环节是否有完备的制度。

6) 平台品牌

企业平台的品牌是企业的无形资产，主要体现在客户进行平台网站消费体验带来的直接感受。网站体验方面需要做得贴近投资者使用习惯。网站体验的设计、升级和优化是一个持续性的过程。对于老平台，如果其网站体验仍然不如大多数平台，且网站体验未持续性的更新、调整，平台的安全性就会被质疑。平台品牌保障方面，需要采用一些专业的证书和措施。例如，为了保护用户在平台存储的个人信息、账户信息及交易记录，应当采用Symantec SSL证书或其他证书进行40位以上的SSL加密。

7) 创始团队

首先作为平台来讲，平台的股东构成是主要因素。平台都是以公司运作为载体，平台的构成主要是股东的构成，需要披露的第一项就是股东背景。一个较强实力的股东背景的确可以值得信赖，但是股东背景不是你随便往上写的，要经得起所有参与投融双方的检验(工商登记查询)。股东背景主要披露：股东出资方情况；多少个股东以什么形式出资；是货币还是实物还是技术；股东之间的责任如何界定，亏损怎么办?破产怎么办?实际控制人资料；实际控制人金融从业经历，文化水平等。股东的信息直接关系和影响了互联网金融平台的战略构架和未来发展。

8) 投资体验

投资人的体验通过平台网站和移动端的页面设计、投资流程、客户服务、活动策划等展现出来，投资人在投资平台获取收益的同时更希望得到平台带来的一系列增值服务。平台的体验感越好，投资人的黏性就越强，也代表一个平台的运营能力越强、前景越好。平台可以通过完善用户的投资体验，让操作更流畅、投资更便捷，完整的信息披露、项目介绍、新手指南、安全风控介绍等功能板块及新增会员服务、推出特色的系列活动等，加强了客户体验。

投资体验的展现还可以通过投资额来展现。投资额分为总投资额、平均投资额和循环投资额。现在很多平台都把总投资额放在首页位置，让其他没有投资的人看到平台运营的状况。但是一个总投资额说明不了问题，这里面不排除有水分。平均投资额即有多少人注册过不代表有多少人投资过，要看一个相应的人均方差。循环投资额即很多投资人体验得好，进行了再投资或者追加投资，这一部分也应该说明，这是个好现象，起码证明逾期率不高，而且还能说明平台投资体验不错。

6.4.3 用户注册后如何跟进客户

1. 服务性跟进

服务性跟进是已经完成转化的跟进方式。在客户完成转化后，还需要即时地把平台网站和优惠的信息发给客户，并且过一段时间给客户打个电话，先随便问问活动的规则是否清楚，注册和充值有没有遇到什么问题，用户体验是否良好，如果客户不太了解可以进一步详细地解析一下。如果客户说要考虑一下，第二天可以继续跟进一下，基本结果就可以确定了。

2. 转变性跟进

转变性跟进是指通过联系沟通努力实现转化的跟进，是根据客户的态度决定的。情况有以下几种。

(1) 客户对产品比较感兴趣，也需要这种产品，只是对收益和安全性还有不同意见。针对这种客户的跟进，最好是收集同类产品的情况，从自己的产品出发，将产品的收益与风险对客户进行一一分析，以取得对自己的产品的认可，另外还可以通过一些优惠活动进行转化，为了达到目的可以适当做出一些妥协。

(2) 客户对产品很感兴趣，也有投资的意愿，但由于暂时的资金问题无法投资(往往有很大的一部分客户是冲着平台的活动去的，但由于平台活动期间他的资金已经在其他的地方投资了)。对这类客户，客服应询问客户的投资什么时候到期，做好记录，在客户资金到期前，看看平台有什么优惠活动，提前联系好客户，告知其平台的优惠活动，算好收益率等。有许多客服人员不会跟进这类客户，也不询问客户有没有在其他的平台投资过，当下次跟进时，客户已经在其他平台投资。客户服务人员要了解每一个有投资潜力的客户，做好记录，这属于客户服务最基本的技巧。

(3) 客户对客服所推荐的产品还没有一个很深的了解，态度暧昧，可买可不买。对于这类客户要尽量把自己的产品说得浅显易懂，要把产品带来的好处数量化，激起客户的购买欲。客户往往最关心你的产品会给他带来什么样的实惠。

3. 长远性跟进

长远性跟进是指短期内还难以完成转化的跟进方法，是客户根本没有投资平台的意愿或已经投资了其他的平台。这类客户不会由于客服积极的跟进就会选择投资。对这类客户是不是就放弃不跟进了呢？实践证明，往往这类客户会出现大客户，但你跟得太紧反而引起反感。最好的做法是和他真心实意地做朋友。周末发一条温情的短信，逢年过节寄一张祝福的明信片，生日送一个小小的生日礼物，站在客户的角度想问题，时刻把客户放在心上。只要你坚持不懈，这类客户会给你带来惊喜的。

6.4.4 客户流失管理

1. 客户管理——客户流失问题的分析方法

企业需设法重获有价值的客户，必须在挽回流失客户的收益及付出的成本之间进行比较分析。这里提供3种方法。

1) 客户边际贡献法

(1) 客户边际贡献又称客户边际利润，客户边际贡献等于客户总消费金额减去产品本身成本费用及客户销售服务费用的差额。

(2) 客户边际贡献反映客户为企业利润所作出的贡献大小。

2) 客户终生预期利润

(1) 客户终生预期利润即客户的终生价值，预测客户生命周期全过程客户能给企业带来的利润综合。

(2) 由于时间价值的存在，必须对不同时期的利润进行贴现。

3) 销售收入为导向 ABC 分析法

对客户进行高价值到低价值区间分隔(如大客户、重要客户、普通客户、小客户等)，根据"20%的客户为企业带来80%的利润"的原理重点锁定高价值客户。

2. 客户流失的原因

在掌握与企业实际运用较为贴近的方法后，还应掌握一般情况下客户流失的原因。

(1) 企业产品或服务质量不稳定，产品服务本身存在问题，客户利益受损。

(2) 客户关系管理方面不够细腻、规范。

(3) 企业内部服务意识淡薄，对服务的回答不足，消极地接触活动。

(4) 品牌不足，导致员工流失带走客户。

(5) 员工的内部调动，使客户对企业的忠诚度下降。

(6) 企业管理不平衡，令中小客户离去。

(7) 竞争对手的行动，客户遭遇新的诱惑。

(8) 店大欺客，客户不堪承受压力。

(9) 伦理道德、诚信问题，客户认为企业有违法违规等问题。

(10) 环境原因，股市好、用户缺钱。

3. 流失客户细分及对策

通过对流失的客户的价值分析和客户流失的原因分析，互联网金融平台可以了解流失客户的结构，对流失客户进行细分，并有针对性地采取相关营销策略、重获客户，给平台带来多种收益。客户流失及对应采取的措施如表 6.2 所示。

表 6.2　互联网金融客户流失细分与对策表

流失客户细分	说　明	对应策略
主动放弃的客户	由于企业产品技术含量提高、升级换代、目标客户群体发生改变，从而主动放弃部分原来的客户	排除在客户赢回工作之外
无意推走的客户	由于企业产品和服务质量感到不满，并通过抱怨仍未得到解决的客户	与客户进行个别沟通对话，澄清事实，提供解决问题的方案
被收买的客户	竞争对手产品和服务的质量并不具有优势，通过引诱客户、提供特殊或经正常业务途径无法获得的利益等将属企业的客户挖走	一般排除客户赢回工作之外
被吸引的客户	竞争对手推出的功能和质量更高的产品或服务吸引过去的客户	分析竞争对手的优越性，根据客户价值决定提供有吸引力的条件
迁移客户	客户情况有变化，不可能继续成为企业客户，如客户公司改行或迁出企业服务区域	一般排除在客户赢回工作之外
其他原因离开的客户	如由于企业员工跳槽而带走的客户等	具体分析造成客户离开的原因，对症下药

4. 三阶段客户沟通法

三阶段客户沟通法一般包括客户销户前的解释沟通、受理销户阶段的沟通、和回访客户阶段的沟通。互联网金融平台应针对不同心理细分客户，采取不同的沟通手段，让客户由不满意到满意，最终留在企业内部，减少客户流失和企业的负面形象。

1) 客户销户前的解释沟通

有一些客户在提出销户前已经显示出不满情绪或表示出对服务的异议，如果这时候一线人员有着对客户情绪的敏锐的洞察力，就一定能够发现客户的这种异常状态，尽量安抚客户的情绪，在此阶段避免客户产生销户情绪当然是最好的结果。此时一线人员必须具备以下素质才能很好地与客户进行沟通：一是理解与宽容，作为企业服务人员，一定要认真倾听客户的抱怨，同情、理解客户的心理，要持容忍态度，创造一个轻松、宽容的环境，尽量满足客户的自尊心，尤其是对发泄型客户，一定要等客户发泄完，不要轻易打断客户的牢骚和埋怨。二是重视与诚恳，对客户的投诉一定要给予高度的重视，一个人在困难时得到他人的重视会产生一种感激，这种感激会促使某种报答的心理。一线人员在向客户解释和澄清问题时，要进行换位思考，从客户的角度出发，诚恳的道歉，并做出合理的解释。三是诚实与守信，只有真诚才能真正打动客户。

2) 受理销户阶段的沟通

客服人员在受理客户销户业务时，可以根据销户客户目前的生命周期价值还有客户的流向采用不同的方式区别对待。如果通过询问了解，客户已经选择了其他企业的产品和服务，首先做出客户生命周期价值的判断，对于低价值的客户只需要了解客户离开和选择其他企业的产品和服务就可以；对于高价值客户则需要花大气力，耐心说服其回来；对于中等价值的客户要根据客户的心理来做出具体的沟通方法。最后对于那些要求销户的客户同时又没有选择其他的企业服务时，更需要弄清楚客户离开的原因。客户是因为自身需求改变了，比如随着年龄的增大，对通信需求的减少；或者是客户处于礼貌的隐瞒，比如实际上已经选择了其他公司的服务，却不愿意透露，这就需要服务人员应用技巧去挖掘了。

3) 回访客户阶段的沟通

回访客户阶段是对那些原本要销户但被最终赢回的客户的访问调查，这一阶段主要是关心与询问流失客户重新体验互联网金融服务后的心理感受，了解客户继续使用互联网金融服务的满意度如何，是否还存在不满，客户对互联网金融平台还有什么改进意见和建议。针对客户的回答，平台和机构可以做出针对性的改进，争取在这一阶段与客户建立起更加融洽和谐的关系。

5. 客户流失预警

用户投资后到期流失是各大平台的普遍现状，一方面，这些用户本来忠诚度不高，需要开源控制好比例；另一方面，大多数平台没有明确的品牌定位，实力也有限，用户投资一段时间后担心安全，就跑到其他平台去了。

针对用户投资后到期流失的问题，一般在用户到期前进行红包刺激、加息券或电话访谈等，建立起客户流失的预警系统。在客户投资的产品快到期时对客户服务人员进行提醒，即时与客户联系。另外，不断强化品牌诉求，开展投资人见面会，内容营销等，提升用户对品牌的感知，从而留住和锁定用户。

@ 6.5 互联网金融在线客服常用技巧

6.5.1 重视完善服务细节，强化精细化服务

客户服务中心运营的 KPI 指标，以服务水平为例(一般为 25 秒接通率)，会在一定程度上影响客户体验。所以，互联网金融平台必须加强客户服务中心运营管理，适时调整高峰低谷时的人员安排。同时，互联网金融客户服务还应进行差异化管理，增设专家座席，来处理疑难问题或棘手客户投诉，以减少因服务技能或业务能力不足而导致长时间的通话状态。首先，要对客户进行信息反馈搜集和信息数据分析。客户是互联网金融各类产品的检验者，是业务创新的驱动器，客户服务中心作为收集客户体验的天然阵地，应抓住每日客户反映的"问题和建议"，对不同的建议进行分类整理并制定不同的方针措施进行问题解决，同时对阶段性的客户服务进行改善，强化精细化服务，真正将服务与产品结合起来，与客户的感受结合起来。其次，互联网金融平台也可从客户集中反映的问题和建议中挖掘创新产品灵感，开发新产品或改进产品功能，达到双赢。精细化服务对推动整个互联网行业系统改进、产品创新、流程优化等具有不可替代的渠道作用。

6.5.2 注重客户体验，建立问题反馈机制

对优质高端客户实施 VIP 服务，可加强客户关系。从提升客户体验出发，关注优质客户，为其提供优先进线、专属座席、预约服务等 VIP 服务，通过大众化服务和 VIP 服务的结合，实现服务内容的交叉、服务方式的联动，加深优质客户与互联网金融平台之间的黏度，进而提高客户满意度。因此互联网客户服务中心应在标准化服务的基础上追加资源投放，进一步提供差异化、情感化的专项服务。比如提供"专人"服务，为若干名高端客户指定一名客户服务专员，负责日常短信关怀、分期营销和还款提醒，考核其管辖客户的流失率和贡献度；组织"专案"活动，可定期组织高端客户开展 VIP 回馈活动，增强客户的尊荣感和被重视感。

客户服务中心应根据每月客户服务存在的问题，从客户体验角度进行剖析，通过联动服务来检查方案的执行情况，建立问题反馈机制，不断跟踪问题的解决，从源头上解决问题，提升客户体验。

6.5.3 采用知识分类，实施有效管理

知识分类是指对知识进行分门别类，做到快速、准确地定义知识，让用户获取所需。通过主类别管理和扩展属性，实现知识有序的、多维度的分类管理。主类别管理是从互联网金融的业务维度或核心应用维度对知识进行分类，是获取知识的主要入口之一。扩展属性中，可以根据业务需要，将某部分属性提取为知识的辅助分类，其目的是为知识贴上不同的标记，以方便用户从不同的维度获取相应的知识。虽然分类是最为古老的一种工作方式，但也是最为有效的方式之一，通过一系列分类模型、分类标准等，将知识的分类体系推向新的高度。

以通俗易懂的语言来实现知识的"客户化"。在移动互联网时代，互联网金融要将难懂的专业视角转换为以客户视角为出发点的运营。既然所有渠道的最终受众都是客户，客服人员就需要以大多数客户可接受的语言与客户进行沟通。如针对催收还款，如果互联网金融客服直接采用专业术语与客户沟通，就容易造成客户理解上的困难。一般来说，传统的客户服务中心知识库有着众多的专业语言，要求客服人员必须具备专业的业务知识。如果知识库提供统一的通俗易懂的客户化知识，一是互联网金融平台可以把知识信息直接应用于网络等客户界面；二是还能降低客服专员业务技能差异而给客户传递的信息不一致的情况，能够达到"一箭双雕"的效果。

以较小知识元素来实现知识的"颗粒化"。"颗粒化"是指将对单个知识点划分为更小粒度的知识元素，并用结构化的方式组合起来，提高知识的采编、存储及访问的效率。目前，互联网金融客户服务中心基于人工和语音的基础服务，对于知识内容颗粒度的要求较低。但伴随客户对于客户服务的多渠道需求，亟须对客户服务中心知识库内容进行"颗粒化"，即将之前较长、较复杂的知识内容进行"肢解"，才能真正支撑短信、邮件、微博、微信等多种社会化方式的应用，满足多渠道对于知识库的需求。

6.5.4 从"多说一句"入手顺势营销

客户在拨打客户服务中心电话咨询业务或反映问题的同时，也是互联网金融平台借助优质服务深度挖掘客户价值的机会。通过对致电客服热线咨询或办理业务客户提供基础优质服务，顺势营销实现价值提升，推动客户服务中心由传统电话客服向综合服务平台的转型。比如，在一通电话的顺势营销过程中：一是精准分析客户特征，利用 CRM(指客户关系管理系统)建立客户 CIF 数据库模型；二是深入挖掘客户需求，预先开发适合不同客户特征的针对性产品，并预先策划好针对性的话术及营销技巧；三是开展针对性顺势营销。

构建营销系统，支持营销运作。一方面，客户服务中心在构建系统时，通过逐步建立完善客户信息数据库(CIF)，每日将银行核心业务系统和银行外围业务系统中的最新客户信息息全部归集到 CIF 库中，在业务系统集中前实现了全行客户信息的集中，从而具备数据分析功能。另一方面，通过 CIF，可根据客户的活跃度、签约产品信息对客户进行相应的分层服务：一是为贵宾客户提供主叫绑定、个性化菜单定制等服务；二是将认证过的客户的详细账户信息、签约产品信息同步带入座席平台，有助于客服代表在第一时间辨别客户来电意图，大大提升了服务效率，并在判断客户满足某个理财产品购买条件或服务功能开通条件时，适时向客户进行呼入交叉营销，真正体现了"以客户为中心"的服务原则。通过CIF，还可提取客户数据进行客户关怀和主动营销，包括提取客户生日进行短信祝福的客户关怀、抽取客户数据进行外呼营销等操作。

把握客联过程，及时解决问题。一是商业银行可以以解决问题为契机，抓住时机进行营销。首先解决客户问题，取得客户信任，以专业服务水平吸引客户进一步交流。例如，客户身处异地，且周围没有银行实体网点，或者因银行网点较少难以前往办理业务，座席专员借此推荐网银或微信银行，既能解决当时客户问题，又可以通过推荐网上渠道锁定客户的后期需求。

分享营销经验，总结营销成果。客户服务中心可以通过每日班前会、周日培训例会、"顺势营销微信工作群"等方式讨论分享，期间可以分享客户认可的喜悦，客户责怪的沮丧，疑难问题的困扰，以及成功营销案例，通过互联网金融客户人员之间的相互鼓劲总结经验，提升推荐成功率。在营销实践中，一些经验值得借鉴：①通过顺势营销，不仅培养了员工认识竞争、了解市场的营销意识，同时也为客户服务中心树立了崭新的服务与营销相结合的思想观念，从而实现了通过服务实现营销和通过营销提升服务的目标。②通过呼入、呼出双向主动营销，不仅为企业创造了业务收入，实现由成本中心向效益中心的转变，同时客服代表也形成了极强的主动营销意识，在为呼入的客户服务的过程中，随时向客户推介适当的产品，真正形成了以营销促进服务的良性循环。

总之，客户服务中心在发展中以重在"服务"，重在"智能"，重在"价值"三个关键点为抓手，寻求四大突破：一是服务渠道由单一的电话服务覆盖到文本、语音、图片、视频等多媒体远程渠道；二是服务内容由单一的咨询服务延伸到集咨询、交易、营销、理财、客户关系管理为一体的综合金融服务；三是服务类型由全功能服务发展到条线专业化细分服务；四是服务对象由大众化服务拓展到客户分层的专线服务，从而推动客户服务中心从服务中心向价值中心的转型。

本章总结

- 互联网金融客户服务并不局限于传统意义上的客户服务，还包括互联网金融平台通过广告、免费试用、赠予及调研等其他活动，与客户进行接触提供关怀和支持，以及之后产品销售和使用过程中的各种交互活动等都属于互联网金融客户服务的范畴。

- 传统客户服务存在定位片面、硬件不足、缺乏协作等问题，而互联网金融客户服务的定位主要体现在客户定位、职能定位及业务定位上，通过高效、全新和便捷的方式为客户提供一系列金融服务。

- 互联网金融客户服务的主要内容整体上可以划分为 4 个部分：在线解答客户的问题；对客户的投诉进行处理；对公司的产品进行营销；对客户进行系统的客户关系管理工作。

- 互联网金融客户服务的工作流程涉及的内容主要有：客户开发工作、客户投诉处理、客户关系维护、大客户维护管理 4 个方面。每个方面都有自身的一套流程，并在不同阶段发挥着不同的作用。

- 互联网金融客户服务的实施方案设计是指从目标要求、工作内容、方式方法及工作步骤等方面对互联网金融客户服务工作做出全面、具体、明确的安排的计划类文书。主要包括方案的标题、目的、文案及落款的设计，同时还包括方案设计的指导思想、主要目标、工作重点、实施步骤、政策措施、具体要求等。

- 互联网金融行业对客服人员的素养要求较高，从业人员应该具备金融基础知识、互联网知识、互联网金融行业基础知识、法律知识、消费者心理学及营销方面的知识，从而更好地维护客户和拓展客户。

- 根据不同的客户细分，可以确定不同的客户流失原因，从而根据不同的流失程度和阶段进行不同的挽回、沟通和跟进。

- 互联网金融在线客服常用的技巧有：重视完善服务细节，强化精细化服务；注重客户体验，建立问题反馈机制；采用知识分类，实施有效管理；从"多说一句"入手顺势营销。只有这样，才能真正推动互联网客户服务中心从服务中心向价值中心的转型。

本章作业

1. 互联网金融客户服务的内涵是什么？与传统的客户相比，互联网金融行业的客户有哪些变化？

2. 与传统的客户服务相比，互联网金融客户服务的定位主要体现在哪些方面？

3. 互联网金融客户服务的主要内容和工作流程设计是什么？

4. 互联网金融客户服务管理模型设计应该注意什么？

5. 什么是客户服务管理制度设计？设计的具体步骤是什么？

6. 作为互联网金融客户服务的从业人员，应该具备什么样的法律知识？

7. 互联网金融客户服务过程中，常用的专业知识术语有哪些？具体解释是什么？

8. 互联网金融行业的客户主要有哪些细分？应该怎样根据不同的客户类型进行跟进？

9. 对于互联网金融平台流失的客户，互联网金融客服应该怎样进行沟通和挽回？其中三阶段沟通法是什么？

10. 互联网金融在线客户服务中，"从'多说一句'入手，顺势营销"的具体内涵是什么？

第 7 章

互联网金融团队建设与管理

本章目标

- 掌握团队的内涵及结构。
- 了解不同类别的互联网金融企业团队结构。
- 了解团队的类型。
- 掌握构建团队文化的方法。
- 掌握团队沟通的渠道和方式。
- 掌握团队激励的方法。

本章简介

　　打造一支高效的互联网金融团队要从多方面入手，不是单单就某一方面而言。首先要明确互联网金融行业与传统金融行业的区别，在抓住互联网金融行业的特点后，从这一行业的特性出发，结合互联网"开放、平等、协作、分享"的精神，明白团队的真正内涵从而建造一支合乎互联网金融行业发展的团队。

　　本章将从团队的基本内涵和构成要素入手，帮助读者理解组建互联网金融团队与传统团队的异同，从而更准确地找到适合互联网金融企业组建的团队；再对团队文化、团队精神及团队沟通几个方面进行详细阐述，为读者进行互联网金融企业的团队建设和管理指明方向；最后将通过行业所需人才类型和团队激励办法结合，来帮助读者更好地进行团队人员建设，并能够促进团队持久发展，为打造一支优秀、高效、持久的互联网金融团队建立起系统的指导方法。

@ 7.1 团队概述

7.1.1 团队的内涵

互联网金融正在加速走进人们的生活，在参与者蜂拥而入的形式下想要脱颖而出是十分困难的。经过近几年的发展，互联网金融取得了巨大成就，但发展过程中的问题也不断凸显，企业数量的剧增造成了这方面的市场人才供应脱节且缺口较大，企业在团队建设过程中难免受到影响，造成企业发展后续乏力的现象。那么，打造一支高效的互联网金融团队就成为企业突破瓶颈、不断创新的重中之重。

1. 团队的内涵

要想做好互联网金融团队的建设首先要准确把握团队的内涵，这也是为团队的管理打好基础。团队之所以不能被称作团体或集体，就在于团队的内涵。团队的内涵是指由两个或两个以上的人组成，通过知识与技能互补、彼此承诺协作完成某一共同任务的特殊性。团队的成员之间相互影响、相互作用，在思想上可以达成共识，行动上有共同规范的介于组织与个人之间的一种组织形态。

2. 团队的特点

团队的内涵要求团队的组成人员需要具备以下 5 个特点：

(1) 团队组成人员在知识、能力或年龄、性格上具有一定的互补性。

(2) 团队成员之间对集体的协作有更多的依赖性。

(3) 团队的工作过程和结果既要个人负责，更要有团队共同负责，并且会分担责任。

(4) 团队的个人与整个团队成员除有共同的兴趣目标，还有共同的承诺。

(5) 团队在项目的实现过程上具有更多的自主权。

互联网金融团队也具有以上特征。不同的团队根据网络金融产品设计、产品推广、公司运营等不同需求被赋予了不同的团队目标，在实现目标的过程中看中的不是某个人的表现而是团队的整体表现，当团队出现问题并非只是团队管理人员的过失，每一个成员都需要担负责任。同时，团队的成员间要具有技能和专长的互补性。一支优秀的互联网金融团队不可能都是网络编程人员或销售人员，唯有各个不同技能成员相互协调、合作才能达到最终的团队目标。在团队合作过程中关键要做到团队成员各有所长，同时又彼此了解其他个体的需要和专长，能共同遵守为实现目标所设定的程序和策略，以避免不必要的错误，发挥各自的个体优势，形成协调良好的团队实现共同的团队目标。

7.1.2 团队结构

在团队实践过程中，我们不难发现有的团队如同一盘散沙，毫无凝聚力，而有的团队却能合作无间，劲往一处使。之所以产生如此之大的差异，关键因素就在于该公司的团队组织结构不同。而组织结构的构建与改善，就是把"一伙人的组织改变成团队"，使整个团队提高凝聚力和协作能力。本节我们将从团队的构成要素入手，结合互联网金融团队的特点，对不同商业模式的团队结构进行分析。

1. 团队的构成要素

团队的构成包括 5 个要素，即目标(Purpose)、人(People)、定位(Place)、权限(Power)和计划(Plan)，简称"5P"。它们是构成团队的基本条件，是团队构建的基本方向。

1) 目标(Purpose)

团队应该有一个既定的目标，为团队成员导航，指引其前进的方向。团队目标是指团队建立之初就确定的，通过共同努力希望达到的结果。目标的作用是确定团队整体的方向，影响团队的质量。当然，有些团队目标也不是一成不变的，要结合团队的发展阶段制定不同的阶段性目标，用于更好地实现共同的、远大的目标。

2) 人(People)

人是团队构成的最核心力量。团队建立了目标，就需要各类角色的个体即团队成员之间的有机配合形成团队的人力资源，不同专长和特点的人通过分工合作来完成团队目标。对于团队人员的选择原则是要根据团队自身的目标和定位，注重不同成员的能力、技能是否互补及经验。

3) 定位(Place)

团队的定位有两层含义：第一层是指团队的整体定位，主要内容包括团队在发展过程中处于什么位置，由谁选择和决定团队的成员，团队最终应对谁负责，团队采取什么方式激励成员；第二层是指团队成员的定位，主要内容包括确定不同成员在团队中担任的角色。团队应当先确立整体定位、确定团队类型，然后再制定规范、团队任务，更好地构建组织结构。

4) 权限(Power)

权限是指团队负有的职责和享有的相应权利，即在多大程度上可以自主决策。团队权限是一个根据团队发展过程而不断改变的变量，受到团队地位、作用、影响及企业整体规模、业务性质和工作方式等问题的制约。一般地，随着团队发展越来越成熟、在企业中的作用越大，团队领导者的权利就会相应越小；上级领导对团队授权的幅度就越大，其权限就越宽松。

5) 计划(Plan)

计划是指团队对未来的安排，这关系到实现团队目标的路径、方式和效果。计划包括两层含义：一是目标最终的实现，需要一系列具体的行动方案，此时可以把计划理解成目标的具体工作的程序；二是提前按计划进行可以保证团队的顺利进行。在制订团队计划时首先应当注意计划要具有前瞻性、向导性，使团队可以有条不紊地开展工作；其次计划要具有科学性、系统性，与企业实际情况紧密结合，运用团队的集体智慧制订计划与方案，使团队在追寻目标过程中遇到的秩序问题更好地解决。

2. 互联网金融企业的团队结构

互联网金融企业的团队结构想要高效就要结合该行业的特殊性。互联网金融不是互联网和金融行业的简单叠加，而是二者融合创新的结果，这就决定了互联网金融的功能、商业模式、产品既有传统金融行业的身影又有自身的特点。主要体现在开展不同业务、不同商业模式的企业因特点不同、发展战略不同所需要采用的组织结构设计体系也不相同。本书的第 2 章已详细介绍了互联网金融的 3 种商业模式，本节将分别结合该行业 3 种商业模式特征帮助大家理解怎样构建好互联网金融团队的组织结构。

总体来说，互联网金融行业不能将互联网和金融当作"1+1"的形式简单对待，这样构建的团队无疑会造成"1+1<2"的结果。例如网络开发部门的工作人员不了解金融产品，开发出来的金融产品就无法抓住客户，同样了解金融行业的从业人员不懂得如何利用互联网创新和开展新兴业务势必会使互联网金融企业出现业务脱节，团队协作能力差的现象，成为企业发展的"痛点"。因此，互联网金融企业在进行团队结构构建时应当做到各个部门环环相扣、不能脱节的紧密结构(如图 7.1 所示)。

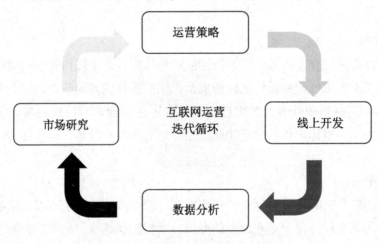

图 7.1　互联网金融各部门关系

从市场研究开始，企业应先对行业进行研究，根据自己的商业模式和产品类别有针对性地对用户进行分析，为制定好线上运营策略打好前期基础；在前期获得的数据和研究基础上制定出切实可行的运营策略方案，接下来就要对具体方案进行产品需求分析和开发并适时推广；在推广和执行过程中要重点关注策略执行的效果，有效利用数据分析，了解客户的需求和流失原因，在什么环节出现了错误和不合理的地方；找出漏洞后再从市场研究开始一步步进行互联网金融企业内部调整，达到迭代循环不断升级的效果。根据循环图不难看出，无论是哪一环节都不能和其他环节出现脱节，在现实社会中这些步骤并不属于同一个部门，这就要求企业在进行部门建设时各部门间要当成一个团队整体去构建，形成统一完整的团队结构，不能单独设立某一个部门从而忽略了与其他部门的结合。

根据不同的商业模式，在遵循上述团队构建结构的基础上还应分别注意以下内容。

1）第三方支付企业团队结构

第三方支付是现代金融服务业的重要组成部分，作为独立机构提供交易支持平台，也是中国互联网经济高速发展的底层支撑力量和进一步发展的推动力。目前第三方支付公司的经营范围主要包括互联网支付、移动电话支付、固定电话支付、数字电视支付、预付卡发行与受理和银行卡收单等业务。根据第三方支付企业的业务方向，结合互联网的特性，在构建其团队结构时可以参考图 7.2。

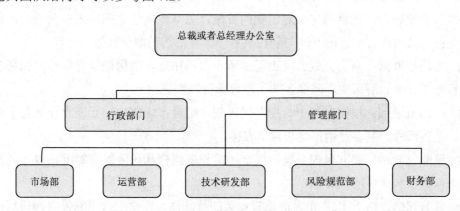

图 7.2　第三方支付团队组织结构图

下面我们将详细阐述以下组织部门职责。

(1) 市场部。

分支机构管理部门：管理全国分支机构用户协调全国分支机构和总部各部门的沟通。

产品规划部：用户规划全国产品和营销方案的设计。

集团项目部：用于全国的项目规划落地。

商圈建设部：实行全国的商圈建设和商户的接入。

分支机构的省市分公司：实现全国各地区的销售和后续的维护和管理。

(2) 运营部。

客服部：负责全国用户的咨询和事物的处理。

运维技术部：负责整体系统的维护。

产品测试部：负责产品的测试和上线。

对外宣传部：负责对外宣传和官方网站的建设。

运营合作部：负责配合市场做技术支撑和活动配合。

(3) 技术研发部。

主要负责产品的研发和技术服务支持。

(4) 风险规范部。

风险管理部：负责数据监督和风控事宜。

金融行业部：负责金融行业协调和配合市场做相关事物处理。

清算中心组：负责每日的数据核对和相关数据清算。

合同管理部：主要是法律和合同管理事宜。

2) P2P网络借贷企业团队结构

P2P贷款的资金供需双方通过互联网平台进行信息沟通，对金额、利率、期限与风险等因素进行需求匹配，签署具有法律效力的电子合同。根据P2P平台的特征，以企业战略为导向，充分考虑任职者的职业素质与个人特点；体现职位对人的适应，实现人与职位的动态协调与有机融合。包括该岗位对组织的贡献，与其他岗位之间的内在关系，流程中的位置与角色，其内在各要素的互动与制约关系等。各部门的职责如下。

(1) 市场拓展部：负责完成公司市场销售、市场拓展、费用控制等年度目标任务，并负责将目标责任制分解落实，确保各项工作目标得以实现。

(2) 产品研发部：根据公司中长期发展规划，综合市场需求，开发设计适合平台的贷款产品、业务流程，制定营销策略和营销方案。

(3) 风险控制部：建立风控系统，拟定风险管理流程和风险管理制度，设计风险管理岗位的工作指引和运作流程等。

(4) 催收部门：由于P2P平台的借贷业务的特殊性，需要配合设立催收部门根据上级分配的催收任务开展工作，根据每月的工作目标，达成电话催收目标。

(5) 法务部：执行合同管理办法和管理流程，负责对公司重大项目及公司级合同文本法律审核的管理和指导，对合同管理过程中出现的问题提出改进建议。

(6) 信息技术部：程序员和工程师负责开发上线系统的开发和系统维护。

(7) 营销推广部：对网站进行推广和营销，负责制定市场策略及线上线下合作渠道的开拓。

(8) 财务部门：负责建立健全的各项财务制度，编制财务计划和各种资金报表、会计报表、统计报表。

(9) 客服部门：负责平台线上办理投融资客户的客户开户、交易等业务办理工作。

与其他互联网金融模式不相同的地方在于，P2P平台负责人总经理的能力对整个平台的发展至关重要，因此可以说P2P平台负责人决定着平台的生命力及发展前期。P2P平台的总经理、平台负责人的职责表现在以下几点：①高层管理岗位，参与公司 P2P 网贷平台经营事项决策，协助 CEO 制定经营发展战略，实现企业经营管理目标；②全面负责网贷事业线经营管理工作，根据公司中长期发展规划，结合市场需求，开发设计适合 P2P 网贷平台的贷款产品、业务流程，制定营销策略和营销方案；③根据公司风险控制要求，健全完善公司风险管理体系，确保公司业务风险可控、预测的情况开展；④全面负责公司金融信贷板块相关体系、制度、流程建设，为 CEO 决策提供相应的专业案，并组织实施；⑤负责公司金融专业人才的引进与培养，提升团队职业化水平。

3) 众筹企业团队结构

众筹通过互联网平台(互联网网站或其他类似电子媒介)聚集投资者，每人均贡献较小的数额来为商业项目或企业融资。与传统融资方式相比，众筹充分利用了互联网良好的传播特性，将投资者、融资者拉到同一平台，直接匹配双方的投、融资需求，具有阳光化、公开化、互联网化的特点。根据其特点，众筹模式的互联网金融企业应当在构建团队结构时整体框架与 P2P 网络借贷企业团队结构一致，但要注重以下两个部门的建设和职能。

(1) 运营部：依据公司产品要求，负责平台软件模块的需求分析、概要设计和详细规划，制定运营策略、方案并组织执行；推动各项业务发展，提升营运效益，确保运营目标的实现；统计、分析平台各类数据，提出改进方案，推广、制订、完善、贯彻实施众筹平台运营管理制度及操作流程；通过网站运营提升网站价值和黏性，提高会员等用户的活跃度，提高申请、交易量，促进网站平台各项收入提升；对用户体验、业务流程等进行全面的分析和改进，并参与平台的品牌、产品、市场的规划，实现公司既定目标任务；规划平台的风格、架构、功能、频道，负责建设、培训和日常工作开展等。

(2) 产品部：在公司战略规划指导下，负责产品行业走势的跟踪和市场及业务的研究分析；负责产品规划、产品管理、产品品牌建立；负责目前正在运营产品的问题汇总分析改进意见的收集；提出改进需求，负责产品的整合及重新定位包装；协助市场部完成新业务测试，协调公司内部部门进行业务相关工作的跟踪，将最新信息向负责人反馈；负责根据区域市场具体需求及市场推广活动的初步方案进行完善；提出需求并监控研发进度，反馈相关信息给市场人员；对市场人员进行产品培训，对市场进行产品策略的指导。

7.1.3　团队类型

团队的类型有很多种，有明文规定的正式团队及自发形成的非正式团队，有长期存在的固定型团队和短期的临时型团队。根据团队存在的目的和拥有自主权的大小可将团队分成问题解决型团队、自我管理型团队、多功能型团队、虚拟型团队四类，下面将详细介绍。

1) 问题解决型团队

问题解决型团队是一种临时性团队，一般是为了解决企业面临的某一问题而组建的。团队成员多是临时因某些问题聚集在一起，就如何改进工作程序、方法等问题交换看法并就如何让提高生产效率、产品质量等问题提供建议。这样的团队形成时间较短，成员之间不太熟悉，配合起来可能不是很默契，但各个队员目标一致，做事有针对性，工作效率相对较高。问题解决型团队不具备执行力，成员没有实际的权力来自行做主，一般人数为5~12 人，典型的代表为 20 世纪 80 年代的"质量管理小组"。

2) 自我管理型团队

自我管理型团队的成员合作处理日常事务，相比问题解决型团队是一种真正独立自主的团队，团队不仅可以探讨问题解决的方法，而且可以亲自执行问题解决的方案，并对工作承担全部责任。这种类型的团队是随着团队素质的提高，为了弥补团队缺乏贯彻力、执行力、积极性、参与性不足等问题而形成，兼具自主解决问题的能力和能够独立承担责任两种特征，而且注重解决问题后的执行能力。

建立自我管理型团队应当考虑企业的成熟程度、员工素质及责任感，以确保团队与一些企业因素保持一致。自我管理型团队的人数一般为 10~15 人，典型的代表为西方国家的通用汽车、百事可乐及麦当劳。

3) 多功能型团队

多功能型团队又叫功能交叉型团队，由来自同一等级、不同工作领域的人员组成。多功能型团队是一种有效的团队管理方式，它能使组织内(甚至组织之间)不同领域的员工之间交换信息，激发产生新的观点，解决面临的问题，协调复杂的项目。但是多功能型团队在形成的早期阶段需要耗费大量的时间，因为团队成员需要学会处理复杂多样的工作任务。在成员之间，尤其是在背景、经历和观点不同的成员之间，建立起信任并能真正的合作也需要一定的时间。此类团队适合应用于大型项目的开发与管理上。

由于该类型团队属于跨部门组合而成，这就要求团队成员之间具有很强的合作意识和较高的个人素质，且团队建立早期需要花费大量的时间和精力构建。典型的代表有丰田、宝马及我国在研发第三、第四代移动通信技术组成的项目组。

4) 虚拟型团队

随着现代信息通信技术的飞速发展，一种新型的团队——虚拟型团队因此诞生，突破了合作的时空限制。虚拟团队是人员分散于远距离的不同地点但通过远距离通信技术一起工作的团队。虚拟团队的人员分散在相隔很远的地点，可以在不同城市，甚至可以跨国、跨洲；人员可以跨不同的组织；工作时间可以交错；联系依靠现代通信技术；他们共同完成同一个目标和任务。该类型团队是一种较为新颖的组织模式，以共同的项目工作为基础，工作效率则建立在相互的信任与配合上，相比传统的团队形式来说具备人才优势、信息优势、竞争优势、效率优势和成本优势，但由于人员的分散性导致了团队成员之间的关系不够固定。典型的代表有美国航空公司、英国航空公司等。

相比一般企业而言，互联网金融企业有自身的特点。

(1) 平台建设方面：互联网金融企业基本采用自建团队，自主研发符合自己需求的产品，一定程度保障自己的产品异于大众化。

(2) 用人方面：互联网金融企业喜欢以创始团队为主，团队多由金融、互联网等经验人士组成，搭建小而美俱全的小团队，招聘相关技术、设计、风控、产品、运营人员等，在销售类型岗位上招聘较少，以招聘成本型的岗位为主。甚至一些大型的互联网金融企业基本会由自己人负责或者招聘行业有金融和互联网的知名人士进行相关业务，同时会发力在技术、产品、设计、运营人相关人员的招聘。

(3) 产品方面：互联网金融企业会从产品的体验细节、技术架构、设计风格等多个方面尽美地拿出适合用户体验的简洁产品进行上线。

(4) 运营方面：偏向于产品体验，企业本身的口碑都容易获取种子客户，同时以合理的预算通过活动、人际圈、口碑、产品、文章、团队逐步吸引用户，尝试与各个渠道进行付费推广，尝试效果，做一些优惠活动相结合来快速获取用户。

(5) 资金方面：在合适时间择机进入行业，前期以自有资金为主进行搭建和运营，当平台发展到了一定规模和估值，会走融资渠道来进一步扩大平台的发展速度及规模，抢占市场份额。

7.1.4 互联网金融企业团队结构设计中应注意的问题

当前我国企业的主要团队类型是解决问题型团队，但只是团队建设中的初级形式，随着企业的不断完善，也逐渐发展出跨部门与跨组织团队、学习型团队和跨文化团队等。互联网金融企业在进行团队结构、类型建设和选择时，可以建立在理解团队的 4 种基本类型上，结合自身企业特点和发展阶段，对于团队结构和类型不断调整。

针对互联网金融行业的特殊性，在进行团队结构、类型选择上应当格外注重以下问题。

1. 注重流量获取团队的重要性

流量获取团队的重点在于市场投放工作，很多互联网金融企业在进行团队类型选择时过于偏重某一个方面，如过于依赖下载率。但真正可以观察客户是否使用并长期使用的重点不是下载率而是激活率，流量获取团队在于产品推广和盯住客户方面具有不可替代的作用，建设好流量获取团队可以更好地把握市场客户需求和动向。

2. 团队成员组成上的交互性

有的公司把流量获取放在市场部，跟运营团队分开，这就会造成问题衔接不好，解决

方案的制定上不能贯通一致。公司重视运营，可以选择将流量获取跟运营团队放在一起，流量质量决定了用户质量，决定了一系列的转化率，二者结合可以更有效地促进产品推广和运营。

@ 7.2 团队文化与团队精神

7.2.1 团队文化与团队精神概述

团队文化和团队精神的建设对于一家企业来说，起着指南针的作用，是升华团队内涵、凝结团队力量的重要体现，作为联系每个成员成为一个团队的纽带对企业而言起着非常重要的作用，影响着企业的发展。

1. 团队文化

团队文化是企业营造的一种文化氛围，目的是为团结员工、汇聚力量、获取经济效益等，它是团队成员在合作的过程中，为实现各自的目标和价值及团队共同目标和价值而形成的一种潜意识文化。团队文化是团队综合力量的重要组成部分。团队成员应该在团队中努力打造积极、和谐、奋进、向上的文化氛围。如果团队文化和团队的管理工作相贴近，团队的亲和力和凝聚力将会大大提高，团队的额综合实力也将增强。团队文化将会潜移默化地影响团队的每个成员达成一致的价值观。许多互联网金融公司的成功实践证明，团队文化的建设取决于这个团队是否高效。优秀的团队有以下几个方面的特征：目标明确、职责清晰、团队协作、通力配合、相互关心、有共同的价值观。

2. 互联网金融企业团队文化建设中存在的主要问题

团队文化建设得当可以增强凝集力，让员工充满干劲，但很多新型的互联网金融企业由于处在企业建设初期还未对自身文化定义明确，或者盲目追求当前效益不顾长远打算，导致对团队文化建设不足、不够重视等问题，都会使得团队的效率降低。主要体现在以下5个方面。

(1) 无法彰显个人能力。当团队过于看重整体团队效率而不注重个人在团队中所起作用时，会打击贡献较大的成员，使得贡献较小的成员坐享其成，使得贡献大的成员心生不满，缺乏被认可的成就感，造成整体团队效率下降。

(2) 分工不合理。每个人都有自己的做事方式，擅长的方向也不一样，尽管团队中有一定余地可以兼容不同工作风格的员工，但也要制定相对公平合理的标准以便避免冲突。虽然人们对不同工作的偏好可以通过岗位轮值得到满足，但工作完成的好坏程度和速度不一样。

(3) 把握不准确。许多团队刚开始拥有新发现的权力和职责兴奋不已，以致首次遇到始料不及的障碍时，只好打退堂鼓。因此要未雨绸缪，事先考虑到可能遇到的阻力和失败，制订应对计划。

(4) "事不关己，高高挂起"的做事态度。当团队成员同时学习好几种不同的职务内容，甚至需要熟知团队各个部分的任务工作时不免会出现迷茫的现象。一旦滋生这种现象，就会造成团队成员觉得对这些事情一知半解，不知道今后自己的职务到底是什么而导致现在什么都不好好做。

(5) 缺乏理解，不能相互包容。团队成员之间没有统一的信念和文化概念，不理解其他团队成员的工作，太过以自我为核心而缺乏互相之间的理解与包容，让整个团队缺乏凝聚力。

3. 如何更好地构建团队文化

针对以上问题，有以下几方面内容帮助读者更好地构建团队文化。

1) 团队领导力

团队领导力是指团队的领导者率领下属为实现团队目标而努力的过程中展现出对下属的影响力。在构建团队文化时首先要选择一个好的团队领导，通过榜样的力量带动整个团队的发展。团队领导力不同于管理，团队领导作用于整个团队乃至企业的运作和方向，而管理者仅是管理着组织某个部分的运作。因此，在构建团队文化时应当格外注重领导力作用。团队领导力的改进方法主要体现在两个层面上。

(1) 管理层面：首先，团队领导在团队管理上做到放权，营造一个良好的企业内外管理氛围，协调企业内部各种组织关系在企业管理上实现思想的统一；其次要重视全员参与企业管理，使团队更能发挥自主性，也使得组织结构更加扁平化，不能过于束缚团队，营造一种相互尊重的团队协作氛围，尊重每一个团队成员对团队整体做出的贡献；再次，团队领导要适时转变思想、勤于学习，与企业和团队的发展阶段相匹配，不能抱着一种"我是领导，唯我独尊"的态度，要积极奉献，以身作则。

(2) 选才层面：互联网金融行业是几个传统行业的创新融合，所以在人才需求上要求较多，在选才时更要善于识人。团队领导首先要克服主观的差异，不要先入为主；其次团队成员间要技能互补，角色分工明确，将有技术专长的成员、具有能够发现问题的成员和解决问题、建议并权衡建议做出比较性选择的决策技能的成员相互结合，注重个体能够给团队带来最大贡献的个人优势，并使工作分配与成员偏好风格相一致。

2) 团队信任力

团队的一大特点就是信任，一方面是团队成员间相互的高度信任，即团队成员必须彼此相信各自的正直、个性特点、工作能力；另一方面是管理者对团队成员的信任，主要表现为组织过程中的透明度和公开性。因此，在构建团队文化时必须致力于创造一种支持团队建设的、开放性的文化。特别是互联网金融行业，团队文化的开放包容性就更为重要，它是互联网精神的体现。这种文化既能支持团队成员积极开发自身技能，建立一种勇于承担风险的自信心，又能接受来自基层对上级管理者制定的战略方案、管理模式的种种质疑，容许团队成员工作中的失败，进而达到团队成员创造性潜能的最大释放。

4. 团队精神

团队精神是团队文化的凝练与升华，是整个团队成员共同认可的一种精神意识，是团队成员思想与心态的高度整合，实质上是一种力量。这种力量是通过共同的信仰、一致的行动、相似的工作作风、共有的价值观念、标准的行为规范而凝聚起来的一种合力、众力。团队精神的形成主要来自两个方面。

1) 相互协作的心理倾向

人类存在着合群倾向，合群可以满足人们在单独情况下无法得到的各种需要，可以消除孤独感，调节心理和行为。在一个团队中，成员之间相互协作的心理倾向表现在相互依存、同舟共济、互相了解和相互尊重上，彼此之间会逐渐产生信任的关系。成员之间真诚待人且被真诚对待会消除彼此间的孤独感有了团队的意识，从而相互帮助共同提高，分享彼此互相协作所带来的成就及需要承担的责任。

要将这种心理倾向转化为合作意识，从而提升为团队精神，就需要从以下几方面来正视和应用这种力量：①团队领导者要起到榜样作用，让团队成员意识到这是合作而不是竞争，不能害怕下属超过自己，尝试建立一种融洽信任的领导模式；②在团队内部营造和谐的合作氛围，根据团队的目标调起每个成员不同的技能，培养合作意识；③制定合理的规章制度。无规矩不成方圆。制定规定是为了打造一支公平的团队，让成员普遍认可的合作规定会有效推动合作，提高工作积极性；④保持长久的成员互动关系，强调共同的团队目标，使团队成员劲往一处使。通过集体活动、比赛等形式促进成员间的相互了解。

2) 完成目标的使命感

团队的目标在于完成使命，为此要求成员要同心合力，团结协作，形成强有力的使命感，增加凝聚力。团队中完成目标的使命感主要是指完成共同且明确的团队目标。团队成员在有了共同的目标后会表现出强烈的归属感和一体性，将个人工作和团队目标紧密地结合在一起，同喜同愁。

团队精神相比团队文化更有一种强化的作用，它可以推动团队有效运作和发展，提高组织的整体效能。一个具有团队精神的团队，往往会显示出很强的凝聚力和战斗力。团队成员之间拥有了团队精神就会产生归属感、一体感，衷心地把自己的前途与团队的命运联系在一起，愿意为团队的利益与目标尽心尽力，从而打造一支高效的团队。

7.2.2　团队凝聚力

1. 团队凝聚力

团队凝聚力是一个团队对其成员的吸引程度和成员之间的协作程度。团队的凝聚力对于团队发挥潜能起着重要的作用。一个团队如果失去了凝聚力，团队成员人心涣散，就不可能优秀地完成一件事情，更不要说在互联网金融这样快速发展的行业中，失去凝聚力的团队很快就会被淘汰。

美国社会心理学家 L. 费斯汀格认为这种凝聚力是使团体成员停留在团体内的合力，也就是一种人际吸引力，这种吸引力具有力学的一些相同之处，如一个人在玩"流星球"时，流星球就是围绕手这个中心转，不会丢失。对于"流星球"而言，手就是中心点，那么对于团队而言，中心就是凝聚力，就是一个团队对所有成员的吸引力。

2. 凝聚力的体现

凝聚力主要体现在以下 4 点。

1) 沟通畅通，互相尊重

沟通是人与人交往的重要途径，团队成员之间通过有效的沟通渠道能够了解彼此，频繁的交流会让成员之间相互了解、关心，从而互相尊重。

2) 积极参与，强烈归属

团队成员有很强的参与意识，能够处理好成员之间的关系，成员间不会有压抑之感。每个成员都因为自己是团队的一分子而骄傲。

3) 事业心强，责任感强

团队成员愿意去承担团队的工作、任务等，很有集体荣誉感，有很强的进取精神。

4) 成长与发展共存

身为团队的一员，可以在团队中不断地自身成长和提高，自我价值得到实现，并且愿意留在团队中，为更好的未来做出贡献。

3. 凝聚力的产生原则

团队凝聚力的产生不是凭空而来的，一方面要靠团队自身建设，另一方面则是外部环境的影响。整体而言，凝聚力的产生需要遵循以下原则。

(1) 对共同利益的认同原则：明确团队的目标和共同利益。互联网金融行业在风控、运营、产品开发等不同部门要明确各自部门的目标和工作内容，面对不同部门的工作内容要形成共同推动企业发展的认同感。

(2) 以贡献论报酬的公平原则：对于业绩有明显区分的销售部门在报酬上设立阶梯式

的奖罚制度。畸形的报酬/贡献曲线是葬送凝聚力的毒瘤，要注意防止并及时修正。

(3) 杜绝损害整体利益的公正原则。不拉帮结派，不亲此疏彼，劳动纪律面前人人平等。用公家资源、占工作时间、大搞个人业务的现象是不允许发生的。这种现象特别影响同事们的工作热情和团队的形象和威望，也影响集体的形象，对凝聚力的毒害是立竿见影的。

(4) 强调发展目标的激励原则。一个团队要有共同的发展目标。有没有共同的目标，共同目标的好差，直接影响团队的风气、精神和凝聚力。共同目标要通过个体目标来实现，个体目标要注重个体的发展。一个团队的未来设想与可能方向要经常与团队成员讨论、争论，让他们在潜意识支配下进行自我规划。个体成员看重未来，更看重创造未来的机会。对他们追求的这种境界要鼓励，要尊重和珍惜他们的创业激情。

7.2.3　团队合作意识

团队的合作意识是团队精神的核心，它之所以是核心，是因为合作意识是整个团队存在的意义。一个人的力量再大也不可能做完所有的工作，互联网金融行业虽然缺乏既懂得互联网知识又懂得金融知识的人才，但就当前人才输送断层的背景下，打造一支多功能的、具有合作意识的团队是促进整个互联网金融企业发展的基础。

1. 有效合作的前提

团队想要拥有合作意识就要清楚成员间有效合作的前提，并不是简单的一起工作就叫作合作。首先，团队应当明确共同目标，这个目标要具体不是虚无缥缈，并且要坚定的实行，这是有效合作的核心动力；其次，团队在建设时规模要适中且搭配合理；再次团队领导要善于倾听并有效决策，把握好民主和集中两个方面；最后要内外坦诚，并且建立完善的沟通机制，让成员之间多交流，才能彼此了解彼此信任，彼此更好的合作。

2. 建立团队合作意识

要建立团队的合作意识则要明白合作的含义，即勇于认识到自身的不足，根据自身的不足去建立合作。合作意识是需要团队去培养和建设的，可以从以下4个方面入手。

(1) 领导者的合作意识：作为团队的领导者，在带领团队进行平台建设或公司业务开拓时应当发挥带头作用，将合作意识传输到团队中去，起到带头的作用。

(2) 共同的价值观：团队合作意识要根据企业的类型建立自身的价值观，不可千篇一律。如果企业处在起步阶段就需要注重建立不断追求学习的价值观，如果企业处在上升期就可以建立追求自我提升的价值观等。用价值观来统一思想，思想影响行为，从而产生和力。

(3) 建立利益共同体：成功的团队里没有失败者，团队从可以看得见的短期利益开始，形成共同的利益共同体，再巩固为达到共同的长期利益而努力，使得整个团队都认识到合作是一种必然行为。

(4) 培养真正的信任：真正的信任是团队成员之间言行一致、发自内心的行为。首先团队成员之间要敢于相信别人，其次团队成员要从自身态度、能力和沟通多方面让别人敢于相信自己。

具体来说，在心态方面一定要保持乐观的心态，享受合作的过程，做好自我沟通，及时调整好自身注意力；在能力上要在团队中尽自己最大的努力，做人中精品，保持良好的学习态度，让自己不断成长从而提升自身的专业能力；让自己成为一个有价值的人，朝着一个方向坚持不懈的努力；要有同情心，学会站在对方的角度思考问题，学会问自己还要学会感恩与宽容，团队中无论是做人还是做事都要学会感谢他人，宽容待人。人只有在遇到困难时迎难而上才会变得更加坚强，所以无论团队成员怎样都要宽以待人，做到最大限度的理解与宽容。

7.2.4　团队人员培养

团队文化的培养主要从团队构成的 5 个要素入手。其中最重要的就是人员的构成。本节根据互联网金融的特性着重分析团队最核心的部分——团队成员。

作为一个发展十分迅速的新兴行业，互联网金融行业需要新型复合型人才，此类人才必须拥有 IT 技术、金融学、数据分析等方面的知识技能，同时也应该具备用户思维、平台思维、跨界思维、大数据思维，以及迭代思维等思维模式，互联网金融行业对此类人才的培养已迫在眉睫。在进行人员构建时，必须要结合互联网行业市场特征，即客户需求量大，全球范围竞争；成长阶段市场增长速度快，随着科技创新而不断成长；产品革新速度快，需要不断更新以适应顾客需求；产业中的经验效应广，知识、技术在该产业中起关键作用，规模经济递增，如图 7.3 所示。

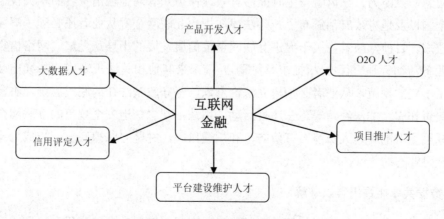

图 7.3　互联网金融团队人才结构

掌握了互联网企业的特征，在进行团队成员建设上，互联网金融人才还需要满足以下特点。

1. 同时掌握金融业务和互联网技术的复合型人才

互联网金融这种新型金融业务模式主要利用互联网、信息通信等技术实现资金融通、支付、投资并且提供中介服务。互联网金融具备互联网和金融两种属性。这一特点决定了其相关从业人员必须能够同时理解互联网和金融两种逻辑。他们既需要掌握数据的量化分析、金融产品的定价及风险防范等金融业务知识，同时还必须具备互联网思维，对互联网有全面和深度的了解，掌握必要的云计算、信息技术、大数据、网络安全等相关技术。因此，当前跨学科和复合型已经成为互联网金融人才的基本特征。

2. 既具备创新思维又兼有实践能力的创新型人才

互联网金融主要由金融的创新而产生。2013 年以来，互联网金融通过对金融资本和互联网技术的跨界整合，不断创新业务发展模式，设计出便捷的金融产品，向中小微企业主提供金融服务，促进了金融业对经济的发展。为了适应瞬息万变的互联网技术与金融创新，互联网金融从业人员除了具备专业基础知识和技能外，还必须有获取新知识的能力和创新思维，这就要求从业人员不仅需要主动学习和掌握互联网、金融等领域新的发展方向及新成果，还需要将这些学科的知识与技术结合起来，创新互联网金融的业务发展模式，拓展多种互联网金融业务，未来互联网金融的发展取决于这种创新型人才的数量和质量。

3. 兼备风险意识和法治思维的管理型人才

虽然互联网金融属于新型事物，但其本质还属于金融，仍具有金融风险的隐蔽性、传染性、广泛性及突发性等特点。因此，在鼓励创新发展互联网金融业务的同时，互联网金融行业的从业人员，尤其是管理人员应该将风险控制作为一项重要工作，必须具备各种风险意识，强化自身对技术风险、市场风险、业务操作风险、流动性风险等互联网金融常见风险的应急防控能力，在风险发生时能够有效地保护互联网金融消费者的相关权益。与此同时，全国以及地方政府都颁布了一些法律法规，互联网金融从业者还必须了解掌握相关的法律法规。目前，随着《关于促进互联网金融健康发展的指导意见》《网络借贷信息中介机构业务活动管理暂行办法(征求意见稿)》及未来其他相关法规制度的陆续出台，行业管理有了一定的规范，从业者必须树立法治意识，坚守政策法律的底线思维，不参与非法集资、集资诈骗及非法经营等违法违规活动，用法治观念打造安全规范的互联网金融新模式。互联网金融的管理人员能否有效防范和规避风险，并坚守法律底线，将成为形成良性互联网金融业态的关键。

4. 数据共享瓶颈仍难以破解

囿于技术、机制、传统思想等的限制，目前在我国实现数据共享仍有一定难度：一是出于安全角度考虑，有些部门的技术达不到保密性和稳定性的要求，只能让数据在系统内部封闭使用；二是从财务体制考虑，有些部门认为搭建数据共享系统是政府部门的事情，应由财政出资，而不愿把钱用到公共领域；三是数据共享机制还不健全，缺乏关于数据保护以及各单位使用数据时的权限、法律责任、经济划分等权威性的界定和法律规范。

5. 人才的引进和培养迫在眉睫

随着大数据在金融业应用的不断扩大，特别是在反洗钱风险管理这样的核心领域，人才需求成为一个亟待解决的问题。一方面，大数据的价值实现主要依靠大数据分析来实现，金融机构对数据存储要求非常高，如何处理每天产生的大量数据并进行科学分析处理，挖掘隐藏在数据内部的各种洗钱交易，已成为金融机构面对的重大挑战。另一方面，大数据接口很多，较之传统数据攻击点更多。但目前能够兼顾技术和业务要求的复合型人才较为稀缺，这不仅使金融产品在技术性和业务性的双向沟通不畅，也给反洗钱可疑交易的挖掘、分析及客户身份识别等工作带来困难。

总之，在互联网金融发展下，所需要的人才应该是既懂互联网技术，也懂金融的复合型、跨界型人才。这类人才首先需要有金融专业知识，能够熟悉金融产品、业务运作原理；同时又具备互联网思维，能够将金融产品运用、金融机构运作与互联网工具进行嫁接。

@ 7.3 团队沟通

7.3.1 团队沟通概述

沟通作为一种交换信息、交流情感的手段，与我们的生活、工作、学习密不可分。如果管理是引导团队和个人一起完成团队目标的过程，沟通则是管理中最重要的一方面。在管理过程中，无论是安排工作、化解冲突，还是进行控制与执行，都需要良好的沟通。只有进行有效的沟通，才能打造出一支高效率的团队。

伴随着管理理论的发展与成熟，同时伴随着团队形式和团队内容的改变，团队管理的方法也一定随之改变。对于互联网金融行业，本身充满了新鲜、创新的特性，这使得沟通在其中显得更为重要。每个团队成员都是团队的主人，都将积极参与团队决策，这在互联网金融企业极为突出。因此，团队成员间的有效沟通发挥着越来越不可低估的作用，甚至决定着一个团队或一家企业的兴衰成败。

很多研究表明，团队的建立是企业运行的基础，团队不但可以帮助企业更好地利用员工的才能，而且比其他形式的群体更加灵活，反应更为及时。此外，团队在激励协调方面的作用也不可忽视：团队能够促使员工参与决策，增强企业的民主氛围，提高员工的积极性。团队所取得的成绩在很大程度上都取决于团队成员之间的有效沟通与通力协作。

沟通的特点是随时性(我们做的每一件事都需要沟通)、双向性(既要接收信息又要传递信息)、情绪性(收到的信息会受到传递信息方式的影响)、互赖性(沟通的结构由双方决定的)。

7.3.2 团队沟通的影响因素

团队沟通的影响因素往往是潜移默化、不易察觉和间接的。对团队沟通绩效产生影响的因素有团队规模、团队规范、团队成熟度及默契度、团队文化四个因素。

1. 团队规模

团队规模主要是指团队人员的数量。团队规模和沟通渠道有着非常密切的关系，团队规模的大小决定成员之间是否能进行有效的沟通，团队规模越大，沟通越复杂。

团队成员的人数越多，团队成员之间相互沟通的关系就会越多，沟通也会越复杂。例如 7 个人的团队，人与人之间的各种沟通关系就可以达到 966 种之多。可见，如果团队人数越多，团队成员之间可以相互沟通的渠道和方式就会越多，信息在传递过程中容易产生偏差和误解的可能性就会越大，成员之间也就无法快速地达成共识，从而导致问题出现推诿现象，谁也不愿意承担责任，这样无疑会使得管理工作也变得非常复杂。显然，团队人数过多，沟通成本也会增加。

2. 团队规范

团队规范实际上是一套行为标准，需要团队成员共同遵守。团队规范让成员知道在一定的环境下自己应该做什么，不应该做什么。从单独个人的角度看，团队规范表示在某种情境下团队对成员行为方式的期望。团队规范存在的方式可以是明文规定，如规章、制度等，也可以是一个公司的惯例，如在团队成员之间不适合交流的话题等。

团队规范主要有以下两种类型：第一种是团队规范大多时候与团队绩效方面的活动有关。团队规范一般会指引成员的工作目标应该如何通过何种方法去完成自己的工作任务。这类规范影响着团队的绩效，影响力也非常巨大。第二种是非正式的社交约定，包括如何着装、在团队成员之间有哪些话题不适合交流等，如有些公司是不允许员工私下交流薪资水平的。在第二种类型的团队规范内，尤其是不成文的沟通管理，有时在公司内部会显得非常微妙。

团队规范有积极正面、消极负面两个方面的意义，积极正面的意义减少了很多事情的不确定性，当员工理解并接受了团队规范时，对自己在团队中的行为就会更加自信。同时，有助于加强同团队其他成员的合作，提高工作效率。所以在一个团队之中成员一定要有共同遵守的行为规范；团队规范的消极负面表现在团队规范要求一致性，这多少限制了团队成员的积极性和创造力。这是因为团队规范代表着大多数人的意见，它反映的是团队成员共同的、普遍的利益，也是大多数成员的要求与愿望。所以遵守团队规范的成员有时会把一些有创造力的行为看作越轨行为，有时会对他们进行排斥甚至打击。倘若这种做法一直存在团队中，那么就会在团队中产生不公平现象。

3. 团队成熟度及默契度

团队是一个有效组织，用来适应复杂多变的市场环境，也是企业提高工作效率的可行性组织方式，它比传统的部门结构或其他形式的稳定性群体更灵活，反馈更及时。如果增强团队的民主气氛，那么在企业中将能提升员工的创造力和积极性。

4. 团队文化

正如上一节内容所述，团队文化是团队综合力量的重要组成部分。团队文化与团队沟通密不可分，相互影响。首先，团队的任何沟通不能脱离成员所处的文化背景，在团队文化潜移默化的影响下，员工的个性受到了某些方面的影响，他们被同化和改造，成员对于具体事情、人物的观念、看法和感觉会下意识被左右，团队文化的目的也是让成员达成共识，让沟通更加有效；其次，团队沟通在团队文化的形成过程中发挥着无可替代的重要作用，坚持不懈和卓有成效的沟通至关重要。沟通是理解的前提，只有理解才有接受和认同，认同是赞成的前提，只有赞成才能喜欢，喜欢才能实行，实行才能完成工作目标。所以，没有沟通，就不会对团队文化产生理解和共识，只有认同团队的共同使命才能有效沟通，这是培养和巩固团队文化的唯一途径。

7.3.3　团队沟通的原则与渠道

1. 团队沟通的原则

进行有效的沟通首先要遵循以下原则：

(1) 团队成员都能取得一致的观点和行动。

(2) 成员之间可以有充分双向互动的交流。

(3) 团队领导能提供准确的信息，成员交流时也能提供准确的信息。

(4) 获得正确的结果。

(5) 双方的感受都比较愉快。

而造成沟通障碍的原因分为两方面，外因包括环境的干扰、制度的不合理、缺乏沟通的渠道、时间紧张；内因包括彼此不了解、不了解对方的想法、缺乏准确的信息、自信、个人表达方式存在问题、性格因素、情绪因素。 团队沟通的一般步骤如图 7.4 所示。

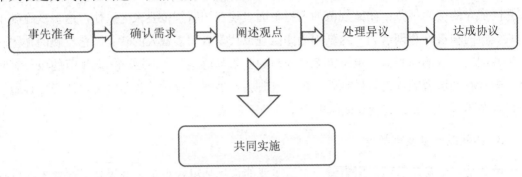

图 7.4　团队沟通的一般步骤

2. 有效的团队沟通渠道

团队中的正式沟通与团队内部的组织结构有关。团队中目前通常采用的是金字塔式的管理安排，同时根据团队规模的大小来选择诸如直线参谋制、事业部制、矩阵制等形式。这样安排也基本上设定了团队内成员正式沟通的渠道框架。

1)　下行沟通

下行沟通是指在团队管理中，信息从高层成员流向低层成员。这种沟通的主要目的是向低层成员传递信息和发布指示，给低层成员提供有关材料，向他们说明团队的目标，告知团队动态等。下行沟通就是从上而下的沟通，它用以指导和控制团队下层成员的行为，还可以协调团队各层次之间的行为活动，增进团队各层次之间的相互了解，从而达到有效的配合。下行沟通中常用的口头沟通媒介方式有指示、谈话、会议、电话、广播等；常用的书面沟通方式有各种备忘录、信函、手册、小册子、公司政策声明、工作程序等。在运用这些媒介进行下行沟通时，有时候信息在传递过程中会被公司的中层和下层遗漏或曲解。所以在沟通中要注意保证上层的许多指示被下层成员所理解。

2)　上行沟通

上行沟通是指在团队管理中，信息从低层成员流向高层成员，这种流动是按照团队当中职权层次持续向上的一种信息流动。上行沟通的重要性不可小觑，这是因为上行沟通信息中通常包括团队目前运行中的状态、遇到的问题、成员的士气等信息，是高层成员及时调整团队行为、调整激励措施等信息的支持，是决策的基础。但是这种上行沟通通常会受到上行渠道中的诸多阻碍，如有时有些主管人员没有把所有的信息真实地传递下去，上行信息会出现被加工、被删除、被组合的可能，最终传递下去的可能是完全失真的信息。团队中如果出现这种情况，长此以往，低层员工也会用失真信息搪塞，形成恶性循环。

自下而上的信息沟通通常存在于参与式管理和民主的团队环境中，包括互联网金融企业。自下而上的信息沟通的媒介方式除正式报告外，还有建议制度、申诉、请求程序、控告制度、调解会议、小组会议、汇报会、离职交谈等。有效地进行自下而上的沟通需要有一个让下属可以自由沟通的环境，而这个环境主要是由上层管理者来创设。

3) 交叉沟通

交叉沟通包括横向沟通与斜向沟通两个方面。横向沟通是指与其他团队中同等地位的人员之间的沟通；斜向沟通是指与其他团队中职权等级不同的成员之间的沟通。这些沟通方式主要用来加速信息流动，促进理解，完成团队的共同目标。但是也有一些研究者认为，对于一个高层成员来说，运用交叉沟通是错误的，因为这样会破坏统一指挥。尽管这样的看法有一定道理，但交叉沟通在团队中被推崇，因为实践证明它有助于提高效率，跨团队层次交流可以比正式途径更快地提供和获得信息。职能权限高的人员和不同业务部门主管沟通，虽然此信息的沟通超越了团队规定的渠道路线，但是有助于高层成员及时发现问题并提高解决问题的速度，减少问题所带来的危害。这在互联网金融企业尤其需要。风险控制部门与产品设计人员的沟通正是一个典型代表。

然而由于交叉沟通中信息不按规定流动，所以团队应该采取专门的措施以避免潜在问题的发生。交叉沟通的运用有以下几点需要注意：

(1) 只要是合适、正面、积极、能为团队带来好处的交叉沟通在任何团队中都应受到鼓励；

(2) 低层成员不要做出超越其权限的承诺；

(3) 低层成员要及时向高层成员报告部门之间共同从事的重大活动。

简而言之，交叉沟通若运用得当非常有助于组织内人际关系的协作，因此在运用时，要注意尽量避免可能会造成的麻烦。

7.3.4 团队冲突的管理

1. 团队冲突的内涵

团队冲突是指团队成员在交往过程中产生了意见分歧从而出现一些争吵、对抗行为，使得彼此间的关系变得紧张。传统意义上的冲突往往给人的感觉是不好的，会不利于工作的顺利开展，更会破坏一些合作气氛，百害而无一利。这也是长期以来团队文化和团队精神经常强调合作的重要性所在。但冲突是一把双刃剑，特别是在团队当中，冲突也有一定的作用。这主要体现在团队需要不同的意见和观点上，多元化的思想可以让团队充满激情和创造力，及时暴露问题，及时去解决问题。

虽然冲突对于团队的发展有一定的好处，但是还是要尽力避免这种较为激烈的方式去发现问题和解决问题。在团队中，如果发生了冲突造成了团队工作上的影响，就要找到发生冲突的主要原因，对症下药。冲突产生的原因主要源于以下几个方面。

(1) 成员间的个体差异：每个人都有不同的生活经验和精力，也就会有不相同的价值观念，这导致他们在处理问题时会采用不同的方法，当不同的成员使用的方法给别的队员带来不满或不舒服时，就很容易产生矛盾引发冲突。

(2) 成员间沟通不顺畅：团队在沟通的过程中会因为传递信息的人员传递有误，曲解意思或信息传递的渠道不够顺畅等问题造成沟通上的失败。这种情况下非常容易产生误解和不信任因素，从而诱发冲突。

(3) 成员的不公平待遇：团队是一个整体，而整体的可利用资源是有限的。为了使有限的资源得到高效的利用并不能简单的平均分配，而是采用公平和效率相结合的原则，这会使一部分获得资源较少的成员感到不公平，从而诱发冲突。

(4) 团队目标界定不清：整体来说，团队冲突还是由不同成员在工作过程中的行为而产生的，而这些行为主要的目的还是在执行团队目标时不同人产生不同的理解，从而造成结果上的差异。这种差异有时会体现在团队目标与个人目标上，有时会体现在不同成员的不同个人目标上。

2. 团队冲突的类型

团队冲突的类型主要有两种。

1) 建设性冲突

是指冲突各方目标一致，实现目标的途径手段不同而产生的冲突。冲突双方关注实现共同的目标，也乐于了解对方的观点和意见，主要还是以讨论问题为中心。这是一种可以为团队带来工作改进、促进成员开拓进取的良性冲突。

2) 破坏性冲突

是指冲突的双方由于目标不一致而引发的对抗性冲突。这种冲突的双方只关注自己的观点，相互排斥对方的意见并且可能由争吵上升为人身攻击。这是一种恶性冲突，会给团队的工作开展带来很多困扰，不利于团结。

3. 团队冲突的解决方法

在解决团队冲突问题时，了解引发冲突的原因后也要分清团队冲突的类型。对待破坏性的团队冲突要及时制止和消除，反之对待有积极作用的冲突充分利用好冲突为团队带来的机会。

1) 处理团队破坏性冲突的基本方法

(1) 强制。

强制是指在不考虑对他人影响的情况下，牺牲别人的利益来达到自己的目标。这种方法表面上看起来只会加重冲突，实则不然，当面临如下情况时，强制性方法是解决冲突的最直接方法：遇到紧急事件需要快速进行决策，必须立刻采取行动的情况下；执行重要却不受欢迎(削减用度、实行考核等)的制度时；执行创新和变革类正确决策时，很有可能触及一些老员工的利益等。

(2) 回避。

回避是指在意识到冲突存在的情况下，成员选择不合作也不维护自身利益的逃避做法。这种方法不能根除冲突的原因，但可以起到消除冲突的隐患。该方法主要适用于以下几种情况：冲突不重要，无关团队整体进展时；意识到这是无意义的冲突，即自身的利益无法被满足，发生冲突的弊大于利时；可能引起更严重的冲突时；冲突已经发生希望双方可以冷静下来时，等等。

(3) 协调。

协调是指双方都愿意放弃一部分自己的利益而接受一种更有利于前进的方案。这种方法要求冲突的双方都要做出牺牲，在非原则性问题上有较好的效果。该方法是解决建设性冲突较好的一种方式。适用这种方法的情况有：矛盾上方势均力敌，冲突的问题也有一定的重要性；问题较为复杂，需要寻求暂时性的解决方案时；没有充分的时间和精力解决问题时；双方可以做出承诺不再因类似的事情而发生冲突时。

(4) 迁就。

迁就是指冲突的一方愿意将对方的利益放在自己的利益至上，做一定的自我牺牲去抚慰另一方，从而保持良好的关系。这种方法容易被误解为一味忍让和软弱，但其实不然。在以下几种情况下适用这种方法：冲突一方比较看重整体关系，恰好事情对另一方又很重要时；事情微不足道，为了长久的发展选择迁就；冲突方已经认识到了自己的不足，就要及时表示，不能为了面子僵持不下；当团队遇到困难时，应当注重整体的和谐，团队成员都应当做出一定的迁就帮助团队前进。

(5) 合作。

合作是指主动与对方寻求解决方法，互惠互利。冲突双方可以坦诚相待，通过沟通充分的尊重对方，也不以放弃自身的利益为前提。主要适用于：冲突双方可以坦然相对时；双方利益都很重要，且不能折中时；当目标为非冲突性目标(测试、学习、了解)时；当问题需要考虑多个方面，融合大家的建议时。

以上几种方法都有自己的适用范围，并没有好坏之分，在解决破坏性冲突时要注意团队所处的环境，准确判断。

2) 激发团队建设性冲突的基本方法

一个好的团队想要拥有竞争力就必须要认识到建设性冲突的作用，学会激发这种有利于团队进步的冲突。

(1) 改革组织结构，升级团队目标。

团队长期处于一个恒定的状态下容易出现上升疲软，安于现状，乃至出现小派系的现象。这些现象虽然有利于团队的稳定发展，但也会丧失创造力。团队可以重新组建升级原有的团队结构，并且设置一些难度较高的目标激发团队的创造力。

(2) 引进外人，适度竞争。

团队成员的技能会随着团队的不断发展扩大而发生缺失，这样就要不断的引进新的人才。这样一方面可以为团队注入新鲜血液，提升团队技能，另一方面也可以让原有的成员感受到竞争的压力和活力，有效地激发团队的建设性冲突。

(3) 建立健全的沟通渠道。

企业中利用沟通来激发想法和建设性冲突的做法非常常见，团队要做的不仅是重视沟通的作用还要建立完善的沟通机制。团队中不应当都是盲目的服从，每一位成员通过有效的沟通渠道都可发出自己的声音，促进团队的发展。

@ 7.4 团队的激励机制

7.4.1 激励概述

1. 激励的内涵

激励是鼓舞、引导和维持个人努力指向目标行为的驱动力，激励对人的行为起着激发、加强和推动的作用，这里所指的激励就是团队要正确调动人的积极性问题。

具有激励性的团队通常有以下几点特征。

(1) 独特的团队文化：通过自身团队文化的建设积极主动地满足团队成员对实现自身价值的心理需求。有一定内涵的团队文化会为团队营造一个能使团队成员自我激励的文化环境。

(2) 富有弹性的组织结构：相较没有激励性的团队，在组织结构上更具备弹性。这种弹性表现在对积极的外部环境有所吸引，对成员的个性发展有很强的敏锐程度上。

(3) 对工作的热情：工作对于有激励性的团队而言不仅仅是谋生手段，更是生活中不可缺少的一部分，是自我成长、价值实现的重要途径，对于工作有高涨的热情。

(4) 重视群体关系：团队成员之间是一种相互支持的关系，各个成员通过在群体中的工作为实现团队的目标而贡献自己的力量。

2. 激励的分类

对于人员的激励方式主要分为两类：一是物质奖励；二是非物质奖励。物质奖励比较直接的方式就是薪酬，互联网公司的薪酬机制十分灵活，不同岗位、不同项目、不同职位间的薪酬差异较大。同时，互联网金融公司提供的薪酬相较于其他行业具有较大的竞争力，有的公司开出上百万年薪，对于求职者和员工而言非常具有吸引力；其次互联网金融行业属于知识密集型行业，企业发展受员工的知识水平、创新能力等方面影响较大，由于互联网金融行业发展迅速，人才输送脱节等现象使得很多就业人员在入岗后还不能直接上手工作，这就导致各类培训制度等潜在资本的再开发措施在互联网行业占据十分重要的战略意义。受行业创新性与创造力的影响，互联网公司的福利制度形式已不单单是薪酬一方面的激励形式，而是十分丰富的。

3. 激励对团队的作用

我们都了解激励对于个人的作用，激励对于团队而言还有另外两个整体的作用。

(1) 提升职业素养：激励可以让团队成员认识到工作的好处，针对职业道德形成正确的认识，用这种正确的认识去指引自己做出好的团队道德行为。

(2) 激发创造力：通过激励行为，为团队成员提供一个好的工作环境，形成好的工作心理，能够让团队成员大展所能，而不是做事畏首畏尾。激励可以让团队成员感受到团队对自身积极努力的肯定，实现自身价值，从而形成自信心和对团队的责任感。

7.4.2 团队激励的一般方法

团队激励要起到的作用是将需求、动机、行为、目标和惩戒观念结合在一起。这就要求团队的管理者清楚团队成员的兴趣爱好，结合成员的兴趣爱好将他们尽量安排在自己喜欢的工作岗位上去。管理者还要明白员工的保健因素，这包括工资、公司的监督制度、公司的政策、上下级关系、同事之间的关系、工作的保障、工作环境、职务、地位。接下来就要满足团队成员对于工作内容的丰富化，满足员工的高层次需求。其次要注意正确的发放工资和奖金，结合表扬的激励方式来满足团队成员的需求。

根据互联网金融行业的一些特性，本文将团队激励的两种方式分别进行介绍。

1. 物质奖励

建立一套合理的正规的薪酬制度，引入全面薪酬的概念，重新进行岗位评价、薪酬定级、调整薪酬结构比例，提升员工对薪酬的认识，对员工报酬的分配要体现"责重多得，质优多得，多劳多得"的原则，正确运用竞争机制的激励作用，通过合理拉开分配差距体现公平，根据员工所掌握的技术知识与个人工作能力的对企业战略目标实现、团队绩效所做出贡献将员工分为三个级别，依次分为一般员工、核心员工、战略员工，按照员工所处级别及根据互联网金融行业平均薪酬水平，将一般员工的薪酬水平定在与行业薪酬水平相当；将核心员工的薪酬水平定在略高于行业薪酬水平层面上；战略员工的薪酬水平根据企业自身的经营状况，可稍高于行业薪酬水平。

针对不同的职务和部门具体分为以下几种。

1) 管理层团队

薪酬设计要遵循"市场竞争性"和"内部公平性"原则，突破传统的薪酬设计方式，借鉴欧美等国的互联网金融公司的长期激励机制，采用股票期权这种前瞻性的激励机制，根据高管在岗期间的业绩情况授予其期权或股权,使其与公司整体发展进行捆绑。

2) 技术人员

适当加大薪酬宽带,进行薪酬双轨制设计,将设计人员分成管理岗位和技术岗位两类,管理岗位人员拿管理路线工资,技术岗位人员拿技术路线工资,极大地激励技术人员,使技术高超的工程师仍然能够拿到高薪。

3) 销售人员

提高销售人员的底薪,取消岗位津贴及通信交通补助,将绩效部分改为阶梯提成,设计相应的业绩量,按照个人业绩完成量发放工资,增设销售奖金,刺激员工从多个视角全面更好地完成自己的工作。

4) 职能部门

提高绩效工资比重,使薪酬结构具有更强的激励效果。

2. 非物质奖励

目前互联网金融行业年轻化,在这个行业工作的员工大多都是有高学历、强能力的知识型员工,他们与社会其他行业有着很大的差别,在工作上不再只是服从,而是具有更大的自主性、创新性。他们不仅追求物质享受,同时拥有着追求内心舒适的需求,传统的薪酬福利激励已经满足不了其需求,除了关注薪酬福利外,他们还关注工作事业平台和团队氛围,要采用关心、表扬、鼓励等方式,使职工感受到自己受到了重视,品尝到自我实现的快乐和成功的欣慰,自觉地将个人目标与组织目标的方向保持一致,形成一种无私奉献的责任感和职业道德。这就要求企业能够尽快转变人才管理方式,建立以企业战略目标实现和行业市场价值体现的双通道全面薪酬体系,搭建员工与企业发展的一致性的渠道,在计量薪酬具体指标时,以企业战略目标实现与企业所在行业的市场价值为参考依据,更好地激励员工。

互联网金融企业中大多数员工从事脑力劳动,这类知识员工很容易适应知识的更新速度和外在环境的变化,其灵活的思维环境造就了他们是非常看重自我存在的价值与认可度,精神层面的追求空间很高,这就要求互联网金融企业必须更重视知识员工的非物质激励。

具体来讲分为以下 4 个部分。

1) 工作方面激励

知识员工既然对工作成就感有极大的期待,希望能得到很好的成长,就期望从事有挑战性的、有趣味性的工作。因此互联网企业要为知识型员工的发展创造更好、更为丰富的工作条件,合理的工作设计是有效处理企业的发展目标与知识型员工的个人发展目标协调达到一致,灵活的处理和设计满足知识员工个人擅长的工作职务和场景。

2) 企业文化激励

企业文化对企业发展是极其重要的,它可以直接反映其管理思想、员工意识和管理侧重方向，并能够帮助企业形成统一的价值观。企业文化尽管是无形的，但对员工的行为是有导向性作用的，其激励程度非常显著。互联网金融公司基本属于年轻化的、成立时间不久的企业，其员工大多是对新事物接触较快且具备年轻化特质的人员，企业文化在这样的公司则显得更为重要。除此之外，互联网金融企业员工的成长路径是需要一个有良好企业文化氛围的工作环境的。因此，为了更好地激励知识员工，互联网金融企业要建立自由公平、鼓励创新意识的学习型组织，形成一个强大的学习文化氛围来实现知识密集型团队的变革性成长。

3) 精神激励

知识型员工对精神的高层次需求很渴望，他们在知识能力方面很不易实现自我满足，自我激励正是其长期追求的精神激励方式。针对这一情况，互联网金融企业应该长期为他们提供高质量的培训体系。恰当的持续人力资源开发培训，一方面实现了员工不断学习获取知识的要求，达到了员工自我增值的目的；另一方面，通过培训提升了员工自身的技术水平，工作效率提高，同时企业实现了人才储备。

4) 情感激励

情感激励并非是人力资源中一个有效性很高的激励方式，但针对互联网企业知识型员工本身的特征和心理期望来讲，他们崇尚自尊心、自信心的建立与认可，高层次的精神需求十分突出。因此，情感激励在知识员工管理中是必然奏效的。对知识型员工的激励重视尊重、信任、赞美等手段，使其能感受到人格的重视、努力的公平承认。一种共生化的情感关怀让知识型员工在快节奏的互联网氛围中能感受到心情顺畅，这能够最大限度地调动团队成员的积极性，释放其潜能所在。这是最有效且成本最低的非物质激励方式。

7.4.3 团队绩效测评

1. 团队绩效的内涵

团队绩效是指团队对组织既定目标的达成情况，团队成员的满足感和继续协作的能力，既包括工作行为、方式，也包括工作行为的结果。影响绩效的原因也分为两类：

(1) 影响员工绩效的主要因素：技能、机会、激励和环境。员工的技能越高绩效就会越显著；激励则是指成员工作的积极性；机会是一种偶然性，这种偶然性是相对的。

(2) 影响团队绩效的主要因素：团队目标是否明确；团队领导力如何；成员之间是否沟通顺畅、频繁；团队激励是否充足；制度是否完善且公平；团队文化和团队精神建设如何。

2. 提升团队绩效的方法

提升团队绩效的方法主要有 5 种。

(1) 制定明确的团队目标；

(2) 好的团队领导力；

(3) 有效的团队沟通；

(4) 激励性绩效考核机制；

(5) 有生命力的团队文化和团队精神。

绩效考核机制没有做介绍，其余 4 个方面在本章前几节均有详细讲解，可结合本章前几节的内容来理解。

3. 建立激励性的绩效考核机制

完善绩效考核机制是团队激励的重点和企业团队发展的难点之一。为了确保绩效管理相对公平公正，企业可以成立绩效考核小组，采用多部门结合的方式，将考核小组由各职能管理中心派出一名管理者代表，加上人力资源经理、各部门员工代表及被评岗位所在部门经理构成。在绩效管理中，做到公开民主、客观现实、发展提升、化繁为简、注重结果的同时也要注重过程、注重量化也要注重质化。通过科学合理的绩效管理发现员工个人的优势和劣势、成绩和问题，对成绩加以鼓励，对问题给予纠正，并对员工在工作中遇到的阻力和困难及时提供支持和帮助，达到企业和个人的双赢。

完善对高管的考核制度，在原来约定考核方式的基础上，建立完善合理的考核方式，确立合理的年度绩效薪酬，加大对高管的业绩考核压力，根据目标的完成比例对其整体收入进行折算，敦促高管更好地带动团队超额完成目标任务；从工作作风、是否能够带动公司的整体士气、战略规划能力等方面对高管进行考核；对于技术、销售及职能部门的员工进行额外的考核，设定考核分数，将考核与工资相挂钩，实际得分即为当月考核系数，考核成绩在公司规定分数以下为不及格，一个自然年度内员工连续三个月考核不及格，则当年后几个月的绩效工资取消。

本章总结

- 团队的内涵是指由两个或两个以上的人组成，通过知识与技能互补、彼此承诺协作完成某一共同任务的特殊性。团队的成员之间相互影响、相互作用，在思想上可以达成共识，行动上有共同规范的一种介于组织与个人之间的一种组织形态。团队的构成包括 5 个要素，即目标、人、定位、权限和计划。

- 团队的类型有很多种，有明文规定的正式团队及自发形成的非正式团队，有长期存在的固定型团队和短期的临时型团队。根据团队存在的目的和拥有自主权的大小可将团队分成问题解决型团队、自我管理型团队、多功能型团队、虚拟型团队四类。

- 互联网金融的商业模式包括第三方支付企业商业模式、网络借贷 P2P 商业模式、众筹商业模式 3 个主要部分。开展不同业务、不同商业模式的企业因特点不同、发展战略不同，所需要采用的组织结构设计体系也不相同。针对互联网金融行业的特殊性，在进行团队结构、类型选择上应当格外注重流量获取团队的重要性和团队成员组成上的交互性。

- 团队文化和团队精神的建设对于一家企业来说起着指南针的作用，是升华团队内涵、凝结团队力量的重要体现，作为联系每个成员成为一个团队的纽带对企业而言起着非常重要的作用，影响着企业的发展。

- 团队沟通的影响因素往往是潜移默化、不易察觉和间接的。对团队沟通绩效产生影响的因素，有团队规模、团队规范、团队成熟度及默契度、团队文化 4 个因素。

- 团队冲突是指团队成员在交往过程中产生了意见分歧从而出现一些争吵、对抗行为，使得彼此间的关系变得紧张。在解决团队冲突问题时，了解引发冲突的原因后也要分清团队冲突的类型。对待破坏性的团队冲突要及时制止和消除，反之对待有积极作用的冲突充分利用好冲突为团队带来的机会。

- 根据互联网金融行业的一些特性，团队激励分为物质奖励和非物质奖励。可以针对不同的职务和部门建立不同的物质奖励制度；非物质奖励具体分为工作方面激励、企业文化激励、精神激励和情感激励。

- 团队绩效是指团队对组织既定目标的达成情况，团队成员的满足感和继续协作的能力，既包括工作行为、方式，也包括工作行为的结果。提升团队绩效的方法有制定明确的团队目标、好的团队领导力、有效的团队沟通、激励性绩效考核机制、有生命力的团队文化和团队精神。

本章作业

1. 互联网金融团队的构成要素有哪些？
2. 第三方支付企业团队结构是什么？相比其他企业有什么特殊性？
3. P2P 网络借贷企业团队结构是什么？
4. 众筹企业团队结构是什么？
5. 如何更好地构建互联网金融团队文化？
6. 团队沟通的渠道有哪些？
7. 团队激励的方式包含哪几种？

第8章

互联网金融风险管理

本章目标

- 了解风险管理对互联网金融企业发展的重要性。
- 掌握互联网金融风险的分类和特征。
- 掌握互联网金融风险管理的步骤和流程。
- 了解互联网金融风险管理系统的构建。
- 了解互联网金融企业的内部控制。
- 了解国内外经典的互联网金融平台风险管理案例。

本章简介

近几年来，以社交网络、搜索引擎、移动支付和云计算等为代表的互联网现代科技发展迅速，我国互联网金融也因此得到了前所未有的迅猛发展。随着互联网金融的不断创新，新的金融风险不断出现，并且呈现扩张趋势，在一定程度上阻碍了互联网金融的发展。因此，互联网金融风险管理势在必行。

本文将重点讲解风险管理对互联网金融企业发展的重要性、互联网金融风险的分类和特征、互联网金融风险管理的步骤和流程、互联网金融风险管理系统的构建及互联网金融企业的内部控制，并深入分析了国内外经典的互联网金融平台风险管理案例。

@ 8.1 风险管理是互联网金融企业发展的关键

8.1.1 风险管理和风险控制的定义

1. 风险管理

风险管理(risk management)是互联网金融行业对抗损失的第一道防线。对于现代企业，风险管理指的是通过风险的识别、预测和评价，对风险进行有效的控制，以尽可能有计划地处理风险、降低风险发生的概率或者风险所致的损失，从而以最小的成本获得企业安全生产经济保障的过程。它的基本程序包括风险识别、风险估测、风险评价、风险控制和风险管理效果评价等环节。

(1) 风险识别。风险识别是风险管理的第一步，也是风险管理的基础。它是指在风险事故发生之前，对当前所面临的风险或潜在的风险加以判断、归类整理，并对风险的性质进行鉴定，分析风险存在的原因的过程。

(2) 风险估测。风险估测是指在风险识别的基础上，基于大量过去损失资料的分析，通过概率论和数理统计知识对某一个或某几个特定风险的事故发生概率和风险事故发生后可能造成损失的严重程度进行定量分析的过程。其估测内容主要包括损失频率和损失程度。

(3) 风险评价。在风险识别和风险估测的基础上，对风险发生的概率、损失程度，结合其他因素全面进行考虑，评估发生风险的可能性及其危害程度，并与公认的安全指标相比较，以衡量风险的程度，并决定是否需要采取相应的措施。

(4) 风险控制。风险控制是指针对风险事件发生的动因、环境、条件等，管理者采用各种措施和方法对风险进行有效的控制，以达到降低风险事件发生的概率或减轻风险事件发生时的损失的目的。

(5) 风险管理效果评价。风险管理效果评价是风险管理的最后一步。它是通过对已实施风险管理措施的效果与预期的目标进行比较分析，以此评价管理方案的科学性、实用性和收益性。

2. 风险控制

风险控制是风险管理基本流程中的一个环节。风险控制是指针对风险事件发生的动因、环境、条件等，管理者采用各种措施和方法对风险进行有效的控制，以达到降低风险事件发生的概率或减轻风险事件发生时的损失的目的。风险控制的方法包括风险回避、损失控制、风险转移和风险保留等。

(1) 风险回避。风险回避是一种消极的风险处理方法，企业管理者有意识地放弃风险行为或风险项目，完全避免特定的损失风险。这种方法虽然能将风险的概率降低到零，但是在获取收益的同时也放弃了潜在的目标收益机会。

(2) 损失控制。损失控制是指通过制订计划和采取措施降低损失的可能性或减少实际损失。损失控制包括事前控制、事中控制和事后控制三个阶段。事前控制的目的是降低损失发生的概率，事中控制和事后控制的目的是减少实际发生的损失。

(3) 风险转移。风险转移是指通过订立合同或者购买保险等方式将部分或全部的风险转移给受让主体承担的行为。因此，此方法能够大大降低经济主体的风险程度。通过风险转移进行风险控制是应用范围最广的、也是最有效的手段。

(4) 风险保留。风险保留即风险承担，是指经济主体自己承担风险，当损失发生时，经济主体将以当时可利用的任何资金弥补损失。风险保留包括无计划自留和有计划自我保险，区别在于是否在损失发生前做出资金安排弥补损失。

8.1.2　风险控制是互联网金融发展的关键

相比于传统金融，互联网金融风险更加复杂。风险控制是互联网金融平台安全的核心，也是平台核心竞争力的体现。

1) 互联网金融风险复杂

互联网金融是互联网技术与传统金融全面结合和创新的产物，因此，互联网金融风险具有复杂性：一方面，互联网金融在本质上具有金融属性，与传统企业一样面临着信用风险、市场风险、流动性风险、操作性风险等常规风险；另一方面，互联网金融以互联网为载体，具有虚拟性、技术性和创新性等特点，无疑会带来技术风险、信息安全风险等。风险的复杂性加大了互联网金融风险控制的难度，风险控制的质量决定着互联网金融企业的竞争力。

2) 互联网金融风险上升

我国宏观经济增速下滑，是银行业及互联网金融行业不良风险升高的直接原因。目前，我国正步入中等收入阶段，产业更替成为重要矛盾。在这一阶段，互联网金融企业及银行的部分贷款可能会变为不良资产。此外，一些刺激政策的后续调整尚未完成，"僵尸企业"的出现也导致互联网企业及银行不良率上升。因此，风险控制应该是互联网金融授信的第一个步骤。

3) 互联网金融风险危害大

互联网金融成为现代社会发展的必然结果，极大地方便了人们的生活及工作需求，已经渗入自助转账、第三方支付等模式，人们通过互联网进行金融活动的金额越来越大。然而互联网的开放性导致互联网金融风险较大。一旦风险发生，不仅会影响到金融市场的发

展，同时还会影响到我国社会经济的发展。

随着移动互联网、物联网与大数据技术的发展，互联网金融将面临新的安全问题，因此必须持续创新互联网金融安全技术。互联网金融需要监管方、互联网金融公司、网络安全服务商和广大网民共同建立防火墙以控制风险，实现互联网金融的健康发展。

8.1.3　互联网金融风险管理的特殊性

互联网金融风险层出不穷，除了拥有与传统金融领域一样的风险种类之外，还带来了新的风险种类，包括理论基础风险、运行模式风险、特有的法律法规风险。

1. 理论基础风险

理论基础风险主要包括理论技术安全风险和理论操作风险。

1）　理论技术安全风险

传统金融企业的通信网络具有很强的独立性，而互联网金融企业则不同，它处在一个更加开放的网络通信系统中。TCP/IP 协议本身存在着较大的安全性问题，当前的密钥管理和加密技术也不太健全。因此，互联网金融体系很容易受到计算机病毒和网络黑客的攻击。对于互联网金融技术安全风险，它主要包括技术应用风险和技术能力风险。技术应用风险主要是因为最初设计构思的片面性、局限性、不完整性、兼容性不足等导致的互联网金融技术系统存在明显缺陷。据国家互联网应急中心数据显示，2014 年 2 月，境内感染网络病毒的终端数为 220 余万个；境内被篡改网站数量为 12428 个；信息系统安全漏洞为 699 个。

2）　理论操作风险

操作风险是指互联网金融企业不当或失败的内部流程、人员缺陷、技术缺陷、系统缺陷或因外部事件直接或间接导致损失的可能性。互联网金融企业的理论操作风险主要是指互联网金融平台因技术缺陷，在某些特定情况下无法避免的风险。互联网金融平台依附于互联网，必然面临着网络病毒、木马攻击、个人信息泄露、账户密码被盗的风险。据 2011年易观国际发布的《中国第三方网络支付安全调研报告》数据显示，用户在网络支付使用过程中因木马、钓鱼网站和账户、密码被盗带来的资金损失所占的比例是最高的，分别为24%和 33.9%。

2. 运行模式风险

近年来，国内外互联网金融模型层出不穷，大部分模型因与金融市场环境和客户的具体需求不切合而遭受失败。由于主观或客观原因，国内一些互联网企业对国外互联网金融业务模式的模仿发生扭曲和异化，无法取得像国外互联网金融企业那样的商业成就。互联网技能最为突出的模式风险就是运营模式创新风险，它主要是指互联网金融的某种原创发展模式由于创新不足或创新过度，从而脱离社会实际经济发展状况，最终因为受发展瓶颈的制约出现风险。例如，2009 年 7 月成立的在线融资服务平台"数银在线"，是第一家获得银监会合法牌照的互联网金融企业，主要为中小企业提供融资和个人贷款等金融服务产品。"数银在线"不但受到国家各级领导的高度重视，还得到了诸如中国银行、民生银行、杭州银行等多家银行的支持。但在 2013 年，由于模式过度创新和管理运营问题导致流动性危机，最终破产。"数银在线"的模式在理论上虽然可行，但在实际运营过程中存在着各种弊端，其最大的缺陷就是过于依赖外部金融机构，持续盈利模式模糊。首先，"数银在线"无主动权，其贷款的审批和发放流程是由银行来完成，并受到正规金融机构的压制；其次，"数银在线"无利润来源控制权，其获利来源是向银行收取佣金；此外，下游的用户规模增长有限，成功贷款的客户下次申贷时很可能直接和银行对接，使"数银在线"失去了业务支撑。因此，互联网金融企业面临的不确定性因素很大，创新过度或创新不足的原创模式如果不切合经济实际，不符合客户需求，都将因为模式创新风险以失败告终。

3. 特有的法律法规风险

互联网金融特有的法律法规风险主要表现为法律法规文件的空白和漏洞。我国法律法规的规制对象主要是传统金融领域，对于新生业态互联网金融缺乏直接针对性的法律。一方面，传统的金融法律法规无法贴合互联网金融的独有特性，往往造成一定的法律冲突。另一方面，互联网金融涉及的范围广，很多领域缺乏法律监管，关于互联网金融市场的企业准入标准、交易者的身份认定、运作方式的适用性、电子合同的有效性、电子签名的合法性等方面尚未有明确的法律法规。网民在享受互联网金融服务带来的便捷性的同时，经常会面临法律缺失和冲突的风险，容易陷入法律空白区域的纠纷之中，阻碍了互联网金融的健康发展。2014 年以来，我国互联网金融案件频频爆发，仅在不到两个月的时间里，就有 39 家 P2P 借贷平台倒闭或陷入困境。互联网金融企业现处于无门槛、无标准和无监管状态，部分金融产品特别是理财产品游走于合法与非合法之间的灰色地带，非法吸收公众存款或非法集资案件频发。例如，2015 年 12 月，"e 租宝"事件非法集资 500 多亿元，受害投资人数超过 90 万人。此外，一些规范互联网金融的法律法规出台往往是在新产品领域出现之后，使得这些产品在搁浅期间付出的巨大前期投入付诸东流。例如，针对阿里巴巴和腾讯推出的扫码支付和虚拟信用卡等互联网金融创新产品，央行于 2014 年 3 月 3 日下发紧急文件，要求立即暂停线下条码(二维码)支付和虚拟信用卡有关业务，并采取有效措施确保业务暂停期间的平稳过渡。

8.1.4 互联网金融风险产生的原因

互联网金融本质是金融，传统金融具有的系统性风险、流动性风险、信用风险、技术性风险和操作性风险，互联网金融也全部具备，并且呈现出新的特性。同时，互联网金融涉及金融和互联网两个高风险行业，其风险的复杂性必然远高于传统的金融和互联网行业。其风险产生的原因主要包括以下几个方面。

1) 法律法规的缺失

互联网金融业是传统金融业和互联网技术相结合的新兴产物，且处于起步阶段，国家尚无相应的法律制度、行业规则对其进行约束管控，平台运作模式和产品设计存在越界的可能性，很多方面的监管还是空白。为了谋求自身利益，有些平台虚构各种信息和项目，非法募集资金甚至诈骗，演变成了吸收贷款和发放贷款的非法金融机构。

2) 网络系统不完善

互联网金融通过计算机和网络通信技术，极大地改善了传统线下支付交易结算模式，减少了偶然性的误差和损失，较好地解决了支付和清算存在的一些问题。但是，各个互联网金融平台的技术水平参差不齐，互联网金融机构的网络系统设计存在缺陷，系统死机、数据传输缓慢、客户私密信息外泄和被盗等事件时有发生。此外，互联网金融平台的安全保护措施不完善，极易遭受黑客攻击。

3) 准入门槛低

互联网金融业初期发展速度过快，准入门槛没有政策限制和行业监管，市场竞争激烈混乱。一方面，互联网金融企业门槛较低，业务人员缺乏交易经验，部分金融财务人员专业技术水平不高；另一方面，互联网金融网络借贷的参与人员门槛较低，交易主体整体素质良莠不齐，为一些不法分子提供了可乘之机，行业违法违规行为频频发生。

4) 信用体系不健全

我国企业征信体系整体水平低，数据缺乏，内容更新速度缓慢，部分信用评价结构设计不合理、不科学，因此信誉度和公信力不高，应用范围受限。另外，一些企业管理人员风险防范意识差，漠视企业信用化建设的重要性，在交易前对合作方的信用状况了解不全面、不深入，进而导致交易出现危机。网上征信系统目前尚不成熟，借款人的信用证明简单，有些甚至出现造假现象，平台后期缺乏有效监管，违规现象极易出现。

8.1.5 互联网金融风险控制与传统金融风险控制的比较

1. 相同点

1) 资金端与资产端的控制管理

互联网金融风险控制与传统金融风险控制在宏观层面上都是资金端与资产端的控制管

理，具体表现在资金端上，资金来源稳定且多元化。传统金融资金的来源由各地营业部获取，互联网金融资金则来源于资管计划所吸纳的存款，由商业银行进行托管，本质上资金端的稳定可持续为互联网金融与传统金融提供强有力的动力，也是资产端的稳定基石。在资产端上，互联网金融风险控制与传统金融风险控制一样，项目的测试与评估都是基于专业团队的尽调，资产呈现多元化，流动性也有一定的比例要求，最大限度保证资产端的安全，为资金端提供合理反馈。

2) 中心极限定理的利用

互联网金融风险控制与传统金融风险控制都是利用中心极限定理。当一个投资组合满足相互独立的条件时，中心极限定理也可能成立。中心极限定理是指在投资组合数足够大的情况下，它们的平均数分布接近正态分布，即当投资组合中的资产来自于不同领域且相关性不强时，客户平均优劣程度的分布接近正态分布。互联网金融企业投资的是微型借款，大部分客户属于中等客户，由于大客户之间的相关性很强，个体特征风险无法完全对冲，其组合后的分布不一定就是正态分布。此外，由于银行客户一般集中在熟悉的行业，银行贷款组合池的分布极大可能形成后尾分布，造成尾部风险较高。因此，银行不仅要管理可预期损失，还特别需要用资本覆盖表现为尾部风险的非预期损失。

2. 不同点

1) 数据来源不同

传统金融机构拥有自己的 IT 系统，结合线上线下进行征信，征信数据大部分来源于金融机构内部数据，数据范围狭小，结构单一。而互联网金融信贷大数据风控系统的 IT 系统自己开发，成本较高。但是其数据来源比传统金融机构更为广泛，不仅包括征信机构提供的数据，还包括互联网各种平台的相关数据，如网页浏览数据、客户的 GPS 位置信息等。数据结构也更加多样化，不仅包括结构化数据，还包括音频、视频、图像等非结构化数据。

2) 风险控制工具不同

传统金融风险控制工具紧紧围绕巴塞尔协议III，以存贷比、资本化率等指标作为测量维度，使用的工具比较单一，只是数据的简单处理，仅仅能从表面看出账面信息，具体多元化的结构难以剖析，有一定的局限性；互联网金融信贷风险控制是基于大数据，兼容手动、自动审批、决策、贷后管理，大体分为四部分：评分建模，风控部分；IT 系统(业务系统、审批系统、征信系统、催收系统、账务系统)；决策配置工具(即信贷决策引擎)；征信大数据的整合模块。

3) 风险承受能力不同

传统金融机构实力雄厚，经过多年的发展，积累了许多高端优质的客户资源，大到各高端行业，小到个体，这些客户信用情况较好，且传统金融机构风险控制体系完善。因此，面临的信贷违约风险较低。相比于传统的金融机构，互联网金融企业的风险承受能力较弱。互联网金融最近几年才发展起来，大多是一些小型企业，客户资源少，风险控制体系不完善，一旦违约情况增多，就难以持续经营。

表 8.1 显示的是互联网金融风险控制与传统金融风险控制的比较。

表 8.1　互联网金融风险控制与传统金融风险控制比较

区别 ＼ 种类	互联网金融风险控制	传统金融风险控制
相同点	资金端、资产端管理	
	中心极限定理为原则	
不同点	数据来源于征信机构及各种平台	数据来源于银行内部
	自动审批，贷后管理	风险控制工具单一，各项指标为主
	风险承受能力弱	风险承受能力强

@ 8.2　互联网金融风险的分类

8.2.1　信息安全风险

互联网金融产生的基础就是信息技术的发展，对互联网金融风险把握最重要的任务就是保证信息的安全。金融是一个对于安保性要求严格的行业，但互联网是开放式的，所以在融合的过程中会出现信息泄露的问题。以 P2P 网贷平台为例，P2P 网贷平台中储存了大量借款人和投资人的信息，网贷平台出于风险控制的角度，需要了解借款人的身份信息、学历信息、家庭信息、工作及收入情况、资产及负债情况，还有借款人个人的信用报告等，投资人在平台注册账号的时候也需要填写一些个人情况，如身份证号码、银行卡账号、联系电话等，很多信息都涉及个人隐私。随着 P2P 行业的快速发展，每天都有很多的借款人和投资人涌入 P2P 网贷行业中，这将形成一个十分庞大的个人数据库。目前，国内知名的 P2P 平台如拍拍贷等已经拥有的客户群数目超过 2000 万，建立了相对完善的数据库系统，一旦该数据库出现管理上的缺陷或遭到网络黑客的攻击，那么该数据库的信息将会泄露，造成不可挽回的损失。

互联网金融信息安全面临着互联网信息安全的一些共性及金融信息系统的一些特有的安全问题。综合来看，互联网金融信息安全的主要内容如下。

- 数据安全：主要指数据的产生、处理、传输、存储等环节中的安全，主要体现在后台数据库的安全、数据传输安全等，避免数据的泄露、破坏等。

- 运行安全：主要是指互联网金融各个信息系统能够正常工作，用户能够正常访问，系统之间的数据交换、调用等能够正常运行，避免出现运行不稳定、系统被攻击等现象。

- 软件安全：主要是指互联网金融系统软件及各个主机、服务器、工作站等设备中运行的软件的安全，避免软件的一些意外崩溃等。

- 物理安全：指各种硬件的安全，尽可能减少一些不可抗力因素的影响。

1. 互联网金融信息安全风险分类

1) 客户端安全认证风险

互联网金融平台客户端需要使用用户名和密码方式进行认证。一旦用户计算机感染病毒、木马或被黑客攻击，如果没有进行安全认证，互联网金融平台用户的所有操作都将被发送至控制用户计算机的服务器后端，严重影响互联网金融平台用户的账号和密码安全。近年来，一些假冒互联网金融平台网站的现象时有发生。这些钓鱼网站与真正的服务网站域名和页面十分相似，用户难以分辨。用户一旦登录这些钓鱼网站，他们的操作就会通过键盘记录或屏幕录制等方式，把账户和密码信息传输至窃密人指定的服务器中，危及用户资金安全。此外，专门的网银病毒也在网上盛行，如被称为"网银大盗"的病毒专门窃取国有银行互联网金融业务用户的账户、密码、验证码等敏感信息，带来了很大的互联网金融信息安全风险，严重影响了用户的财产安全。

2) 数据安全风险

互联网金融平台拥有客户的基本资料、投资偏好、需求定位、信用状况和借贷记录信息等，这些数据要求绝对的安全和保密。但在互联网这样的开放环境中，很难保证数据的输入和传输的完整性、准确性、安全性和可靠性。一旦用户的个人信息泄露或遭到恶意篡改，不仅会严重威胁用户的隐私、信用情况及投资者的收益，还会给互联网金融平台带来巨大的损失。如国内知名在线票务服务公司"携程旅行网"曾被曝出其支付日志存在漏洞，黑客可以任意读取用户的银行卡信息，大量用户因此更换信用卡，不仅给客户造成了巨大的恐慌，也给相关机构的信誉和作为互联网主力军之一的互联网支付蒙上了阴影。目前国内互联网技术不太成熟，整体安全风险与其业务风险不匹配，加密系统和传输系统安全性并不完善，如何防止对数据的非法篡改，实现对数据的非法操作监控与制止的问题亟待解决。

2. 互联网金融信息安全风险发生的原因

1) 黑客攻击风险

目前，黑客发展速度非常快，黑客供应商已经具有一定规模的产业链。他们能够运用专业的工具发现和利用一切可以被利用的漏洞，满足人们的特定需求。黑客攻击的操作方法简单易学，对于非电脑方面的专业人士，也能按照说明简单了解黑客工具的使用方法，达到良好的攻击效果。黑客攻击一般有三种方式：一是通过远程非法侵入陌生人的电脑系统，搜集到用户的最保密信息；二是向一些特定网站植入极其隐蔽的链接诱骗用户点击，用户难以发现，如商业广告的植入；三是一些不法分子通过短信、邮件等方式套取客户银行卡信息，盗取客户银行卡中的资金。特别是手机用户，诈骗者利用植入用户手机的病毒对用户的短信进行拦截，从而获取用户的支付验证码，获得用户的银行卡号等个人信息，进而盗取客户账户资金。

2) 木马程序风险

木马程序是一种基于客户机/服务器架构的网络通信软件，具有极大的危害性。相比于正规的远程控制软件，它具有隐蔽安装、非授权操作、破坏用户机器、窃取个人信息等特征。互联网上存在着很多种类的木马程序，如果计算机使用者疏忽或没有及时安装更新的查毒软件，很容易遭到网络木马的攻击。遭到木马攻击的用户，其电脑指令、鼠标点击记录、录入的重要信息就会在毫不知情的情况下被监控，并被传送至指定的地址，黑客便运用这些重要信息进行一些违法活动。此外，随着网络支付的发展，二维码变种病毒开始出现。例如，比较有代表性的"盗信僵尸"和"伪淘宝"等高危险性的支付类病毒，它们被上传发到网络硬盘，产生携带病毒的二维码，这些二维码图片在购物网站以及各大论坛传播，通过购物打折等方式诱骗用户下载。

3) 网络钓鱼欺骗

网络钓鱼欺骗有构建虚假网站钓鱼和伪基站短信钓鱼两种比较常见的方式。前者是利用用户的视觉误差和惯有思维，设计一个与目标网站的网站域名和网址相似的虚假网站，一般的用户不经过仔细观察和反复识别，将难以发现这个虚假网站与目标网站的细微差别。因此，用户很容易被引诱到这种钓鱼网站，误将自己的银行卡号、身份证号、密码等重要信息录入在这样的虚假网站中，造成银行卡被盗，给用户带来较大的经济损失。后者是指不法分子将和电信运营商的无线基站同频的伪基站放到汽车中，车内的伪基站可以在人群密集的街道、社区或商圈自动搜索附近的手机用户，发送垃圾广告或诈骗短信，诱导消费者访问虚假的银行网站，从而达到骗取其银行账户内资金的目的。

8.2.2 信用风险

信用风险也叫违约风险，常见于金融交易活动中，是一种常见且危害性较大的风险。它是指因交易一方违约而无法履行合同义务时给另一方造成损失的概率，是金融市场中最为重要的风险之一。在信用体系越完备的国家，由于违约所产生的成本会越高，违约的可能性就会降低，相反，在信用体系不完善的国家，违约的成本低，违约的可能性就会提高。我国目前的信用体系还很不完善，并且 P2P 网贷平台从事的也是金融交易，加上网络交易的虚拟性，信用风险就显得越发突出，必须引起高度重视。互联网金融信用风险主要包括互联网金融企业的信用风险和借款人的信用风险两方面。

1. 互联网金融企业的信用风险

互联网金融企业的信用风险主要是指互联网金融企业人员利用信息不对称，谎报信用评级标准和信用等级诱骗客户进行投资。与投资者相比，互联网金融企业处于优势地位。投资者对资金的用途无处查证，且资金用途证明极其容易造假，一些不良互联网金融企业不严格按照合同使用资金，上报虚假项目，故意隐瞒资金用途，最后形成"旁氏骗局"，损害投资者的利益。以众筹模式为例，当投资人有投资意愿时，投资人在众筹平台上注册众筹账户，并将资金存放至众筹账户中。整个项目的资金募集工作由众筹平台完成，当众筹平台上有项目已成功募集时，众筹平台就会将投资人的账户资金转移到所要投资的项目中。但是在整个环节中，资金是由众筹平台单独管理，没有任何第三方机构进行担保或托管。因此，平台的信用十分重要，一旦平台出现任何信用问题，都会给投资者造成极大的经济损失，甚至是无法挽回的后果。此外，企业要注重内部员工的素质培养，严防内部员工蓄意骗取投资人资金、违法乱纪的事件发生，影响互联网金融平台的信用。

2. 借款人的信用风险

互联网金融企业与传统金融机构一样，都可能会面临借款人不按时还款或不还款的信用风险，而且互联网金融企业面临的信用风险更大。网络贷款一般主要针对小额贷款，资金需求者往往无法提供任何资产或资金的抵押品，这是造成资金需求方信用风险较大的主要原因。一方面，由于网络的虚拟性，互联网金融平台很难真正了解资金需求者的还款能力和还款意愿。客户可以伪造身份、提供虚假资产和收入证明，借款人很容易伪造自己的信用等级；另一方面，我国个人信用评价体系还不完善，没有信用共享机制，投资者在某家金融平台的违约记录并不能及时地被第二家平台发现，这种有违约记录的客户还可以轻而易举地从多家互联网金融平台得到贷款；最后，即使客户拆东墙补西墙，贷款到期也很难按时还清借款，就会产生信用风险。如果违约借款人人数过多，金额过大，达到互联网金融平台可以承受的极限，资金不能很好地流通，互联网金融企业就会被动倒闭。目前，阿里小贷的信用风险控制比较好，平台利用长期积累的交易信息，通过大数据平台对商家进行信用分析，根据信用评分为商家提供短期无抵押信用贷款。阿里小贷能够较好地应对信用风险主要有两方面的原因：一是其拥有完善的征信技术，二是其通过将催告信息通知贷款人上下游客户的信用进行追款。

8.2.3 操作风险

1. 操作风险的定义

巴塞尔协议Ⅲ中将金融操作风险定义为：因为内部程序、人员及系统的不完备或者失效，或者由于外部事件造成损失的风险。巴塞尔银行监管委员会中按照发生的频率和损失的大小将操作风险分为内部欺诈风险，外部欺诈风险，雇佣合同以及工作状况带来的风险事件，客户、产品以及商业行为引起的风险事件，有形资产的损失，经营中断和系统出错，涉及执行、交割以及交易过程管理的风险事件七类。在很多金融机构中，因为操作风险造成的损失已经明显超过信用风险和市场风险。

以众筹、第三方支付和 P2P 网贷等为代表的互联网金融因其操作的便捷、成本的低廉等特点受到广大投资者的青睐。但随着互联网金融市场的不断扩大和发展，以及金融创新速度的加快，也可能会衍生出一系列的操作风险。由于互联网金融平台都是通过互联网相连，一些小的操作失误可能会引发整个系统的蝴蝶效应。因此清晰界定互联网金融从业人员操作权属是互联网金融企业亟待解决的问题。

2. 操作风险的分类

按照其来源分类，操作风险可以划分为内部操作风险、客户操作风险和第三方风险三类。

1) 内部操作风险

互联网金融企业目前处于粗放式管理阶段，在组织保障、内部审计和管理、绩效考评机制及审计监管等方面存在许多问题，易引发内部操作风险。内部操作风险的形成一方面是由于不完善的内部控制流程及相对滞后的控制程序引起。在当前的几种互联网金融模式中，许多互联网金融企业都是以开拓市场、创新产品和积累资金为主，很少关注内部控制的流程设计，一般设计较为简单，存在较多缺陷，风险防范能力因此较弱。另一方面，互联网金融平台系统缺乏专业的维护和管理。大多数互联网金融平台都是由公司内部的技术人员进行开发，且缺少专业的技术团队或技术不能对平台系统进行有效的维护和管理，难以达到金融行业对技术水平的高标准，精准执行前台下达的操作指令存在安全隐患。

2) 客户操作风险

互联网金融平台客户端的操作风险也是比较重要的一部分。其成因主要有三个方面：一是客户安全意识不强，在个人电脑上使用第三方支付时没有注意电脑安全升级和病毒防范，易导致个人信息、网银密码被盗；二是客户身份的真实性难以识别，利用他人信息进行操作也有很大的可能性，互联网金融平台难以判断和控制，因此造成的损失也很难弥补和追回；三是客户难以识别互联网上的各种诈骗手段，钓鱼网站域名、网址和界面与真正的网站非常相似，一般客户无法识别，经常会被蒙骗，一旦在上面录入个人信息，就会造成信息泄露，可能会带来一定的损失。

3) 第三方风险

第三方风险的形成主要有三个方面的原因：一是来自服务提供商的风险，服务提供商是网上交易的重要渠道，对互联网金融企业起着关键性的作用。在我国，由于互联网平台经费的投入差距大、服务供应商水平悬殊、安全性能不足，且缺乏人员的专业培训，从而导致很多小平台系统漏洞较多；二是互联网金融平台技术和业务结合程度不高，没有从业务层面将技术与流程相结合，忽略了人员和流程在平台信息安全管理中的作用；三是法律制度不健全带来的第三方风险，线性的法律对第三方的责任和违约行为没有明确具体的规定，与第三方平台相比，客户处于弱势地位，平台由于经营不善或故意卷款而逃，客户资金安全受到严重的威胁。

8.2.4　流动性风险

银监会将流动性风险定义为：商业银行虽然有清偿能力，但无法及时获得充足资金或以合理成本及时获得充足资金以应对资产增长或支付到期债务的风险。流动性风险的产生主要是由于资产增加或负债下降导致银行等金融机构无法应对所造成的，相比于信用风险和操作性风险，流动性风险形成的原因更加复杂。信用风险、操作性风险等都有可能导致金融机构的流动性不足，并且容易引起风险扩散，波及整个金融系统，出现流动性困难，因此防范流动性风险不仅要做好流动性管理，还要管理好其他可能出现的金融风险。互联网金融与传统金融行业一样面临着流动性风险的挑战。其流动性风险的形成原因主要包括以下几个方面。

1) 产品收益的下降

与传统的金融理财产品有所不同，大部分互联网金融理财产品可以随时赎回，如余额宝、理财通、百度百发等理财产品，这种特殊设计大大增强了金融产品的流动性。但是，这一功能的实现在保证低风险的情况下难以实现。当产品收益率高于存款利率时，不存在挤兑风险。如果货币市场出现问题，导致产品收益率降低，极有可能引起大量的赎回，导致流动性风险。

2) 最后贷款人的缺乏

商业银行等传统金融行业每年按规定向中央银行缴纳一定数额的法定存款准备金，来保证商业银行等传统金融机构资金的流动性。中央银行作为其最后贷款人，为其流动性提供支持，出现流动性风险的可能性较小。而互联网金融企业相对独立，大多数平台都是依靠自有资金来维持经营，少数企业引入了第三方作为担保，但是这些第三方的实力远远弱于中央银行。因此，一旦互联网金融平台出现资金链断裂发生流动性危机，由于缺乏最后

贷款人的支持，仅仅依靠自由资金来解决危机，流动性风险将大大增加。

3) 外部金融环境的变化

资本市场的产品波动性大、周期性强，容易受到风险事件的传染，如果整个市场的流动性风险增加，就可能波及互联网金融企业，给互联网金融的流动性带来挑战。此外，近年来，世界各国金融危机频发，很多金融机构因此陷入困境，对于大型商业银行可以选择外汇掉期等方式获得国外资金支持，但是对于国内新兴起的互联网金融行业及机构就很难从境外获得资金，一旦国家出现大的流动性危机，势必会引发整个互联网金融行业的流动性风险。

8.2.5 技术风险

金融与互联网技术相结合后，终端风险、平台安全风险、网络安全风险等一些带有互联网特色的技术风险也随之而来。互联网金融平台技术风险与普通互联网平台不同，偶尔出现的宕机问题对普通互联网平台没有什么影响，并且会在后台不断进行漏洞修复和改进，互联网金融平台由于采取的都是无纸化和电子化交易，管理和决策也是信息化，所有的信息数据不能有任何丢失，所以绝对不能有宕机等问题，对系统的稳定性要求极高。因此，互联网金融企业需要尽可能降低技术风险，确保整个系统的良好运行，否则将会带来不可估量的损失。互联网金融企业的技术风险主要包括技术选择风险和安全防范风险。

1) 技术选择风险

技术选择风险主要体现在互联网金融的软硬件、防容灾备份和数据加密等技术的选择和应用上。互联网金融平台系统的稳定运行离不开良好的软硬件，随着云计算和大数据等先进技术的应用，海量的存储和交易信息，各种可能出现的突发事件、灾害事故和人为破坏，以及可能面临的病毒侵扰和篡改更是对整个系统的软硬件提出了更高的要求，需要互联网金融平台不断升级、更新软硬件，建立和完善防容灾备份数据库，才能保证系统的持续稳定运行。

2) 安全防范风险

安全防范风险主要体现在未经授权访问和伪造交易客户身份两方面。黑客和病毒是互联网的两大危险因素，互联网金融平台同样也时刻面临着这两大因素的威胁，各种木马程序、入侵病毒不断更新，窃取用户资料信息和网上银行密码，进而盗取账户资金，有的黑客甚至伪造用户身份进行交易，诈骗资金，这些事件网络上屡见不鲜，出现这些问题的原因可能是个人访问网络时没有注意安全，导致电脑中毒，还有可能就是平台系统出现漏洞，让黑客有机可乘，2014 年携程网站泄密就是因为安全支付日志漏洞所引起的。

8.2.6 信誉风险

互联网的信誉风险指的是互联网金融企业在经营过程中，由于各种不确定因素的影响，而使客户对企业的印象改变造成的损失。互联网金融信誉风险产生的主要原因是互联网金融机构自身经营不善，疏于对平台业务的监管，无意或蓄意向客户传递虚假信息导致客户经济损失的可能性。

互联网金融平台刚刚建立，没有受到多数人的认可，在这种情况下，任何的负面评价都会使该平台瞬间失去信誉，从而阻碍其他业务的正常开展。如互联网金融从业者由于疏于对平台的维护，安全防范措施不到位，很容易遭到黑客的蓄意攻击导致客户信息外泄，系统故障会限制客户使用自己账户中的资金进行各种交易操作，影响用户体验。无论是哪种行为都会造成机构信誉受损。一旦该平台提供的服务不能很好地满足客户预期时，客户对该平台的抱怨和不满就会在网络上传播，影响互联网企业的信誉，导致平台客户人数锐减，损害平台与客户长久以来的良好合作关系。而且互联网金融的信誉风险一旦形成，其消极影响是持久的。

信誉风险是传统金融行业中很受关注的风险因素之一，信誉风险对互联网金融活动的影响也十分重大。由于互联网存在信息冗余、大量繁杂信息充斥的特殊情况，商家和用户之间甄别对方信誉的难度增大，识别困难，导致信誉欺瞒，许多不法交易滋生。

8.2.7 政策与法律风险

政策与法律风险是指政府有关互联网金融行业的政策发生重大变化或者有新的重大举措，或者互联网金融从业的相关机构或者投资者外部法律法规的环境所产生的改变给互联网金融行业带来的风险。

互联网金融目前处于刚开始发展阶段，政策法规正在密集发布中。一旦某个政策的出台或者法律法规的发布禁止了互联网金融的某个分支，将对这个子行业造成毁灭性的打击。现实中，我国有关金融的法律法规的规制对象主要是传统金融领域，对互联网金融的兼容性不够，互联网金融因此暴露在法律法规和监管的真空地带，政策变更的风险和监管无力的风险导致企业的违法成本低，行业容易发生不负责任的现象。我国的互联网金融发展尚不成熟，许多法律条文还不完善，存在法律风险隐患。现行的法律条款基本沿用传统金融法案，难以涵盖快速发展的互联网金融的众多方面，许多条款已不适用于互联网环境下的金融活动。相关法规存在大量漏洞，非法经营，甚至非法吸收公众存款、非法集资的现象不断发生，影响互联网金融的发展。

因此，互联网金融在迅猛发展的同时，必须关注宏观金融政策及法律制度，防范政策和法律风险，避免踩到红线。

@ 8.3　互联网金融风险的特征

互联网金融行业是互联网与金融的结合产物，具备互联网和金融两种属性，但是互联网金融的核心还是金融，互联网只是实现金融功能的工具和方法。因而，互联网金融不但要承担传统金融行业面临的风险，也要面临互联网特有的风险。互联网金融行业的风险特征主要有监管难度大、风险扩散快、传染概率高、风险危害大 4 个特征。

1)　监管难度大

与传统金融行业不同，互联网金融活动以互联网为基础，在提高金融效率的同时，也增加了监管的难度。互联网金融交易具有虚拟性，没有时间和地域的限制，交易的不透明性和交易对象的模糊性使得对风险的监管变得异常复杂和困难，一旦发生交易风险，将给交易双方造成不必要的损失。因此，互联网金融企业一方面要加强网络技术建设，另一方面要完善企业风险管控体系。

2)　风险扩散快

传统金融大多是离线业务操作，风险扩散相对较慢。而互联网金融借助互联网科技，平台系统运行速度快，同时也提高了风险扩散的速度。在互联网业务中，任何一个业务环节出现故障，风险将迅速蔓延并波及所有相关的系统、网络，使得金融风险从局部扩散，不受控制，轻则影响企业的日常运营，重则将导致整个系统的瘫痪，平台交易无法进行，企业资料泄露，客户资金受到威胁。

3)　传染概率高

互联网金融企业与担保企业、金融机构或者互联网金融企业都有一定的合作关系，互联网金融企业发生风险时，特别是资金方面的风险，必然会影响自身上下游合作的企业机构及同行业的其他企业。例如，当互联网金融企业出现资金流动性风险时，一般会采取向金融机构或同行企业借款解决资金问题，一旦问题不能解决，必然会波及其合作的相关机构，造成风险来源的多样性，增加了风险管理的难度。

4)　风险危害大

互联网金融平台一般是 24 小时随时提供金融服务，通过互联网运营虽然在很大程度上提高了金融服务效率，但是也更容易通过互联网扩大金融风险范围。由于互联网金融行业处于初期发展阶段，国家没有设立相关的准入标准，很多没有实力的网络金融都参与进来，加之它们对风险控制的能力不强，一旦出现风险问题，必然会形成扩大效应，引起连锁反应，冲击金融系统乃至整个国家的金融体系。

@ 8.4 互联网金融风险管理步骤

在互联网金融风险管理框架下，风险管理分为风险识别、风险分析、风险控制和风险评价四个阶段(如图 8.1 所示)。其中，风险识别是事前阶段，风险分析及风险控制是事中阶段，风险评价即风险管理效果评价，为事后阶段。

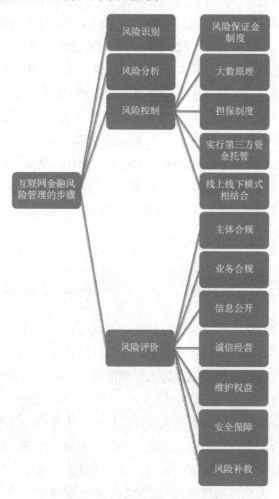

图 8.1　互联网金融风险管理步骤

8.4.1　风险识别

狭义的风险识别是指对实现各类目标的潜在事项或因素进行全面识别、鉴定、系统分类并查找出风险原因的过程。广义的风险识别包括常态的风险监测体系和设定事项的风险

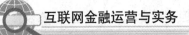

识别。风险监测是指监测各种可量化的关键风险指标、不可量化的风险因素的变化、发展趋势以及风险管理措施的实施质量与效果的过程。

以人人贷的风险识别体系为例，其主要按照"客户资质+贷款利率"和"平台信用认证标的坏账率"双线识别方式来进行风险监测。人人贷和友信合作，利用友信线下门店来开拓个体经营消费者及小微企业主客户，并进行有效贷后管理。而对电商客户，需要利用他们的线上交易数据、线下收单记录及电商平台提供有关它们供销存等数据建立征信体系。客户资质审核后，还会通过监测客户借款利率，判定客户信用风险。信用不足的借款人由于信用风险高，于是贷款利率高，而贷款利率高又会反过来增加还款难度，增加信用风险，形成恶性循环。与银行相比，P2P网络借贷利率则高很多。

拍拍贷平台通过应用大数据，从多个维度评估借款人的信用。它的最大创新之处在于采用了"大数据"方法，采集借款人各个维度的数据判定其违约概率、违约成本，给出相应的贷款额度、利率区间和风险定价。目前拍拍贷的信用风险识别模型中，维度达2000多个，一个人的参考因子大约有400个。在数据的获取方面，拍拍贷与国内包括公安部身份证信息查询中心在内的十几家权威的数据中心建立合作，通过数据查询借款人的身份信息。拍拍贷主要依靠互联网上的碎片化信息进行分析，包括社交数据，如微博、QQ、人人、开心等。此外，拍拍贷与支付宝、敦煌网、慧聪网、盛付通、马可波罗等平台的合作也使得用户信用得以共享。

8.4.2 风险分析

风险分析包括对前期识别的风险进行计量，有些会结合压力测试进行风险模拟，从而为下一阶段的风险控制提供详尽的备选方案。风险计量是指在风险识别和风险性质确定的基础上，对影响目标实现的潜在事项或因素出现的可能性和影响程度采取定性与定量结合的方法进行计量的过程。

国内互联网金融企业中，陆金所的风险评估模型较为先进。该模型完全为陆金所独立开发，并依托平安综合金融资源所构建的资源基础，通过"政策、分析、模型"的三元组织架构实现了对用户数据的有效梳理与应用，并与进件验证系统、风险评估模型和早期预警系统构成三道防线，实现以精准分析为驱动的"外科手术式"的风险管理。同时，在产品方面，随着互联网金融创新的深入，产品模式与运营方式更趋多元化，互联网金融平台需要与传统金融机构一样，引入和培育合格投资人体系：基于投资人对于风险偏好的区别，在产品的风险属性和期限、利率等方面的设计与供给上相匹配。在大数据处理与信用体系建设的基础上，陆金所未来将会对每个自然人投资人进行风险承受能力的评估，并对产品进行充分的风险揭示和信息披露，这是平台风险管理链条中必不可少的环节，也是防范平台流动性风险的重要举措。

宜信则引入信用分析和决策管理技术提供商 FICO(费埃哲)的信用评分技术制定信用评估和核查制度及流程。同时，它还建立了总额 2%的风险保证金。责任承担以风险池规模为限的举措，使得宜信在法律上将自身的平台信用与贷款损失风险完全剥离。

8.4.3 风险控制

风险控制是指在风险计量的基础上，综合平衡成本与收益，针对不同风险特性确定风险规避、风险分散、风险对冲、风险转移、风险补偿等相应风险控制策略并有效实施的过程。

互联网金融企业应当确定控制重大操作风险的政策、程序和步骤，制定风险控制的策略及方法、内部控制制度，采用购买保险或与第三方签订合同的方法缓释操作风险，同时可运用保险工具将风险转嫁到其他领域所产生的风险。针对有重大市场风险影响的情形制定应急处理方案，并视情况适时对应急处理方案进行测试和更新。采取市场风险对冲手段，在综合考虑对冲成本和收益情况下，运用金融衍生产品等金融工具，实现一定程度上的市场风险控制或对冲。

互联网金融风险控制包括内部控制和外部控制，互联网金融风险的内部控制一般包括风险保证金制度、大数原理、担保制度、实行第三方资金托管、线上与线下模式相结合 4 个方面。其中，风险保证金制度类似于银行拨备，形成一个信用风险共担机制，来保护整个平台的投资者本金安全；大数原理是指平台将投资者的资金分散投资于不同的项目，达到规避借款者信用风险的目的；担保制度是指建立第三方保证金制度及借款人的反担保措施，为投资人建立多层安全保证；实行第三方资金托管是指与有资质提供第三方托管的支付企业合作，保障投资者的资金安全；线上线下模式相结合是指线上高效审查审批和资源匹配，线下寻觅优质客户，降低信用风险。互联网金融风险的外部控制则是非互联网金融企业对互联网企业的外部风险控制，如监管部门制定相关政策，降低互联网金融外部风险。

8.4.4 风险管理评价

风险管理评价是指对风险管理技术适用性及其收益性进行的分析检查、修正与评估，即评估风险管理的有效性，包括评价风险管理主要目标的完成情况、评价管理层选择的风险管理方式的适当性等。

风险管理评价具体包括评价准备、评价实施、评价报告、评价等级认定、评价结果利用和后续审计等步骤。其中，评价准备要注重非现场评价结果汇总分析和制定评价方案。评价实施中，要运用健全性测试、符合性测试、实质性测试等多种方式同时分析风险管理

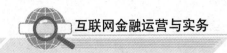

内部控制指标，最后进行综合评价，审慎撰写评价报告。风险管理与内部控制评价工作结束后，委托单位还要组织后续审计或评价，跟踪检查被评价单位的问题整改情况和处罚处理决定执行情况等。后续审计或评价可以安排在下一次评价时，也可以与其他审计或评价项目合并进行。

一般的风险管理评价体系包括企业风险管理环境评价系统(占评价总权重的 25%)、企业风险识别与评估评价系统(占评价总权重的 10%)、企业内部控制评价系统(占评价总权重的 50%)、风险管理信息交流与反馈评价系统(占评价总权重的 5%)、风险管理监督与改进评价系统(占评价总权重的 10%)、案件和责任事故评价(占总体总权重的-10%)6 个系统。

目前，在对互联网金融进行系统性的风险评价方面，比较权威的是 2015 年 1 月大公国际发布的《大公互联网金融网贷平台黑名单报告》，共涉及 942 家平台。大公数据对互联网金融受评主体进行严格审查，建立了以"主体合法、业务合规、信息公开、诚信经营、维护权益、安全保障、风控严密、风险补救"为核心的八维度评价方法。

@ 8.5 互联网金融风险管理的流程

互联网金融要处理好资金端与资产端两方面的问题。对于资金端的风险管理，可以从营销反欺诈、账户安全保护、对应安全保护与交易安全保护四个维度考虑；对于资产端的风险管理，需要确保资产端的真实性、风险状况、交易合同在法律上是否有执行能力等。因此，未来互联网金融需要优化投资人与资产的匹配度，同时完善流程确保客户身份的验证和准入。

8.5.1 资金端的风险管理流程

1. 反欺诈

反欺诈是对包含交易诈骗、网络诈骗、电话诈骗、盗卡盗号等欺诈行为进行识别的一项服务。在线反欺诈是互联网金融不可缺少的一部分，常见的反欺诈系统由用户行为风险识别引擎、征信系统和黑名单系统等组成。

反欺诈在国内是刚性需求，尤其是企业端需要反欺诈服务去防止用户造假、盗刷等行为。在信贷领域直接的应用如黑名单用户查询、防止重复申请、虚假信息借贷等。

反欺诈服务在全球也是刚性需求，互联网金融企业可以通过收集和整理全网的黑名单信息，给银行、第三方支付、信贷等企业提供云端风险管控和反欺诈服务，避免单个企业黑名单信息不全、自建成本高的问题。同时，互联网金融企业可以提出"跨行业联防联控"的概念，要求客户企业继续上载新的黑名单信息，继续扩大黑名单规模，通过正向循环形成网络效应，不断扩充其"黑名单、灰名单、黑行为"数据，并基于多样化的机器学习模型、大数据关联分析和指标计算等，以云服务的方式为各行业提供网络反欺诈保护，提供更准确、更全面的反欺诈信息。在这一方面，互联网金融性质的企业可以考虑信息的共享，自发形成一个记载反欺诈信息的平台，最大限度地降低业务欺诈风险。

2. 账户安全保护

账户安全保护是提供服务方向服务使用方提供的一项关于账号的安全保护措施。常见的保护有密码绑定、密码保护卡绑定、手机绑定、电话密保、邮箱绑定、IP 地址绑定、身份证绑定、彩信密保、视频绑定等。

互联网金融企业对客户账户安全保护体现在两个方面。一方面通过安全的高科技手段保障账户安全，不断升级企业内部与外部系统，做到"长期监控，定期维修"。另一方面通过定期活动提高客户自身的账户安全警惕性，利用网站、微博等平台进行客户安全教育宣传，增强客户对欺诈行为的识别能力。对信息泄露、伪基站等当前典型高发的风险进行多轮次宣传教育，从如何识别钓鱼网站、保护好自己的个人信息和密码信息等角度进行专题宣传。同时在行内定期进行风险提示和预警，通过网点和短信等渠道开展客户安全教育和警示。通过一系列的安全宣传活动，有效提升客户风险防范意识和技能。两方面双管齐下，共同保障客户账户安全。

3. 对应安全保护

对应安全保护即实名制开户，账户进行实名制主要有以下几个原因：首先，支付账户体现着客户的资金权益，只有实行实名制，才能更好地保护账户所有人的资金安全，才能从法律制度上保障消费者的财产权利和明确债权债务关系；其次，账户实名制是经济金融活动的管理和基础，账户是资金出入的起点与终点，只有落实账户实名制，才能维护正常的金融秩序。最后，坚持账户实名制有利于互联网金融平台在了解自己客户的基础上，有针对性地改善服务质量，更好地服务于客户，为提升和改善经营管理水平奠定基础。

账户实名制是互联网金融账户开立的基础原则，其核心要素包括核验开户申请人提供的身份证件的有效性、开户申请人与身份证件的一致性和开户申请人的真实开户意愿等三个方面。互联网金融企业在落实账户实名制时应围绕上述核心要素开展工作：首先，开户申请人申请开立互联网金融平台账户必须向互联网金融平台提交合法的身份证件和资料；其次，互联网金融平台应利用多种有效的手段检验开户申请人提供身份证件的合法性，确保开户申请人与身份证件的一致性；最后，互联网金融平台还需要核实申请人开户意愿的真实性。目前，我国互联网金融平台账户实名制实施情况不容乐观，实施环境有待改善。平台账户管理制度执行不严、开立匿名或者假名账户等情况仍时有发生，社会公众的风险意识尚未完全形成，互联网金融实名制落实不到位的问题依然存在。只有严格落实账户实名制,才能有效防范不法分子冒名开户、利用虚假账户从事电信网络诈骗等违法行为,才能从源头上降低互联网金融的风险。

4. 交易安全保护

交易安全保护是资金端管理风险流程中的重要一环,互联网金融企业先建立网络金融反欺诈平台,依托统一、跨渠道的网络金融反欺诈系统,实现网上金融、手机金融、网上支付等电子渠道交易的 24 小时全面风险监控,对高风险交易实时阻断后进行人工分析、外呼核实、加黑名单等处理。一方面通过研究典型欺诈案例特征,并结合客户历史交易行为习惯,部署相应的控制策略和措施,并动态调整;另一方面通过位置服务、终端识别等新技术应用,持续优化提高监控策略的有效性,将高命中率的监控模型应用系统智能化自动防控。

互联网金融企业应该通过充分利用现代化的信息技术和大数据分析,依托基于用户行为分析的风险引擎,实时快速分析网络金融渠道客户交易行为细节,建立电子化、流程化、规范化的管理方式,对海量的数据进行比对、甄选,主动识别异常行为,采集异常行为数据,进行实时分析判断,挖掘欺诈团伙作案特征和规律,根据风险形势变化,实时动态部署智能化监控策略,扩大风险控制覆盖范围和拦截半径,实现精准识别高风险网络金融交易,有效保障客户资金安全。

互联网金融资金端的风险管理流程如图 8.2 所示。

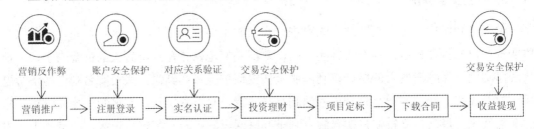

图 8.2　互联网金融资金端的风险管理流程

8.5.2　资产端的风险管理流程

1. 贷前检查

贷前调查是对客户的信用情况、负债情况、风险状况等进行综合和全面的考量,最后才会给出一定的额度。贷前调查的主要手段包括借款人面谈、电话访谈(亲戚、朋友、公司一一核实,还有网络手段)、实地考察。贷前调查主要包括以下内容。

1)　个人基本情况调查

(1)　验证借款人、担保人提交的身份证件及其他有效证件是否真实有效,是否与本人一致，是伪造还是真实的，是否在有限期限内。

(2) 调查确定借款人提供的居住情况、婚姻状况、家庭情况、联系电话等是否真实。(通过网络、电话审查以及面谈进行交叉审核、综合分析和考虑)

(3) 调查确定借款人提供的职业情况、所在单位的任职情况等是否真实。(从多方面考量，包括面审时的描述、做尽职调查时的验证、他的朋友和同事)

2) 借款人的资信情况调查

(1) 通过银行提供的或其他征信机构提供的征信材料做补充，了解借款人的征信信息。

(2) 重点考虑借款人的第一还款来源。第一还款来源调查的主要内容包括：对于主要收入来源为工资收入的，应结合借款人所从事的行业、所任职务等信息对其收入水平及证明材料的真实性作出判断。对于企业，应充分考虑借款企业的应收账款、现金流、结款周期、库存等指标，主要收入来源为其他合法收入的，如利息和租金收入等，应检查其提供的财产情况，证明文件包括租金收入证明、房产证、银行存单、有现金价值的保单等。

3) 借款人的资产与负债情况调查

(1) 调查确认借款人及家庭的人均月收入和年薪收入情况，确定企业的月、季度和年营业额，确定行业的毛利润、净利润，确定企业的租金、人工成本，确定企业的库存以及流通价值，确定企业的借款周期、应收账款。

(2) 调查其他可变现资产情况。

(3) 调查企业或者个人在其他机构是否有贷款，贷款额度是多少，确定企业和个人真实的负债率是多少。

(4) 应分析借款人及其家庭收入的稳定性，判断其是否具备良好的还款意愿和还款能力。

4) 贷款用途及还款来源的调查

主要调查借款人的贷款用途和资金流向是否正常、是否符合逻辑，还款来源是否清晰，是否有足够的还款能力。

5) 担保方式的调查

(1) 实地调查担保人或物的真实性、合法性和合规性。

(2) 对担保方提供的有关证件和资料要与有关部门进行核实，确保担保财产的真实性和有效性。

(3) 对担保财产做出严格的市场评估，确保有足额的第二还款来源。

2. 贷中审核

风控人员要对调查人员提供材料的内容进行全面、细致的审核。对尽职调查的门店风控的陈述和尽职调查报表进行核实，对于借款人的资质进行审核。审核的主要内容包括：

(1) 客户主体资格是否合法，有无民事责任承担能力。

(2) 客户是否符合贷款的基本条件。

(3) 客户的贷款用途、贷款金额、贷款期限、贷款利率等是否符合产品和公司的审核标准。

(4) 抵押物或质押物的可靠性以及保证人资格和能力的审查。

(5) 申请的资料是否完整，是否合理。

(6) 贷前调查人员出具的《尽职调查表》《审核意见》《征信报告》是否客观、翔实。

在贷款调查、审查意见的基础上，按授权权限进行审批，决定贷与不贷，贷多贷少以及贷款方式、期限和利率。

3. 贷后管理

贷后管理是风控的一部分，与风控审核一样重要，贷后管理的水平和质量是平台持续发展的关键。贷后管理主要包括以下几个部分。

(1) 贷后的日常管理。如贷款台账的建立、贷款提醒还款制度的建立(接短信通道，比如提前 3 天告知客户还款，提前一天告诉客户明天还款，当天进行核实客户有没有还款，如果没有还款建立 7 天跟踪，如果还没有还款就考虑变卖抵押物或者进行强制催收)、接受客户的贷款查询、做好客户信息的维护、贷款的正常回收管理等。

(2) 贷款的动态管理。如对可能影响贷款质量的有关因素进行及时监控，对贷款操作流程的合规性进行定期和不定期检查，对逾期贷款及时进行催收等。(车贷押证的客户，应当随时跟踪 GPS，分析其轨迹，是否有信号失联的情况，第一时间跟踪客户的车辆行驶情况)

(3) 贷后的还款管理。提前还款、续贷等进行科学管理。

(4) 对于客户的资产和抵押物及质量进行分级管理，对于逾期客户、坏账客户进行分类，通过不同的方式尽量避免公司的损失。

(5) 设立稽查部，对于借款人的资料、抵押物和资产进行不定时的检查。

互联网金融资产端的风险管理流程如图 8.3 所示。

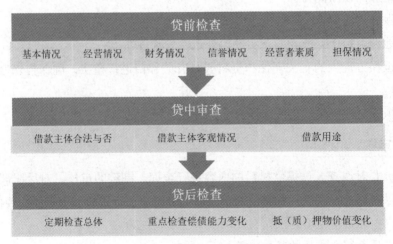

图 8.3　互联网金融资产端的风险管理流程

@ 8.6 **互联网金融风险管理系统的构建**

目前，我国互联网金融发展还不成熟，由于缺失平台法律地位、市场环境无序、监管手段落后、膨胀风险偏好过度、信用体系欠缺及运行门户平台的内部环境不良，造成了互联网金融平台风险承担能力与经营管理能力不匹配、平台管理层盲目地追逐利益而忽视风险、高度关注良性杠杆作用而造成短期利好的表面现象，使平台生存于高风险隐患之中。因此，采取及时有效的风险管理策略十分必要。互联网金融风险管理系统如图8.4所示。

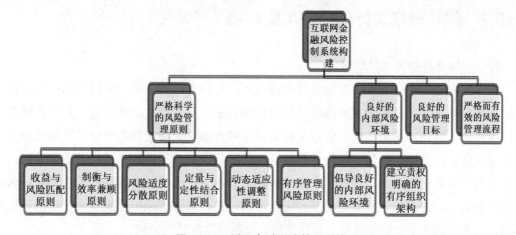

图 8.4　互联网金融风险管理系统

8.6.1　建立严格科学的风险管理原则

1）　收益与风险匹配策略

制定风险管理战略和进行风险管理决策，必须考虑承担的风险是否在风险容忍度以内，并有预期的收益覆盖风险，经风险调整的资本收益率能够满足股东的最低要求或符合经营目标。

2）　制衡与效率兼顾原则

在风险管理规章制度中明确界定各部门、各层级机构和各管理人员的具体权利和责任，实行前、中、后台职能相对分离的管理机制，保障有效沟通与协调，优化管理流程，不断提高管理效率。

3）　风险适度分散原则

严格遵循监管标准，审慎核定单一客户和关联客户授信额度，有效控制客户信用风险集中度，实现市场风险的有效分散，并建立统一而分层次的流动性储备体系，实现信用风险敞口在地区、行业、产品、期限和币种等维度上的适度分散。

4) 定量与定性结合原则

着力提升风险计量水平，开发与业务性质、规模和复杂程度相适应的风险计量技术，推广应用先进成熟的风险管理经验，实现定性分析和定量分析的有机结合。

5) 动态适应性调整原则

持续不断地检查和评估内外部经营管理环境和竞争格局的变化及其对全面风险管理所产生的实质性影响，及时调整风险管理政策、制度和流程，以确保风险管理与业务发展战略等相一致。

8.6.2 倡导形成良好的内部风险环境

1) 倡导良好的内部风险环境

良好的内部风险环境将决定风险管理得到实际有效执行的效果，所以要做好风险管理文化、风险容忍度、风险管理战略和组织架构等构成风险管理的内部环境，是风险管理所有构成要素的基础。其中，风险管理文化是互联网金融文化最重要的部分，其主要包括风险管理理念、风险控制行为、风险道德标准和风险管理环境。在建立风险管理文化的过程中，应倡导和强化"全员、全程、全部风险管理意识"，通过各种途径将风险管理理念传递给每个员工，并内化为其职业态度和工作习惯，在内部形成风险控制的文化氛围和职业环境，使得互联网企业能够敏锐地感知风险、分析风险和防范风险。

2) 建立责权明确的有序组织架构

股东应该坚守自己的所有者风险定位；董事应该履行制定风险管理战略和风险管理的基本管理制度，并监督制度的执行情况等；监事会主要是对董事会和高级管理人员的履职情况进行监督，对风险管理情况进行检查监督等；管理层主要负责执行董事会制定的风险管理战略，制订风险管理的程序和章程，管理各项业务所承担的风险；其他部门在全面风险管理中应承担包括传播风险管理理念、树立全面风险管理意识、明确员工在风险管理中承担的职责等；内部审计履行其在风险管理中的职责，对风险管理的效果进行独立客观的监督、检查、评价和报告等。

8.6.3 设立科学良好的风险管理目标

目标设定是风险管理的前提。确定需要遵从以下几个原则：

(1) 现实性。确定的风险管理目标应该适合互联网金融企业的实际需要。

(2) 明确性。风险管理目标需具体到实施风险管理的时间、地点，规定严格的操作程序、明确的规章制度和未来需要达到的目标。

(3) 层次性。应该依据工作流程或风险管理目标的重要程度将其划分为不同层次的管理目标。

(4) 定量性。尽可能采用定量的方式确定风险管理目标，这样可以使风险管理的目标更加明确。

风险管理目标中的战略目标、经营目标、报告目标和合规目标是实施全面风险管理的重要组成部分。所以，必须建立目标管理责任制，实行分工负责制和逐级负责制。例如，战略目标与公司使命、愿景和宗旨相一致，是设定相关目标及其子目标的导向；经营目标是战略目标的具体反映，关注于经营活动的有效性和效率，保证战略目标的实现；报告目标应与战略目标相一致，保证为董事会和高级管理层、监管机构、投资者和客户提供准确、及时、完整的信息，建立包括风险报告制度在内的报告工作制度体系及信息披露制度等；合规目标应与战略目标相一致，保证从事的经营管理活动符合相关法律法规和规章制度，并确保支持经营目标和报告目标的实现。

8.6.4 制定严格而有效的风险管理流程

风险管理流程是指包括风险识别、风险衡量、风险评价、选择风险管理技术、风险决策管理、风险管理方案实施和风险管理绩效评价等一系列风险管理活动的全过程。这几个阶段周而复始，构成了风险管理周期循环的过程(如图 8.5 所示)。风险识别是风险管理的第一个流程，是对风险的感知和发现；风险衡量是对大量的损失资料进行定量分析，估测出风险发生的概率和损失的大小；风险评价是对引发风险事故的风险因素进行综合评价，以确定风险管理技术；风险管理技术包括风险规避、损失控制、风险自留和风险转移；风险决策管理是指在众多风险管理方案中选择最佳风险管理方案的过程；风险管理方案实施是指将风险管理理论付诸实践；风险管理绩效评价是指对风险管理的绩效进行评价。

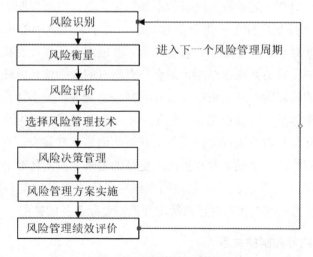

图 8.5 风险管理程序图

风险管理流程应能贯彻执行既定的战略目标，与银行风险管理文化相匹配。同时，我们应注意加强行业监管，同时也应注意监管尺度、监管类别、监管创新及部门间的联动配合等方面；并进一步完善行业自律，将其纳入自律组织中去，发挥联盟的积极影响，以求达到行业内部的自省、自律。因此，相关管理部门和行业应该形成相互联动、互相配合的机制，才能形成行业可持续发展的基石。

@ 8.7 互联网金融企业的内部控制

8.7.1 内部控制的理论概述

1. 互联网金融内部控制的定义

企业内部控制的目标是：

(1) 必须符合国家的法律法规。

(2) 保障资产安全支撑企业持续经营。

(3) 提供给财务报告使用者的信息要完整可靠。

(4) 不断优化产业和提高经营效率来实现企业的战略目标。

内部控制建设除硬性规章外，还要发展企业的内控软化，在公司内部进行内控理念的传播，从上至下传递思想，从下至上反馈缺陷。

在我国，金融行业的内部控制建设是从国际上学习经验，再结合我国的国情应用到实体金融企业，所以国家的方针政策是以实体金融企业为模板进行建立的。互联网金融属于金融创新行业，其所面临的内控问题异于实体金融业，所以现有的内部控制机制和互联网金融企业的发展并不契合。随着我国经济的不断深化改革，内部控制的建设尚未跟上时代的步伐。当前的内部控制目标更看重避险和保值，对于现代金融的风险投资的管控不匹配。国家没有出台针对互联网金融业的监管政策，互联网企业也没有执行现有的金融法律规定，互联网金融的发展还处在观望期，是会补充现有的金融体系，还是会催生虚拟的金融泡沫都是有待商榷的问题。对于银行发展互联网金融业务，属于体系内业务的创新可以借鉴现有的金融内控体系加以修正完善。但是，对于电商发展互联网金融业务，属于跨界的混业经营，电子商务的内控流程对新业务的开展的借鉴意义甚少。在内控文化建设和人才培养方面，对电商互联网金融企业也提出了更高的要求，做实体企业的内控文化一般都是"客户至上、服务至上"，但是在互联网金融业务方面更多的是对风险管控文化的传播；更需要的是金融方面的人才来进行熟练的互联网金融业务的扩展。

2. 风险管理与内部控制的关系

内部控制的实质是风险控制，风险管理是内部控制的主要内容，互联网金融的风险管理中包括内部控制。但两者的关系并不是简单的相互关系，而是存在着相互依存的、不可分离的内在联系。主要表现在：

(1) 组成部分重合，其中控制环境、风险评估、控制活动、信息与沟通及监督这 5 个方面重合。

(2) 最终目标相同，都包括经营目标、合规性目标、报告目标。

(3) 参与主体相同，都是全员参与，最终责任人是管理者。

(4) 风险防范是内部控制的一个重要目标。

(5) 内部控制是风险管理的重要手段之一。

(6) 内部控制的一个基本作用是控制风险，风险管理的最终目标也是控制风险。

内部控制是在企业经营权和所有权相分离的状态下产生的，目的是为了落实受托责任观。金融业其实是客户与企业进行资金委托的一种关系，为了保护客户资金的安全，金融业也必须进行内部控制建设。而金融业又比其他行业多了一个风险的特征，互联网金融更加是在经济的发展过程中面临各种动态的风险，单纯的内部控制不能满足金融业的发展。所以，基于风险管理的内部控制制度应运而生。内部控制和风险管理是相辅相成的关系，在互联网金融的营运过程中是不可或缺的两种活动。内部控制可以保障公司内部有条不紊地进行有效性经营活动，分析公司内部存在的风险；再通过风险管理去解决公司内部和外部的风险问题，总结公司面临的风险控制点来进行公司管理。两者的管理活动相互维护与补充，组成一个动态的管控体系，共同来解决互联网金融出现的可预期和不可预期的风险。

8.7.2 互联网金融企业内部控制的建立

1. 互联网金融企业内部控制建设的目标

1) 提高经营的效率和有效性

内部控制是由若干具体政策、制度和程序所组成，它们首先是为了实现管理层的经营方针和目标而设计的。它渗透于企业经营活动的各个方面，只要企业内部控制存在经营活动和经营管理环节，就需要有相应的内部控制。互联网金融企业建立完善的内控体系的主要目标是维持企业的正常经营，并不断促进企业发展，完善的内部控制体系可以帮助企业及时防范经营风险、发现经营风险、解决经营风险，使企业提高经营的效率和有效性。

2) 遵循适用的法律法规

互联网金融企业的正常经营离不开遵纪守法，遵纪守法的互联网金融企业才能长久地经营下去。完善的内控体系可以帮助企业员工增强法律意识，引导他们遵循行业适用的法律法规，保证互联网金融企业经营管理的合法合规，不踩红线，不违规，促进互联网金融企业可持续发展。

2. 互联网金融企业内部控制建设的构建

1) 完善企业组织架构

互联网金融企业应根据实际情况按照科学、精简、高效、透明、制衡的原则设计组织架构，治理层和管理层相隔离，明确各个部门的职责权限、任职条件，避免职能交叉、缺失或权责过于集中。

(1) 设置风险管理部门，负责制定风险管理制度，并负责实施识别、评估、解决风险。风险管理部门应全面梳理企业的业务流程，防范业务风险，针对不同业务建立不同的风险控制流程，识别和确定具体业务的风险控制节点并进行重点监督，确保风险管理和经营目标的实现。

(2) 建立内部控制责任制度。按照权利、义务和责任统一的原则，明确各个部门之间、岗位之间的职责，职位相互分离、岗位之间相互监督，关键岗位应当实行定期或不定期的人员轮换制度。

(3) 建立内部控制审计检查制度。通过内部审计部门定期或不定期地对企业各职能部门所负责业务进行审计，进而发现不适合企业发展且无法防范企业风险的落后制度。

(4) 建立并制定有效的风险预警制度。风险管理部门应对可能发生的重大风险进行持续不断的监测，当出现各种突发事故时，能够及时启动风险预案，并根据突发事件的类别采取相应的应急措施，预防及减少对企业造成的损失。

(5) 建立重要岗位权力制衡制度。设计合理的议事规则和工作程序，确保决策、执行和监督相互分离、形成制衡。企业的重大决策、重大事项及重大资金支付业务等应当按照规定的权限和程序实行集体决策审批或联签制度。任何个人不得单独决策或擅自改变集体决策意见。

2) 培养专业人才

互联网金融是互联网和金融的有机结合，因此互联网金融从业人员既需要有互联网的创新思维，又需要有传统金融行业的严谨性和专业性，能够将互联网和传统金融进行完美融合。互联网金融要根据自身行业特色定向培养能适应互联网金融时代要求的人才，不断促进行业的进步。

3) 培育健康的企业文化

健康的企业文化是企业长远发展的灵魂，互联网金融企业应采取有效措施积极培育具有自身特色的企业文化，引导和规范员工行为，创建一种积极向上、诚实守信和开拓创新的经营环境。

此外，互联网金融企业还需加强对员工法制和职业道德的教育，强化全体员工的风险意识，严格遵守公司各项规章制度和国家相关法律法规，从思想上最大限度地消除投机心理和欺诈行为。管理层应当在企业文化建设中发挥主导和示范作用，以身作则，和员工共同构建积极向上的企业文化环境。

因此，风险管理框架下的内部控制是站在企业战略层面分析、评估和管理风险，是把企业监督控制从细节控制提升至战略层面及公司治理层面。风险管理不仅仅是关注内部控制建立，最主要的是关注内部控制的运行与评价，从企业所有内外风险的角度为公司管理层、治理层持续改进内部控制设计和运行提供思路。

互联网金融企业应遵循《企业内部控制基本规范》的各项要求，并以风险管理为导向，设置适合自身内部控制的管理体系，防范来自外部、内部的各种风险，为企业良性运营提供坚实的保障。

@ 8.8 案例

8.8.1 美国网络借贷平台 Lending Club 的风险管理

1. Lending Club 的简介

Lending Club，P2P 平台，于 2007 年 5 月在美国旧金山成立。2007 年，刚刚成立的 Lending Club 和美国证券交易委员会讨论了关于投资者权证的问题。2008 年 3 月，美国证券交易委员会认定票据为证券性质，需要准备申请注册。2008 年 4 月 7 日，Lending Club 主动关闭投资部分业务，且在申请注册阶段，新投资者不能注册，现有投资者也不能发放新贷款。但是 Lending Club 的借贷业务还在运营，他们用自由资金发放贷款，已发贷款的投资者仍然能收到偿还金。2012 年，Lending Club 的成长进入了爆发期，到 2012 年 11 月 Lending Club 累计完成 10 亿美元的贷款交易。2014 年 12 月 12 日，Lending Club 成功登陆纽交所。

2. Lending Club 的交易流程

P2P 网络借贷平台的主要参与者包括借款人和贷款人两方。Lending Club 平台的交易流程可据此分为投资者投资流程和借款流程。

1) 投资者投资流程

投资者如果想在 Lending Club 平台上投资，必须先在平台上注册一个账号。投资者可在网站上浏览贷款人除隐私(如姓名、住址、收入、联系方式等受法律保护的信息)之外的详细信息，并且可以询问借款人一些问题，但是所有的问题都不能违反当地的法律法规。

对于投资项目的选择，投资者可在 Lending Club 网络平台上自己挑选贷款项目；也可以使用 Lending Club 平台上的自动投资推荐工具，来生成属于自己的权证(即贷款列表)。

Lending Club 平台上有 7 种风险等级的贷款(分别是从 A 到 G)，其中评级为 A 的贷款项目风险最低但利率也最低，评级为 G 的贷款项目风险最高同时利率也最高。

每一个投资者都可根据个人的风险偏好和投资收益期望来建立自己的投资组合列表。当投资者的投资业务成功完成后，就可以在一个月到一个半月内按月收取投资回报。

2) 借款流程

借款人也需要在 Lending Club 平台上申请一个账号，然后才能使用借款服务。在拥有平台账号之后，贷款人首先要在 Lending Club 网站上提交借款申请，然后等待 Lending Club 的审核结果。假如借款申请被审核通过，则该笔申请就会被挂到 Lending Club 的网站，投资人便可以浏览到该笔申请。每笔申请都会在网站上公示两周，两周公示之后，无论该笔申请是否获得 100%的投资，都要被网站撤下。

在 Lending Club 平台上，每笔借款项目的借款利率要和借款期限、借款人信用评级挂钩(年利率从 6%~24%不等)。借款金额有上限，每笔借款最高额度为 3.5 万美元。

借贷交易达成后，借款人需要向 Lending Club 平台支付一笔交易费用，费用约为借款总额的 1.11%~5%，交易费用直接从借款中扣除。例如，某人从 Lending Club 平台获得一笔 3 万美元的贷款，平台交易费用为 1000 美元，那么他最终从平台获得的是 2.9 万美元。

3) 交易模式

Lending Club 平台的交易模式包括：①固定的贷款利息设定。不采取竞标方式，而是根据信用等级匹配固定的利息。Lending Club 认为，无论是投资者还是借款者都没有能力来设定借贷交易的利息。②平均 3 年的贷款年限。适度的期限可以保证良好的准时还款率。Lending Club 平台的风险管理控制体系包括：①借款人经过严格的信用认证，并被分为 A~G 共 7 个分级；②投资人有渠道和平台来充分了解借款人的信息；③丰富的技术手段为交易安全保驾护航；④强调制度的设计。

3. Lending Club 风险管理控制体系中的技术元素

1) 征信技术

Lending Club 在征信技术手段上，主要是使用 FICO 评分计算方法。由美国个人消费信用评估公司开发的 FICO 信用分是一种个人信用评级法，这种个人信用评级法已经被美国社会广泛接受。FICO 信用分计算模型首先要确定指标，包括贷款者的信用指标、品德指标和支付能力指标。此外，模型还需要将这三大指标分成若干个档次以及确定各个档次的得分，再计算每个指标的加权值，最后经过综合运算才能得到消费者的 FICO 信用总分值。并且该模型需要使用大样本数据进行计算。计算 FICO 信用分的基本思想和基本过程如下：

(1) 将客户的历史信用资料和数据库中全部的信用行为进行对比；

(2) 采用数据匹配技术来确定客户的信用发展趋势；

(3) 分析客户的信用发展趋势，观察和经常透支、随意违约、甚至申请破产、陷入种种财务困境的客户的信用发展趋势是否相近；

(4) 根据近似度产生信用分值。

在美国，信用分的计算方法虽然有很多种，但相比之下 FICO 信用分的准确性最高。根据权威统计显示，如果 FICO 分的分值低于 600，则贷款人违约的比例约为 12%；当 FICO 分的分值在 700～800 时，贷款人违约的比例约为 8%，而当 FICO 分的分值高于 800 时，贷款人违约的比例则下降到了 0.07%。因为结果准确而有效，所以 FICO 信用分在美国的金融体系中得到广泛使用。FICO 评分模型中所关注的主要因素有 5 类，分别是：①客户的信用偿还历史；②客户的信用账户数；③客户使用信用的年限；④客户正在使用的信用类型；⑤客户新开立的信用账户。其分值比例如图 8.6 所示。

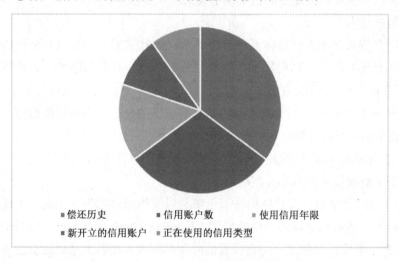

■偿还历史　　　　■信用账户数　　　　■使用信用年限
■新开立的信用账户　　■正在使用的信用类型

图 8.6　FICO 分值示意图

FICO 信用分的这种依据借款人过去的历史信用记录来预测将来还款可能的计算方法，为投资者提供了较为客观和一致的信用评估依据。FICO 信用分具有如下优势：

(1) FICO 信用分的分值全部由计算机系统自动运算得出，彻底克服人为因素的干扰，防止片面性，更好地遵守了所属国家的法律与法规，全方位保证了分值的客观性和有效性。

(2) FICO 信用分能精确估计消费信贷的风险水平，给投资者提供了一种可靠的技术方法，避免不良贷款现象的产生，有效保证控制债务拖欠的还款率。

(3) FICO 信用分能够使投资者更加精确地定义自己能接受的消费信贷的风险水平，扩大消费信贷的投资范围。

(4) FICO 信用分的自动化计算方式加速了信贷决策的整个过程，使用借款申请人可以在更短的时间内得到答复，提高了贷款发放的效率。表 8.2 为是否使用 FICO 信用分的业务办理效率对比。

表 8.2　是否使用 FICO 信用分的业务办理效率比较

业务类型	使用 FICO 信用分	不使用 FICO 信用分
信用卡	一两分钟	三天之内
抵押贷款	2 天之内	2 周之内
小额消费贷款	15 分钟	12 小时
汽车贷款	1 小时	1 周之内

FICO 信用分数据不仅是 Lending Club 放贷时的重要参考项，而且在 Lending Club 的信用评级、加快贷款项目进度方面也发挥了很大的积极作用。

2)　大数据技术

个人信用分值只是个人征信体系的一个环节，而且它的运算模型和分析结果依然依赖于传统的统计分析方法，但利用样本数据进行分析毕竟会存在局限性。大数据是在所有的数据上进行分析，在精确性方面，它具有传统的统计分析方法无法比拟的优势。由于 Lending Club 拥有了构建在大数据之上的具有前瞻性的分析能力的风险数据指标，所以在 P2P 行业的竞争中不断保持领先优势。

大数据对 Lending Club 的风险管理控制体系起到的具体作用如下。

(1)　基于大数据技术的自动化授信引擎。

Lending Club 公司的自动化授信决策引擎是以大数据技术为基础的，不仅大大地提高了授信决策效率，还提高了风险评估的精度。Lending Club 公司的自动化授信决策运算模型主要依据 3 个维度，分别是：①在预设的时间范围内，借款人准时还款的概率；②借款申请人所用的申请数据的真实性；③一笔借款在使用预测到的风险值进行运算调整后的收益。

(2)　开发出"关注细节数据"的运算模型。

在进行数据分析时，Lending Club 不仅关注"重点数据"，还会从大量的"枝节数据"中提取信息寻找用户的信用线索。例如，在数千个数据项中，Lending Club 会关注贷款申请人的联系方式的变更频率、贷款申请人的信用卡使用的异动情况(包括持有数量的所属银行等数据)、最近 1 个季度和 2 个季度信用卡消费交易类别、交易次数和交易总额)、贷款申请人在社交平台和网络购物平台上的数据是否健康等。把这些数据进行多样化、多维度汇总运算之后，Lending Club 可以精确而完整地呈现贷款申请人在每个时间点的社会行为特征，并依照这些数据对每项贷款申请进行自动评分。在这些工作成果的基础上，Lending Club 会再结合 FICO 信用分值、借款类型、借款所属地区、贷款用途等"重要数据"，形成一个网状的决策模型。最后，经过计算机系统的自动运算得出最终的授信策略。

(3)　挖掘动态数据。

普通的信用风险管理控制体系只是分析静态数据，但 Lending Club 不仅要分析静态数据，还会关注和挖掘动态数据。例如，当用户浏览 Lending Club 网站时，用户在网站的所有操作就会被记录下来并传送到网站后台保存起来。Lending Club 会对贷款申请人在网站上的浏览时间、填写过程、填表时间进行分析，分析的结果可以反映出贷款申请人的心理活动、文字识别能为、文化水平、受教育程度等有重要价值的信息。所有这些分析结果都被 Lending Club 记录在数据库管理系统中，并成为信用评分的参数。

(4) 不断试错与持续创新。

在平台的实际运营中，当数据采集的工作完成后，仅仅进行简单的数据分析不能解决"还款意愿、还款能力、稳定性"这 3 个核心问题。所以，在 Lending Club 的风险管理控制技术体系中，Lending Club 平台会通过建立模型和目标变量的方式，不断模拟和研究数据与信用行为之间的函数关系。在不断地完成信贷业务的同时，Lending Club 公司会不断地调整和优化原有的信贷模型，"不断试错"已经成为 Lending Club 公司的一种理念和文化。Lending Club 的管理层深刻地认识到：一旦拥有了数据测试和分析的领先技术优势，也就等于建立了一个较高的竞争门槛；其他的公司可以模仿 Lending Club 的技术，甚至可以抄袭 Lending Club 的数据，但不能窃取这种建立在变化之上的经验和过程。

(5) 风险评级技术。

所有的借款人都被 Lending Club 分为 7 个等级(分别用字母从 A 到 G 进行标识)的贷款等级，在这 7 个等级中，每一级还有若干个子等级。Lending Club 的分级运算模型里面包含着一系列的复杂运算模型。借款人在 Lending Club 平台上申请贷款时，平台会调取(或者生成)该借款人的信用等级数据，并根据申请人的信用等级和借贷金额、借贷期限来确定最终利率。在同样的借贷金融、期限之下，信用等级越高，贷款利息越低。

(6) 网络安全技术。

数据安全和信息安全是一个互联网平台生存的基础。Lending Club 公司的 IT 系统在设计之初就制定了保密性目标、完整性目标、可用性目标、不可否认性目标、可控性目标 5 个安全目标。根据安全性目标，Lending Club 采用了物理安全措施、数据加密、防病毒技术、入侵检测技术、访问控制技术、审计技术、安全性检测技术、备份技术等技术手段，有效地保障了数据和信息的网络安全。

(7) 自动投资组合工具。

投资人不仅可以在 Lending Club 平台上手动选择借款项目和借款人，还可以自动地获得借款项目和借款人推荐列表。这种人性化的功能归功于 Lending Club 的自动投资组合工具。投资组合工具非常快捷方便，其原理为：Lending Club 会提供 3 个选项(即低风险、普通风险、高风险)供投资者选择，只要选中其中一个选项，则投资组合工具就会自动生成相应的投资组合。Lending Club 的"更多"选项还可以满足投资人更精确的目标利率需求。通过投资组合工具，投资人可以完全自主地控制投资标准。

4. Lending Club 风险管理控制理念与机制

1) 风险管理控制理念

Lending Club 的风险管理控制理念包括以下 4 个方面。

(1) 专注于打造一个纯粹的 P2P 平台。

Lending Club 一直是一个纯粹的 P2P 平台,从不涉及其他业务。这个理念主要是为了防范业务风险。如果 Lending Club 除 P2P 外,再凭借其已有用户基础进入保险等其他金融领域,也会有盈利的机会,甚至去做一些国内 P2P 平台常做的"自融"业务,也能使得财务报表表现得更加惊艳。但是这些行为肯定会增加平台的风险。Lending Club 的风险控制系统绝对不会出现这种现象。

(2) 坚持只做借贷交易中介平台。

Lending Club 一直是一个纯粹的交易和信息中介,从不涉及信用担保承诺。设置这样的"红线",不仅能减少不可控因素,还可以防范法律风险。假如 Lending Club 为借贷交易做信用担保,那么仅法律事务成本就会构成一笔相当大的支出。

(3) 保证投资人权益。

保证投资人权益这一理念的目的是降低运营风险。Lending Club 认为只有保证投资人权益,平台才能安全运营、健康发展。为了保证投资人的权益,Lending Club 做了很多实际工作,而且有些工作还会带来很大的运营成本。但是 Lending Club 认为,为了保证投资人的权益,那些成本的支出是必要的,也是值得的。例如,虽然纯中介性质的 P2P 平台没有义务帮投资人追讨逾期还款,但是当出现还款异常时,Lending Club 会通过法律手段帮投资人追讨损失。

(4) 重视风险评估体系的建设。

凭借着强大的数据采集能力和数据分析能力,Lending Club 建立了一个高效、可用、科学的风险评估体系,而且这个健全的评估体系还依然在不断地被完善。

2) 风险管理控制机制

Lending Club 的风险管理控制机制包括全面风险管理控制机制、全流程风险管理控制机制、全员风险管理控制机制。

(1) 全面风险管理控制机制。

全面风险管理控制机制指的是 Lending Club 对市场风险、财务风险、道德风险、运营风险、法律风险等每一个参与公司运营的要素进行风险管理与控制,在 Lending Club 的风险管理控制体系中,做到面面俱到。

(2) 全流程风险管理控制机制。

全流程风险管理控制机制是指 Lending Club 将每笔贷款的每一个流程(贷前、贷中、贷后)都纳入风险管理控制体系之中。在贷款申请人提交申请资料时,严格审核提交资料的真实性与有效性，并进行严格的资格审核与科学的信用评级；在贷款交易进行时，在法律的允许下尽量给投资者提供更多的信息并提供借、贷双方沟通的工具，尽可能地降低因信息不对称带来的投资风险，并且详细审查每一个步骤，保证其合法合规；在贷款完成后，平台会自动跟踪贷款人的还款情况，对于延迟还款者，轻则通过邮件、电话等手段跟催，重则会发出律师函，保证投资者的合法利益不受损失，将尽可能地降低坏账的风险。

(3) 全员风险管理控制机制。

全员风险管理控制机制即严格的内部风险控制管理。为了严格控制内部风险，Lending Club 建立了两大制度。其中，采用严格的内部审计制度来防范内部每一个岗位的操作风险；专门设立内审部门用来审计风险管理控制流程，对每一个业务环节进行内部审计，防范内部操作风险。

5. Lending Club 风险管理流程与团队

1) 风险管理控制流程

Lending Club 的风险管理控制级别分为 4 级，从上到下依次是董事会、风险管理控制委员会、风险管理控制部、业务部门。其流程走向及各级别的职责分别如图 8.7、表 8.3 所示。

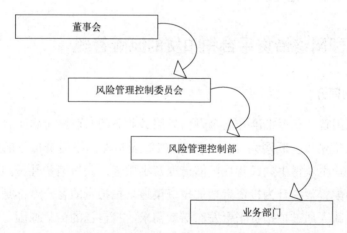

图 8.7　Lending Club 风险流程示意图

表 8.3　Lending Club 各级别的职责

级　别	职　责
董事会	①制订风险管理战略； ②听取风险管理控制汇报； ③确保风险管理控制制度的有效性

续表

级　别	职　责
风险控制委员会	①制订风险管理控制政策； ②建立风险管理控制体系； ③监管评价风险管理控制政策的执行与效果
风险管理控制部	①制订风险管理控制制度及流程； ②建立风险管理控制系统； ③风险识别、评估、控制措施和贷后管理
业务部门	①建立本部门业务风险管理系统； ②执行风险管理控制程序和风险管理控制政策

2) 风险管理控制团队

人才是企业最宝贵的资源，完美的风险管理控制体系是由优秀的团队打造的。首先，Lending Club 的人才库是十分强大的。不仅其联合创始人之中就有来自于万事达的高管，而且在融资期间，迦南投资和西北投资也为 Lending Club 推荐了大量优秀人才。美国前财政部长萨默斯就是 Lending Club 董事会成员。其次，得益于这些优秀人才的存在，Lending Club 打造出了一支优秀的风险管理控制团队。

8.8.2　我国网络借贷平台拍拍贷的风险管理

1. 拍拍贷的简介

拍拍贷是我国首个获得批准开展金融信息服务业务的互联网金融平台，于 2007 年在上海建立。拍拍贷是以互联网为媒介，提供 P2P 无担保网络借贷信息的中介服务平台，主要帮助小微企业主获得生产经营性民间借款及小微客户获得消费性民间借款，旨在提高社会闲置资金的配置效率且为投资者增加投资渠道。拍拍贷的客户全部是通过互联网来完成业务流程，借款人通过拍拍贷平台发布借款需求，将自己的借款原因、借款金额、预期年利率、借款期限等信息一一列出并给出最高利率，投资人通过竞标的方式进行比较，利率高者中标，获得项目的投资权限。在资金筹措期限内，如果投标资金总额达到借款人的需求，则借款成功，平台自动生成电子借条，借款人需定期向投资人支付本息。如果未能在期限内筹措足够多的资金，则该借款计划失败。2012 年 10 月，拍拍贷获得红杉资本千万美元级别投资，成为我国首家完成 A 轮融资的互联网借贷平台。2014 年 4 月，拍拍贷又分别获得了光速安振中国创业投、红杉资本及纽交所上市公司诺亚财富的资本注入，率先完成了 B 轮融资。2015 年 4 月，拍拍贷再次成为我国首个完成 C 轮融资的互联网借贷平台。截至 2015 年年底，拍拍贷平台注册用户达 1211 万，服务覆盖全国 98%的地区，无论从品牌影响、用户数、平台交易量等方面均在行业内占据领先位置。

2. 拍拍贷的操作流程

拍拍贷根据借款人类别的不同，设置了 6 种借款标的，分别为普通借款标、网购达人标、应收安全标、网商用户标、私营企业标和莘莘学子标。借款人在借款之前需要在平台上进行身份注册，填写基本信息，包括姓名、身份证号、手机号、QQ 号、婚姻状况、学历、住宅地址、住宅电话和财力证明。其中，财力证明包括存款、房产、车产等。此外，工薪族还需要填写是否缴纳社保和公积金、单位名称、工作年限、单位地址、单位电话、任职部门和任职职位；私营业主需要填写公司名称、公司人数、经营地址、公司电话和营业执照；网店卖家需要填写经营的什么网店、卖家昵称、店铺链接、月营业额和经营地址；学生还需要填写学校名称、宿舍电话和还款来源。当借款人填完个人信息并提交后，就进入发布借款信息。借款人需要填写借款金额、借款期限和借款用途、预期年利率，进入资质审核，审核通过后就生成借款标的。投资人可以在平台看到借款人的信用等级、借款金额、借款用途、期限等基本信息，投资人自主决定是否要投资及投资多少金额。如果在规定的时间内借款人能够募集满资金，通过平台审核之后，则此次借款成功，平台会自动生成电子借款合同，借款人按月还本付息；如果在规定的时间内不能募集满，则视为借款失败。拍拍贷借款流程如图 8.8 所示。

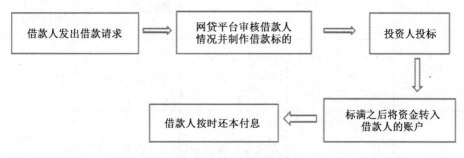

图 8.8　拍拍贷借款流程图

3. 拍拍贷的风险控制

1) 详细的注册认证资料

拍拍贷平台对于不同的借款者需要上传不同的认证材料(如表 8.4 所示)，这些认证材料包括借款人的个人基本信息，如果借款人能够提供更多的认证信息，将会获得更高的信用分数。

2) 信用等级的划分

在拍拍贷平台上，借款人会有一个信用等级，是投资人对借款者违约风险进行判断的依据之一。信用等级越高，贷款成功率越高。信用等级由拍拍贷信用评价体系评出，按照认证分数来进行划分，目前认证等级由高到低分为 AA、A、B、C、D、E、HR 7 级(如表 8.5 所示)。通过多做认证可以提高信用等级，获得更高额度的借款。

表8.4　拍拍贷的认证资料

工薪族		企业法人或个体工商户	网商用户	学生
必需资料	补充资料(选两项以上)			
身份证正反面，人证合照	户口簿	身份证正反面，人证合照	企业营业执照(正副本原件)，税务登记证(正本原件)，组织机构代码证(有实体店铺的提交)	身份证正反面，人证合照
手机认证	亲友合照，亲友身份证	户口簿	常用银行卡/存折连续6个月的流水明细	常用银行卡/存折连续6个月的流水明细
劳动合同或工作证明	固定电话账单(至少3个月，用户名为本人)	营业执照	淘宝店铺支付宝提现流水(6个月以上)	每年学费和住宿费扣费证明
工资卡银行3个月流水	结婚证，学历证明	收入银行流水，连续3个月	店铺是本人所有并需通过拍拍贷淘宝验证	勤工助学证明
	暂住证，居住证明，房屋租赁合同，房产证(登记或买卖合同)	结婚证，学历证明	企业纳税凭证，个人名片	信用卡对账单
	机动车行驶证或驾驶证，股权证，保险认购单	企业纳税凭证，个人名片	信用卡对账单	个人信用报告
	个人信用报告	信用卡对账单	个人信用报告	
		个人信用报告		

表 8.5　拍拍贷的信用评级

		AA	A	B	C	D	E	HR
	信用等级	160 分及以上	159～140 分	139～120 分	119～100 分	99～80 分	79～60 分	60～0 分
拍拍贷	信用评分	基本信息	完整填写个人资料		20 分			
		必要信用认证	身份证认证		各 5 分			
			户口本认证					
			工作认证					
			收入认证					
			信用报告认证					
		可选用信用认证	视频认证		10 分			
			手机认证		10 分			
			邮箱认证		3 分			
			现场认证		40 分			
			真实头像		3 分			
			学历认证		10 分			
			房产认证		20 分			
			车辆认证		10 分			
			婚姻认证		10 分			
			资料图片认证		10 分			
		拍拍贷历史记录	正常还款笔数		1 分/笔	加分		
			整笔借款结清(无逾期)		20 分/笔			
			逾期 1～3 天		1 分/笔	扣分		
			逾期 4～30 天		3 分/笔			
			逾期 30 天以上		5 分/笔			

3)　魔镜系统

魔镜系统是拍拍贷平台于 2015 年 3 月研发出的风险评估系统，其中包含海量的用户数据，如用户的信用行为、相关的认证、网上交易数据、社交数据等多达上千个维度。基于大数据可以全面分析用户可能的逾期概率，魔镜系统会针对每一笔价款计算出一个风险分值，不同的分数段对应不同的风险等级，从 AAA 到 F，风险依次上升。不同的等级代表不同的预测逾期率：AAA：<0.1%，AA：<0.3%；A：<0.5%，B：<1%，C：<2%，D：<4%，E：<8%，F：>10%。其中，逾期率的计算是用发生逾期的本金除以总的投资额。例如，某投资人投了 30 个借款标的，共计投资本金 10000 元，其中一个标的发生了 100 元

的本金逾期，另一个标的发生了 50 元的本金逾期，那么逾期率=(100+50)/10000=1.5%。

4) 风险备用金账户

拍拍贷平台没有承诺对借款提供担保，但计提了风险准备金。当平台中逾期就赔列表上的借款标的发生逾期之后，如果逾期 30 天时借款人还没有偿还本息，就会启动风险准备金账户。

风险准备金账户的使用具有一定的原则：①时间顺序原则，即先发生逾期的借款标的先使用风险准备金账户里的金额，后发生逾期的借款标的后使用风险准备金中的金额；②债权比例原则，对于同一个借款标的，投资人所能获得的金额按照各自所投金额占整个借款标的的金额的比例进行分配；③有限偿付原则，即对于逾期超过 30 天的债权所进行的偿付是以风险准备金账户里所有的金额为限，当该账户里面的全部金额都用完之后，就停止偿付，直到有新的资金进入该账户；④收益转移原则，当逾期债权已经获得风险准备金的偿付，借款人之后所偿还的借款本金、利息和罚息都应该进入风险准备金账户；⑤金额上限原则，风险准备金账户中的金额并不是无限制的，此账户的金额以平台上逾期就赔列表中的所有未清偿本金的 10%为限，风险准备金账户的金额超过未清偿本金的 10%的部分，可以由平台自行分配使用。

5) 贷后催收管理

借款人还款逾期后，对于无理由长期逾期(逾期 30 天及以上)的借款用户，拍拍贷系统将其自动编入曝光的黑名单列表，逾期信息可在各大搜索引擎查询。一旦用户还款，将会从此黑名单中移除。黑名单曝光机制的建立大幅提高了借款用户的还款意愿，降低了逾期概率。同时，拍拍贷还采用电话催收和委外催收两种方式对逾期用户催款：对于逾期用户由拍拍贷催收团队采取电话联系其本人或家属的方式进行催收；对于长期逾期用户拍拍贷交由专业的第三方资产管理公司进行催收处理，如信函催收、实地催收等。催收机制大力保障了逾期借款实现回收，有效提高了投资人收益。

本章总结

- 风险管理是互联网金融行业对抗损失的第一道防线。对于现代企业，风险管理指的是通过风险的识别、预测和评价，对风险进行有效的控制，以尽可能有计划地处理风险、降低风险发生的概率或者风险所致的损失，从而以最小的成本获得企业安全生产经济保障的过程。风险控制是风险管理基本流程中的一个环节。

- 互联网金融是互联网技术与传统金融全面结合和创新的产物，因此，互联网金融风险具有复杂性。互联网金融风险包括信息安全风险、信用风险、操作风险、流动性风险、技术风险、信誉风险和政策与法律风险。

- 互联网金融行业的风险特征主要有监管难度大、风险扩散快、传染概率高、风险危害大 4 个主要特征。

- 在互联网金融风险管理框架下，风险管理分为风险识别、风险分析、风险控制和风险评价 4 个阶段。其中，风险识别是事前阶段，风险分析及风险控制是事中阶段，风险评价即风险管理效果评价，为事后阶段。

- 互联网金融要处理好资金端与资产端两方面的问题。对于资金端的风险管理，可以从营销反欺诈、账户安全保护、对应安全保护与交易安全保护 4 个维度考虑；对于资产端的风险管理，需要确保资产端的真实性、真正的风险状况、交易合同在法律上是否有执行能力等。

- 互联网金融风险管理系统的构建包括：建立严格科学的风险管理原则；倡导形成良好的内部风险环境；设立科学良好的风险管理目标；制定严格而有效的风险管理流程。

- 内部控制和风险管理是相辅相成的关系，在互联网金融的营运过程中是不可或缺的两种活动。两者的管理活动相互维护与补充，组成一个动态的管控体系，共同来解决互联网金融出现的可预期和不可预期的风险。

本章作业

1. 风险控制和风险管理的定义分别是什么？
2. 互联网金融风险管理的特点有哪些？
3. 互联网金融风险具体包括哪些风险？
4. 互联网金融风险的特征有哪些？
5. 互联网金融风险管理的步骤和流程有哪些？
6. 如何构建互联网金融风险管理系统？
7. 风险管理与内部控制的关系是什么？

参 考 文 献

[1] 郭勤贵. 互联网金融商业模式与架构[M]. 北京：机械工业出版社，2014.

[2] 张高煜. 互联网金融营销[M]. 北京：中国财经出版社，2016.

[3] 刘凤军. 互联网金融营销原理与实践[M]. 北京：中国人民大学出版社，2016.

[4] 杨东，文诚公. 互联网金融风险与安全治理[M]. 北京：机械工业出版社，2016.

[5] OSTERWALDER A, PIGNEUR Y, et al. Clarifying Business Models: Origins, Present，and Future of the Concept[J]. Communications of the association for Information Systems, 2005，16(1).

[6] OSTERWALDER A, The Business Model Ontology a Proposition in a Design Science Approch[D]. Lausanne: Universite de Lausanne, 2004.

[7] Burleigh B.Gardner, Sidney J.Levy. The Product and Brand[M]. Cambridge City: Harvard Business Review, 1996, 11-32.

[8] 沈伟雄. 国内外 P2P 小额信贷利率定价模式比较研究[J]. 南方金融，2015(4).

[9] 张敬伟，王迎军. 商业模式与战略关系辨析——兼论商业模式研究的意义[J]. 外国经济与管理，2011(4).

[10] 魏江，刘洋，应瑛. 商业模式内涵与研究框架建构[J].科研管理，2012(5).

[11] 姚慧丽，张耀东. Osterwalder 参考模型视角下众筹商业模式分析[J]. 商业时代，2014(15).

[12] 肖雪峰等. 一种全新的互联网金融 P2B 平台系统架构设计[J]. 现代管理科学，2016(8).

[13] 严力群. 互联网金融的盈利模式和成长路径分析[J]. 经济研究导刊，2014(33).

[14] 沈伟雄. 国内外 P2P 小额信贷利率定价模式比较研究[J]. 南方金融，2015(4).

[15] 何平平，蒋银乔，胡荣才. 网络借贷 P2P：利差是否包含违约风险隐含信息？——来自人人贷交易数据的实证分析[J]. 金融经济学研究，2016(3).

[16] 杜征征. 互联网金融营销的兴起与发展[J]. 银行家，2012(11).

[17] 乔均. 互联网金融企业品牌形象度量研究[J]. 南京社会科学，2016(10).

[18] 吴芹. P2P 网贷平台的品牌营销传播策略[J]. 新闻爱好者，2016(2).

[19] 苗文龙，严复雷. 品牌、信息披露与互联网金融利率[J]. 金融经济学研究，2016(6).

[20] 王硕，李强. 互联网金融客户行为研究及对商业银行转型的思考[J]. 当代经济管理，2015(5).

[21] 吴昊，杨济时. 互联网金融客户行为及其对商业银行创新的影响[J]. 河南大学学报(社会科学版)，2015(3).

[22] 陆岷峰，徐阳洋. 互联网金融人才发展战略研究[J]. 区域金融研究，2015(4).

[23] 陈一鼎，乔桂明. "互联网+金融"模式下的信息安全风险防范研究[J]. 苏州大学学报(哲学社会科学版)，2015(6).

[24] 谢尔曼，黄旭，周杨. 互联网金融的网络安全与信息安全要素分析[J]. 上海大学学报(社会科学版)，2015(4).

[25] 胡剑波，宋帅，石峰. 互联网金融信息安全风险及其防范[J].征信，2015(4).

[26] 李鑫. 众筹平台商业模式研究——以 Kickstarter 与众筹网为例[D]. 暨南大学硕士学位论文，2016.

[27] 仆慧. 支付宝商业模式研究——基于商业模式要素的画布模型[D].海南大学硕士论文，2016.

[28] 甄丽娜. 互联网公司的团队沟通：以互联网公司 H 公司为例[D]. 北京邮电大学硕士学位论文，2010.

[29] 梁振杰. 我国 P2P 小额网络信贷运作模式研究[D]. 暨南大学硕士论文，2015.

[30] 王爱华. H 公司管理团队建设研究[D]. 黑龙江大学硕士学位论文，2014.

[31] 王真. 移动互联网金融 App 的 UI 界面设计及互联网式推广[D]. 河北大学硕士论文，2015.

[32] 张亚华. 互联网金融产品交易平台的设计与实现[D]. 北京交通大学硕士论文，2015.

[33] 林丽涛. Lending Club P2P 平台风险管理控制体系研究[D]. 北京林业大学硕士论文，2016.

[34] 沈珠珠. 互联网金融的风险管理研究——以 P2P 网贷平台为例[D]. 西华大学硕士论文，2015.

[35] 邸紫琪. 基于风险管理的互联网金融的内部控制研究——以阿里巴巴为例[D]. 河北大学硕士论文，2015.

[36] 吴明城. 互联网金融 P2P 综合平台的设计与实现[D]. 厦门大学硕士论文，2015.

[37] 互联网金融产品设计的重点是什么[EB/OL]. http：//www.pmcaff.com/entry 2016-04-11.

[38] 孔令欣. 互联网金融产品的设计思维[EB/OL]. http：//mt.sohu.com/2015-07-30.